华章经典 · 金融投资

大熊市启示录

百年金融史中的超级恐慌与机会

· 原书第4版 ·

ANATOMY OF THE BEAR

Lessons from Wall Street's Four Great Bottoms

［英］拉塞尔·纳皮尔 著　张昊 译

RUSSELL NAPIER

机械工业出版社
China Machine Press

图书在版编目（CIP）数据

大熊市启示录：百年金融史中的超级恐慌与机会（原书第 4 版）/（英）拉塞尔·纳皮尔（Russell Napier）著；张昊译 . —北京：机械工业出版社，2019.6
（华章经典·金融投资）
书名原文：Anatomy of the Bear: Lessons from Wall Street's Four Great Bottoms

ISBN 978-7-111-62844-6

I. 大… II.① 拉… ② 张… III. 股票市场 – 研究 IV. F830.91

中国版本图书馆 CIP 数据核字（2019）第 101241 号

本书版权登记号：图字 01-2019-2300

大熊市启示录
百年金融史中的超级恐慌与机会（原书第 4 版）

出版发行：机械工业出版社（北京市西城区百万庄大街 22 号 邮政编码：100037）

责任编辑：冯小妹   责任校对：李秋荣

印　　刷：北京瑞德印刷有限公司   版　　次：2019 年 7 月第 1 版第 1 次印刷

开　　本：170mm×230mm　1/16   印　　张：22

书　　号：ISBN 978-7-111-62844-6   定　　价：80.00 元

凡购本书，如有缺页、倒页、脱页，由本社发行部调换

客服热线：（010）68995261　88361066   投稿热线：（010）88379007

购书热线：（010）68326294   读者信箱：hzjg@hzbook.com

版权所有 · 侵权必究
封底无防伪标均为盗版
本书法律顾问：北京大成律师事务所　韩光 / 邹晓东

　　拉塞尔·纳皮尔不是一个哗众取宠的人，这本书里也没有关于道琼斯工业指数能否到 1 万点的预测。然而，他是一位了不起的历史学家、教育家。而且，前 3 版书的正确预言说明了他是一位合格的预言家。2009 年版的前言告诉我们，股市估值已经足够低，而通货紧缩也足够夸张，所以很快会出现大幅熊市反弹。在这一版的前言中，拉塞尔又提出了一个新的问题：自 2009 年以来大多数西方市场的大幅上涨是否已经不属于一次反弹？ 2009 年是否是历史上的一个熊市谷底，而我们今天的投资市场已经变得非常安全了吗？

　　拉塞尔对此的回答是否定的。

　　至少对我来说，在 2009 年，我们无法想象我们现在所处的货币环境。我无法想象英国的利率会在 27 个季度内维持在 300 年来的最低水平上，并且还在继续。我也无法想象无休止的负利率和量化宽松政策。目前还不清楚超级宽松的货币政策是否会毒害我们的经济，导致资本配置不当，使所有东西供过于求。我从来不认为我们的央行银行家们会看清楚，他们自己的政策将造成多大的资产泡沫。他们说这些政策都很好，甚至再多一点也不会带来任何伤害。

我们大多数人也几乎不可能想象，所有实力雄厚的投资者将如何看待央行。自2008年以来，我们选举出来的政府将金融危机管理的权利移交给了美联储、英格兰银行和欧洲央行的非民选官员，尽管理性者认为这并不是一件好事（一个国家最重要的事情不应该是其央行会议的记录），然而对于投资者来说，这已经成为一件好事。如果经济衰退被视为央行再次干预的机会，我们不可能有真的坏消息，只会有更高的资产价格。

然而明显的是，这种情况不可能持续下去，由于不断的央行干预，市场变得更加脆弱、动荡：偏离正常交易区间四个标准差的资产数量一直在急剧上升。现在很难想象，当前的基本条件能够支撑一个长期牛市。如果当前估值处于历史区间的高值区间，但公司无法找到提高销售业绩，或是发挥潜力的方法，股票怎么能继续上涨呢？那么又是否会发生通货紧缩呢？

拉塞尔喜欢说，大多数投资者错误地认为股票是一种资产。相反，它们是"资产与负债之间的一小块希望"——通货紧缩（它会收缩你的资产，而不是你的负债）可能会抹去它的价值。这一切可能很快发生，甚至快过你的股票经纪人告诉你，你的股票估值和债券收益率并不强相关，或者告诉你多样化的长期投资组合永远不会失败。

拉塞尔所提的问题：目前的情况属于熊市反弹还是一个大牛市的肇始？这个问题的答案比他在这本精彩的书中讨论的其他熊市更重要。显然，股市崩盘对那些只持有股票的投资者有更大影响。但如今，随着固定福利养老金的消亡、未兑现的供款养老金的增加以及许多西方国家人口迅速老龄化，我们中数以百万的人将比以往任何时候都更多地受到下一次股市大跌的直接影响，我们的财务状况和生活方式将与此休戚相关。

本书的最新版对所有专业人士来说都是必读的，我认为，如果他们不知道拉塞尔的作品，他们就忽视了对客户的责任。考虑到太多人只关心市盈率，如何根据去年的收益推算下一年收益，以及如何取悦大众，我认为这本书也会成为非专业投资者的必读书。你需要知道拉塞尔认为下一个熊市将在什么时候到来，以防你的基金经理不知道。

美林·萨默塞特·韦伯

2015 年 11 月

　　当本书十年前第一次出版的时候，我的本意只是想给那些试图在股票熊市底部进行投资的人一些实用指导意见。在初版（2005 年版）以及 2007 年版和 2009 年版中，我基于美国股票市场上四次大熊市底部的分析，加入了一些关于未来美国股票市场走向的预测。这些预测究竟表现如何呢？历史上的四次大底究竟对未来美国股市走向有什么启示呢？

　　在 2005 年版中，我做出了以下预测："只有当道琼斯工业平均指数跌幅超过 60% 的时候，熊市才有可能终结。"这个预测的方向本身并没有错，然而幅度错了。道指从 2005 年 11 月开始爬升，直到 2007 年 10 月到达峰顶，然后开始下跌，一直跌到 2009 年 3 月的谷底。与 2007 年 10 月的峰顶值相比，指数一共跌去了 54%。而与 2005 年 11 月本书第 1 版的时候相比，指数只跌去了 40%，而不是我所预测的 60%。根据本书的估值方法，美国股市在 2009 年 3 月已经到了一个合理的价格，但是与我们的预测相比，这个价格还不够低。假如读者依据本书的分析方法，可能会认识不到 2009 年 3 月已经可以算作自 2000 年开始的大熊市的底部。

　　本书 2005 年第 1 版的结论尚未揭示出道指有即将到来的大跌风险，

因为"消费价格总水平尚未受到干扰""迄今为止政府公债的下跌影响并不大""美联储并没有下调利率",以及"目前并没有经济衰退的迹象"。从2005年11月到2007年10月美国股市达到峰值,虽然通货膨胀率并没有太大升高,但是10年期的美国政府公债价格下跌了,收益率从4.5%升高到5.3%。美国联邦储备局制定的政策利率——联邦基金利率,也稳步地从2005年11月的4%上升到2007年9月的5.25%。终于,联邦基金利率在2007年9月第一次下调,本轮经济周期也在2007年12月达到了峰顶。

所以,如本书2005版预测的那样,当通货膨胀率和债券收益率上升,美联储下调利率,经济衰退开始,于是熊市开始了。在2007年年底的时候,这一切都发生了,一个剧烈的熊市开始酝酿发展直到2009年3月为止。回过头来看,最大的意外在于,以历史标准来衡量,引发这轮经济衰退和熊市的各个要素的上升幅度是相当低的,这其中包括通货膨胀率、债券收益率、联邦基金利率等。在随后的市场崩溃中,我们发现,股票价格对高利率的这种过分敏感性,与2001～2007年经济扩张期累积的系统高负债率有相当大的关联。

本书2007年7月第2版的前言再次断言了道指将会比2005年11月跌去60%,可是如我们后来所看到的,道指事实上只跌了40%。这一断言失败的原因在于"消费价格总水平的扰动"。2007年的前言里暗示到"通货膨胀率上升引发衰退,现在这一证据更明显了"。而这种不利的通货膨胀应该来自于亚洲,尤其是中国。2005年中国进行的重大银行重组似乎试图将中国的经济增长模式从投资驱动型转向消费驱动型。考虑到中国在从1994年到2005年这段时间内对压制全球通货膨胀做出的巨大贡献,中国增长模式的这一改变,预示了全球高通胀时代的来临。

笔者在写2007年7月第2版的时候认为,这一通货膨胀现象导致的价格扰动会让美国债券收益率升高，触发经济衰退和美股暴跌。从 2007 年 3 月到 2008 年 7 月，中国发生的通货膨胀导致美国进口中国的产品价格升高了 7%。输入型通货膨胀结合了商品价格上升——这一上升也部分来源于中国——是将美国通胀指数推升到 5.6% 的关键原因。这一通胀的上升减慢了联邦储备局降低利率的步调，加重了 2008 ～ 2009 年的经济衰退和股市暴跌。

正如我们之前所看到的，10 年期的国债收益率和联邦基金利率的上升是 2007 年年末熊市和衰退的重要触发点。因此，推高利率上升的通胀预期也是 2007 ～ 2009 年熊市的重要原因。本书 2007 年版本中预测的美国通胀上升，虽然确实发生了，但是很快也就消失了。原因在于美国股票价格的下滑不仅摧毁了通胀，而且带来了美国自 1955 年以来的首次通缩。通胀预期虽然会推高利率触发熊市，但其自身也是昙花一现，真正的风险是随后而来的通缩，而不是通胀。

本书分析得到的一个重要结论是，一个大熊市通常是通缩——或者至少是正在发生的通缩风险——引发的。本书接着假定，正是这股通缩的力量使得股市见底。事实证明，消费价格总水平在 2008 年 9 月剧跌，正巧在那个时候，道指开始暴跌。

然而，当本书在 2009 年再版的时候，我们有理由开始乐观，"我们将会看到，当通缩风险消失，风险溢价开始收缩，是时候去买入股票了。在 2009 年第一季度末，市场似乎对通缩风险反应过度，因此，这很可能会导致一场从 2000 年至 2014 年的大熊市中的显著反弹。"好吧，在 2009 年 3 月 9 日触底的股市中呼吁反弹并不坏——尽管这显然不是一场在 2014 年才触底的长期熊市中的反弹。

本书 2009 年版的前言里提到企业债券价格在 2009 年第一季度末有所回升，同样的回升也发生在铜价和通胀保值类债券上。这三种重要指标的回升标志着股票市场最艰难的时刻已经过去了。前言总结道,"这三种指标的回升标志着通缩危险的消失,对股市是一个利好消息。"事实证明这个结论是正确的,但是解除通货紧缩的积极影响比笔者在 2009 年预计的要长久得多。

2009 年版的前言虽然已经预期了反弹将长达数年,但并不相信美国的宽松货币政策会持续那么久:"货币供应持续增加,大规模的国债发行,都会损害国债的定价,但美联储的买入会抵消这一损害。宽松的货币政策何时会终止,美国金融市场需要多长时间才能受到纪律约束,这将决定这场长熊市反弹能持续多久。随着美国当局的行为真正在几年后受到纪律约束,华盛顿有可能成功地消除正在压低股票价格的通货紧缩风险。"然而,即使到了 2015 年,市场纪律也没有得到恢复,股市依然在继续走高。虽然 2000 年开始的这一熊市并没有在 2014 年触底,但是它真的在 2009 年触底了吗? 2009 年会不会作为另一场大熊市的底部而载入史册? 还是说 2000 年以来的这次熊市迄今为止尚未真正触底?

如上所述,美国股市尚未探底到一个足以和历史上的大熊市底部相媲美的低值。2009 年版本的前言认为目前只是一个长期熊市的反弹,原因主要来自于两点:"真正的危险来自结构上的变化——中国消费的增加,以及美国退休潮的来临——这可能会使美国当局自 20 世纪 70 年代以来首次受到纪律约束。

在 2015 年,以上两点结构变化带来的不可阻挡的压力进一步加大了,由此带来的通缩压力也更大了。这种通缩压力最后将使股市估值降低到可以类比 1921 年、1932 年、1949 年和 1982 年大熊市底部的水平。它也将动摇各国央行继续执行复苏手段的信念,正是这些非常规的手段保证了之前超过 6 年的复苏。这尤其会对美国股市带来伤害。各种抗通缩的手段都失败了,它们并没有在 2009 ~ 2015 年成功地产生任何通胀,一切似乎无可挽回。

中国消费的增加和美国的退休潮究竟如何激起一场通缩，并导致史上第五大熊市大底？主要原因在于消费模式的改变，也在于高储蓄率对最终需求的影响，以及中国和美国采取的金融政策。

说起美国经济，人们总会第一个想起消费。美国的消费社会诞生于20世纪20年代消费信贷的普遍兴起。大萧条和第二次世界大战暂时使消费主义受到了一点挫折。第二次世界大战后重新崛起的消费者及其消费债务最后定义了美国式增长模式。这一模式尤其得益于婴儿潮一代，这一代人总是想要什么就马上去买，并且经常借债去买。

如果说储蓄是冻结的欲望，那么借贷就是及时行乐。婴儿潮一代在长达几十年的时间里，靠大量借款来及时行乐，这在历史上是前所未有的。事实上，每一个分析师都认为这种消费模式在美国是理所当然的。然而，现在婴儿潮一代已经51～69岁了，他们不仅高度负债，而且可能——仅仅是可能——心满意足了。美联储的数据显示45～54岁的家庭借债比率最高，这个年龄段有87%的家庭有负债。而65～74岁的家庭只有66%有负债。随着年龄增加，有负债的家庭比率急剧下降。显而易见，如果你想早点退休的话，你必须尽早还清债务，为此你必须开始多储蓄，少消费。

由于婴儿潮一代为准备退休而开始减少消费，这一结构性的变化显著地抑制了美国经济增长，降低了通货膨胀率。这也是为什么美联储试图通过扩大银行信贷，增加货币供应来刺激通胀的种种措施一概无效。在2009年版的前言里我们曾经提到这一点，而今天这一趋势更明显了，因为今天婴儿潮一代比2009年又老了6岁。所以说，无论6年来美联储采取了什么样的非常规手段去刺激通胀，这一人口结构的变化最终都会导致抵消其刺激手段，并造成通缩，美国股市也会因此剧烈下跌。

与此同时，美国人口的结构变化也会把中国牵扯进来。中国对美国婴儿潮消费者，以及世界其他地区消费者的出口，大大促进了中国经济增长。

中国这一政策虽然促进了增长，但也制造了通货膨胀，近期中国国内工资的显著提高就削弱了中国的经济竞争力。中国工资增长与美国婴儿潮一代需求减退同时发生。这些变化产生的影响，加上美国能源产业的增长，其意义深远。由此导致美国经常账目赤字降低，由2006年的占GDP5.9%，到今天的只占GDP2.4%。 对于那些将货币与美元挂钩的国家来说，比如中国，美国的低经常账目赤字将使它们被迫在低增长率和货币贬值之间二选一。

2007年版的前言预测中国的银行系统改革将改变中国的经济增长模式，由投资驱动型变为消费驱动型，由此也促进全球的通货膨胀。上文提到的工资增长确实导致了这一改变，但可惜未能如作者所料，这一改变对促进全球通货膨胀效果非常有限。

即使中国的工资水平上升，输入美国的中国产品价格还是下降了。高工资和产能扩张使中国企业付出了高昂的代价，它们的利润率遭到重创。许多中国私营企业者，不再把现金流投入到再生产过程中，而是转投到其他能带来更高收益的地方。所有这些把中国置于一个非常不利的位置，它的货币随着美元升值，由于高工资导致竞争力下降，外贸市场持续萎靡不振，而本地储蓄者又在持续地将资金转移到国外。

以上种种不利情况，尤其是美元对其他货币的持续升值，会促使中国允许它的货币贬值，从而得以实行宽松货币政策，提高经济增长率。这就会加速中国廉价产品的洪流进入全球市场，从而影响那些与中国竞争的公司和国家的债务清偿能力。在这种巨大的通缩压力面前，发达国家的央行将被质疑，它们能否有效地制造通胀，并实现经济成长。对于它们中的许多来说，这种通缩会成为不治之症，股市也会随之加速下跌。

中国对外账户的恶化也会增加美国私营部门的融资成本。原因在于，中国会减少其对美国国债的购买，导致美国政府的融资变得困难。中国在1994年进行货币贬值，使其成为主要对外顺差国，包括中国在内的外国央行购买的美国国债额度持续上升，从占全部发行额的12%到2009年第一季度的峰值38%。尤为重要的是，这些所有购买美国国债的行为反过来让外国央行发行了更多的本国货币，用以换取购买美国国债所需的美元。以中国为首的这些外国央行，通过这种方式来实现其货币对美元的持续低估。

这些国债购买行为一直持续到2014年，但在2015年停止了。自从2009年以来，不仅外国央行在举债购买美国国债，美联储从2009年第一季度开始，也通过发行美元的方式额外购买了19 850亿美元的美国国债，这些新发行的美元以银行准备金的形式存在。这期间所有央行购买美国国债都是通过央行自行举债，而不是通过动用储蓄者的资产。所以我们在1994～2015年各个阶段，都看到储蓄者还是有能力去进行任何其他投资的。

然而，当资助美国政府的义务落到储蓄者身上的时候，他们就不再有能力去投资美国私营产业部门了。这会导致美国私营产业部门自身的股价和企业债券价格下跌，融资成本上升。当这一切在美国继续发展时，中国也会发现其无力放松货币政策去刺激经济增长，因为它不得不通过出售美国国债来捍卫汇率从而收缩其央行资产负债表。因此，美国的消费疲软，加上中国资本外流，会导致中国经济增速降低，美国私营产业部门融资成本走高而增长乏力。当美国通胀率几乎为0，中国和美国同时增长乏力的时候，一场足以引发历史上那种股票暴跌的通缩就被引爆了。

无论是按照景气循环调整后的市盈率（cyclically adjusted PE），还是用托宾比率（q ratio）来计算，目前的美国股市已经被严重高估，长期投资回报率非常低。计算表明，即使一位投资者打算持有10年的股票，目前美国股市的平均年回报率也不会超过2%。这与美股平均长期5%～6%的回报率比起来相当差。然而，单纯的计算并不会告诉我们每一年的投资回报率究竟如何。从历史上看，长期的低回报率通常是由表现异常差的个别年份导致的。

本版前言认为其中一个异常差的年份很快就要来了。中国对外账户的恶化会拉低经济增长，最终引发其货币贬值。与此同时，美国也会遭受信贷环境恶化和通缩。这种通缩压力可能很难被抵消，最终股票价格会变得非常低。

这种紧缩之后通常会是新一轮高度通货再膨胀，因为即使央行失败，精力充沛的政府也会努力采取极端措施来制造通胀。可以预期的极端措施包括：一笔抹消学生贷款——所谓人民的量化宽松（QE），以及事实上的信贷管控和外汇管控。央行是无法实行以上措施的，只有政府才能做到。但政府要这么做肯定会引起很大的内部政治冲突，尤其在美国。发达国家的这些戏剧性措施几乎肯定会带来更高的名义 GDP 增长，而这将伴随着通胀。现在说这一切还为时尚早，但是，如果股票价格便宜，尽管伴随着市场力量的结构性下降，这种通货再膨胀的压力还是会预示新一轮股票牛市的来临。

那些试图评估股票是否真的能够在种种行为下触底的人需要再读一遍这本书。世界已经改变，更多的政府组织参与了进来，其中最为重要的就是中国人民银行。预测这些经济上的转变会引起什么样的政治反应是非常困难的——一直以来都是这样。然而，本书的一个关键教训是，当股票价格足够便宜的时候，它们可以几乎无视一切其他消息。希望本书在将来的几年里被证明是依然有用的，当太多坏消息来临的时候，股市还会一如既往，如同 1921 年、1932 年、1949 年和 1982 年发生的那样。

拉塞尔·纳皮尔
2015 年 11 月

致 谢

　　这本书是出于对现有的资本市场的理论和绝大部分金融历史书籍的沮丧而写的。现有的资本市场理论通常漠视历史研究，而大部分金融历史书籍都淡化历史实践中的原理。这本书的目的是提供一个实用的历史金融市场研究。在此过程中，我受到了其他从业人员的启发，他们已经在这个领域做出了卓越的贡献：巴瑞.威格莫尔（Barrie Wigmore）的《大萧条及其余波，20世纪80年代的证券市场》、桑迪·奈恩（Sandy Nairn）的《驱动市场的引擎：从铁路到互联网及其他领域的投资技巧》、约翰·利特尔伍德（John Littlewood）的《股票市场：五十年的资本主义之行》、马克·费伯（Marc Faber）的《明日黄金》，当然还有乔治·古德曼（George Goodman）的《金钱游戏》。如果这本书有以上任何一部作品一半贡献的话，那我这两年的努力就没有白费。如果这本书能说服其他潜在的作者，他们也可以为金融市场的实践史增添一些作品，那么这本书就已经达成了它的目标。

　　另外，如果不是里昂证券亚太市场执行主席加里·库尔，这本书不可能出现。里昂证券介入出版业务，并且让我来写这本书，这是加里的想法。

如果没有大量的数据，写这本书是不可能的。在整理这些数据的过程中，莫里·斯科特（Murray Scott）指引着我找到正确的方向，他比我所认识的任何人都更了解数据挖掘方法。当一条数据线路似乎已经中断时，理查德·西尔拉（Richard Sylla）无疑是我找到新来源和新方向的向导。当其他一切都失败了，飞往美国似乎必不可少时，纽约公共图书馆（New York Public Library）的工作人员前来援助，我感谢他们为数千英里[⊖]外从未见过的人提供帮助。这本书特别依赖于过往《华尔街日报》的数据。阅读 16 个月的《华尔街日报》内容是一项巨大的任务，如果不是 ProQuest（www.proquest.co.uk）的服务，我可能根本不会想到有这种可能。ProQuest 提供远程访问自 1889 年以来在《华尔街日报》上发表的每一篇文章和广告的机会。虽然对于历史学家来说，ProQuest 已经被认为是一种极好的资源，但我认为它对投资从业者的用处还没有得到充分的认可。对于那些寻求投资未来指导的人来说，一个完整可搜索的数据库，包含了《华尔街日报》100 多年的文章，是一个极好的资源。

多年来，我一直与一群天才思想家和老师合作，他们为"金融市场实践史"课程（www.didaskoeducation .org）做出了贡献。我有机会向斯图尔特象牙基金会的受托人学习金融市场的知识，并对此做出贡献。该基金会是一家慈善机构，为这门课程的发展和运作以及许多其他项目提供资金。在这项任务中，非常幸运的是，已经有一些最优秀的金融专家参加这个项目。这对我是一个很好的机会，去向很多作者和老师学习，他们合在一起有超过 200 年的实践经验。关于这本书，我要特别感谢四位课程作者 / 老师的帮助：迈克尔·奥利弗（Michael Oliver）、戈登·佩珀（Gordon Pepper）、安德鲁·史密瑟斯（Andrew Smithers）和斯蒂芬·赖特

⊖　1 英里 = 1.609 344 千米。

（Stephen Wright）。迈克尔和戈登已经尽了最大的努力，引导我理解这本书中所必需的货币数据。安德鲁和斯蒂芬允许我引用他们书中的话——"华尔街估值"。如果本书中有关 q 比率或货币上的叙述有错误，那一定是我这个学生的错误，而不是老师们的错误。如果想向老师们学习，请与我们一起学习金融市场实践史课程，购买一本《华尔街估值》或戈登·佩珀的《资产价格流动性理论》。

我希望这本书对一般读者来说是容易理解的，但并一定是这样。就连我的朋友 P.J. 金（P.J. King）这样的资深投资专业人士也发现这本书有点难以理解。他以一种直截了当但友善的，也许是科克郡男人独一无二的方式，非常清楚地告诉我需要做什么改动。当然，来自爱尔兰另一端的我并不容易同意所有的改动要求。这就是思想碰撞之所在。编辑蒂姆·克里布（Tim Cribb）和西蒙·哈里斯（Simon Harris）把我杂乱无章的散文整理成了现在的样子。如果没有蒂姆和西蒙的巨大努力，我很可能仍然在写作或寻找各种主题。我既不具备当编辑的资质，也不具备当编辑的精神。面对我这样顽固的作家，我敬佩他们的技巧和坚韧不拔的精神。

在我读过的每一本书中，作者都感谢他们直系亲属的支持。只有你写了一本书，你才能真正理解为什么这如此必要。我要感谢我的妻子希拉，以及我的儿子罗里和迪伦忍受了我的长期缺席和交谈中频繁地转移话题。我尤其要感谢我的父母几十年来给予我的指导和支持。感谢我的父亲，事实证明，他已经在他位于贝尔法斯特的店铺教会了我大部分我需要了解的关于生意的知识。感谢我的母亲，她教会了我，生活中有许多事情比生意更重要。

引　言

在开始狩猎之前，明智的做法是先问某人你在寻找什么。

——*Pooh's Little Instruction Book*

　　作为一位四处游荡的渔夫，我偶尔会发现自己身处于北美的森林里。这里是熊的居住地。作为一名北爱尔兰人，我并没有躲避熊的经验，关于在河岸上该怎么办，我征求了专家的意见。美国国家公园服务处的建议特别有帮助。

　　尽可能多地发出噪声，把它吓跑。喊啊，一起大喊。如果几个人同行，那就站在一起，装出一个更大更吓人的形象。所有这一切都可能阻止你的名字加入到被熊袭击的名单中。到目前为止，过去20年中共有56人在北美死于熊袭击。

　　这本书会告诉你当你发现一只不同种类，但同样危险的熊时该做些什么。本书是对金融熊的一个实践指南，这种熊可以粉碎一个投资组合，严重损害你的财富。这种熊对大多数个体的威胁比在野外发现的任何东西所产生的威胁都大。

　　美国股市有大约8 400万[⊖]名投资者，全球还有为数更多的投资者，他们的金融资产可能会被这些金融熊中的任何一个摧毁，而它们并不像北美森林里的熊那样容易辨认。即使你能认出这只金融熊，发出大量的噪声或者和朋友团结在一起，也不会把它吓跑，尽管你可能会感觉好多了。

　　现在是观察金融熊的好时机。2000年3月爆发的美国股票价格大幅下跌，在2002年年底逐渐缓和。这是熊市的终结吗？很多评论员在这些问题上存在分歧，即使是在2005年秋季，当时股价仍远高于其最低点。那么2002年年底开始的，究竟是一个新的牛市，还是只是长期熊市的反弹？这

　　⊖　纽约证券交易所（NYSE）数据。

个问题在现代金融中相当重要，几乎没有什么问题比它更重要。本书通过考察之前所有在极度高估时期之后出现的主要熊市，为这个问题提供了答案。那就是，我们仍然处于熊市。它什么时候结束？市场还会下跌多少？什么事件将帮助你确定市场已经触底？这些问题的答案都在这本书里。

就像生活中的一切——也许除了一种情形，当你走在一条特别寒冷的溪流中，而此时你的长筒胶鞋漏水了——熊市也有一个好处。根据杰里米·西格尔教授对 1802 年以来总实际回报率的分析，投资者所需要做的就是持有 17 年，这样他们在股市上就永远不会赔钱。如果你无视市场价格波动，历史表明，在不到 17 年的时间里，熊市就会消失，你的实际购买力没有受到任何损害。当涉及股票投资时，最有耐心的人能笑到最后。所以说，只要你有足够的时间，你就不需要任何金融领域的指导，只要耐心等待就好。

但很少有投资者能对长达 17 年的市场波动视而不见。事实上，纽约证券交易所 2005 年上半年的统计数据显示，美国 8 400 万名股东的平均持有期仅为 12 个月（1900 年至 2002 年间的平均持有期仅为 18 个月）。在整个 20 世纪的 100 年间，美国股票的实际年回报率为负数的有 35 年，在其中的 8 年中，负回报超过了 20%。因此，一般投资者可能每 3 年左右就会遇到熊市，而每 13 年就会遇到特别惨烈的熊市。

尽管如此，纽交所的大部分成交量都是由对冲基金经理和经营者创造的，他们具有近 20/20 的短视。所以我们可以假设，一般投资者比统计数字所显示的更有耐心，可以平均持有股票长达 10 年——在过去的 100 年里只有一年出现了这样的情况——即便如此，投资者仍有可能遭遇熊市。在 21 世纪最初的 9 年中，美国股市的 10 年实际回报率为负数。这种情形很常见，对一个 10 年期的投资者来说，他可能在第 11 年面临严重资金损失的风险。而大熊市往往会有反复波动。在进一步下跌之前，出现一个价格反弹时期在长期熊市中并不少见。一本好的金融领域指南将有助于你认识到这一点。

正如你会发现的那样，自2002年10月以来美国股票价格的上涨很可能只是一个虚假的黎明。这是重要的信息，即使你有持有股票10年的耐心。

然而，熊市也有它好的一面，本书另一个可能的书名可以是"我如何学会停止担心熊市并且继而爱上熊市"。因为，熊市意味着更低的价格。消费者不反对降价，同样，如果投资者是购买而不是卖出，他们也不应该反对降价。从熊市中逃脱会保留财富，但考虑到股票的实际长期回报，如果有机会在熊市中廉价买入，则更有利可图。这本关于熊市的指南关注于那些历史上非常有利可图的时期，那时股票价格被远远推低至公允价值之下，反弹迫在眉睫。

就像美国棒球传奇尤吉·贝拉曾经说过的那样，"你只要认真观察，就能发现很多东西。"通过观察熊市，我们可以发现当某一些因素聚集在一起的时候，市场能变得更好。

这些因素包括估值偏低、收益改善、流动性改善、债券收益率下降以及市场参与者对市场的看法发生了变化。本指南的目的是帮助认识那些已经被证明有效的预测因素，以及那些有误导性的因素。爱因斯坦曾经说过，他成功的秘诀是问正确的问题，并坚持到他得到答案。在金融市场，想问出正确的问题是非常困难的。本书通过研究金融历史，提供了当你遇到熊市时应该问的问题。你比爱因斯坦有优势，因为相比物理，金融的美妙之处在于，你不需要提供最正确的答案，而只需要提供比其他人能提供的更好的答案。希望这个指南能帮助你找到更好的答案。

用金融历史来剖析熊市是有争议的，亨利·福特在某种程度上说得对，"历史传统或多或少是胡说八道"。福特所说的是"历史传统"，是一种对任何投资者来说都具有内在危险性的推断形式。一个资金雄厚的人如果被困在这种思维局限中，很可能他仍然会紧紧抓住英美电刷灯公司（爱迪生的作品中多余的弧光灯的专利持有者）和洛科姆汽车公司（蒸汽汽车失去了在美国汽车市场的三分之一份额）的股权投资组合。

1952 年，当哈里·M. 马科维茨发表他的论文《投资组合选择》[⊖]时，福特的格言被嵌入了他的论文中。这篇论文开始了学术界对那种可以根据历史进行投资的观点的冲击。马科维茨认为市场是有效的，他得出了一些关于建立多元化股票组合的好处的明确结论。这种与金融市场相关的科学概念与效率的联姻，很快诞生了一种"有效市场假说"。

对许多人来说，这一理论的诞生证明了历史确实是"胡说八道"。他们问，如果股票市场能够有效且立即反映所有现有的信息，那么研究金融市场的历史又有什么价值呢？历史难道不是所有可用的过去信息的简单积累吗？到了 20 世纪 70 年代，认为市场价格已经反映了所有可用信息的信念得到华尔街的认可。

正如彼得·伯恩斯坦所说：

> 如果不是因为 1974 年的崩盘，几乎没有金融从业人员会关注在象牙塔上酝酿了大约 20 年的想法。但是，当事实证明，习惯于临时思考应对方法来击败市场，到头来只会损害客户的利益，从业者意识到，他们必须改变他们的方式。他们不情愿地开始表现出兴趣，将学者的抽象思想转变为控制风险和遏制客户损失的方法。这是形成新华尔街的革命动力。[⊜]

新华尔街取代了旧华尔街。基于效率假设学说，效率的追随者创造了风险和回报数学模型的圣地。就像所有新教派的惯例一样，打破传统的人指责他们以前的学说都是野蛮的。然而，即使这个新教派最终成为正统，也有一些事件威胁了它的核心信仰。1987 年，新华尔街推出了一种衍生产

⊖ *Journal of Finance* Vol. III, No. 1 (March).

⊜ Peter Bernstein, *Capital Ideas: The Improbable Origins of Modern Wall Street.*

品，为投资者提供了一种投资组合保险。可惜的是，它最终未能被成功推出，这加剧了当年的股市崩盘。

或许新华尔街已经创造出风险管理产品，但它无法消除人类的贪婪和愚蠢，正如加州橙县的市民和吉布森礼品公司的股东们发现的那样。[一]在1998年，最接近圣殿的信徒感受到了震动，因为长期资本管理公司（或许是新华尔街的最终创立者）崩溃了。在1995年至2002年的繁荣和萧条中，有证据表明，在保护客户利益方面，新华尔街并不比1974年失败的临时战略更成功。

无论新的正统教派拥有的真理多么正确，抛弃以前的教训是否真的明智？1994～2002年发生的一切，或许表明，将老华尔街的教训和新华尔街思想进行某种程度的综合，可以为金融从业者创造一种更切合实际和更有用的方法。这提示我们需要重新审视金融历史的价值。

最近又一次股市泡沫的扩张和破灭，或许是一个充分的理由，可以证明，在天堂和地球上，有比效率哲学所梦想的更多的东西。另一点理由是，在2002年，行为心理学家丹尼尔·卡尼曼和弗农·史密斯一起被授予诺贝尔经济学奖，因为他们将心理学研究中的发现融入了经济科学，特别是不确定性下的人类判断和决策。[二]

诺贝尔奖委员会认为卡尼曼已经阐明了人类判断会产生一些错误，这导致了效率学说的不可靠。然而讽刺的是，当卡尼曼在1974年第一次发表关于这一概念的文章时，华尔街正开始轰轰烈烈地接受市场效率学说。诺贝尔奖委员会此前曾表彰过效率学说的拥护者——哈里·马科维茨、默顿·米勒和威廉·夏普（1990年），以及麦伦·斯科尔斯和罗伯特·默顿（1997年）。然而现在，诺贝尔奖委员会又认同了一位心理学家的质疑——人类的判断，即使是总体上来说，是否有助于提高效率。

[一] 两组投资者均因误解衍生产品固有的金融风险，造成巨额财务损失。
[二] 瑞典皇家科学院2002年10月9日的新闻稿。

只有当卡尼曼的不确定性下的人类判断决策的学说得到承认，研究金融历史才显得有意义。让我们反过来设想，假如没有卡尼曼的学说，金融历史将会得到何种对待？如同行为主义心理学派在近一个世纪的时间里，把理论建立在观察特定刺激的反应上，行为主义经济学派，也关注于数以千计的参与者对某些刺激的反应。而金融史只是一种观察市场的工具，从来没有人认为，金融史可以从理论上解释市场应该如何运作。

关于金融史的研究尚未得到经验主义者的青睐，而和经验主义沾边本身可能就足以使许多人敬而远之。然而，无法将所有的理解转化为二进制代码并不一定会降低它的价值。如果说心理学是一门软科学，那么在不确定性条件下用金融史来评估人类的决策，就是一门更软的科学。对于那些接受人类的决策不能用方程式来预测的人来说，金融史就是理解未来的指南。

金融史的独特价值来自于它对不确定性下人类判断的洞察，特别是对当时观点的考察。尽管任何历史学家都容易产生事后偏见，但关注当时的评论和反应至少会降低将自己的主观偏见投射到事物上的风险。作为一个历史来源，报纸每天都对事件进行有效整理记录，而那些关注于市场的金融媒体，是最实用的储存库，用来理解一个世纪或更多年以前当时人们的观点。媒体对股市的报道始于铁路诞生前后，当时新兴的中产阶级发现，对新技术的投资是非常吸引人的。这一特别丰富的来源，可以让我们追溯到 1850 年以来的很多信息。

为了了解过去熊市底部的样子，以及投资者的反应，我分析了《华尔街日报》四个大熊市底部前后各两个月内发表的大约 7 万篇文章。接下来我会详细阐述我的调查结果。我的目标是在研究当时各种观点的基础上，尽可能准确地展示当年熊市底部的情形。这也是一个很好的起点，去理解在过去投资变得不确定的时期，人们是如何做出决策的。《华尔街日报》的历史记录让我们了解到当时正在发生的事情。在书中的各个章节中，读者将有机会了解当时的报道，以此来评估熊市何时结束，牛市何时开始。同时，我们也可以总结出四大熊市底部的相似之处，进而发现一套有效信号，在将来引导我们进行成功的投资。

在这本书中，我将集中讨论熊市的历史。这些时期对今天的投资者非常有实际意义，但却通常被其他金融史书籍所遗漏。人们喜欢分析繁荣和萧条，但萧条结束和繁荣开始的那一刻又会怎样呢？如果能准备好并发现这一刻，肯定能最小化亏损，最大化利润。但是，在1850年以来发生的众多熊市中，研究哪一个将使我们得出正确的结论？考虑到市场的大小和影响范围，肯定是美国的金融市场最值得研究，而不是英国或者其他国家。那么，哪一次的美国熊市能讲述最完整的故事呢？或许是那些发现之后能带来最佳回报的熊市底部。虽然判断市场是否低于公允价值时可能有一些主观性，但随后从这些低点获得的高回报是毋庸置疑的指标。

安德鲁·史密瑟斯和斯蒂芬·赖特于2000年出版了一本名为《华尔街价值投资》的书，计算了20世纪投资股票的最佳年份。他们定义了一种"事后发现价值"的度量，计算的方法是取40种离散的后续收益周期的平均值，即在1到40年间，取40种不同持有期的回报的平均值。因此，"事后发现价值"可以代表在任何一年中购买股票并持有不同时间的投资者。这项研究显示，购买美国股票的最佳三年是1920年、1932年和1948年。这三年并不一定与道琼斯工业平均指数跌至最低点的时期相吻合。因为收益计算是使用年终水平进行的，而股市的最低点也不一定就发生在12月31日。针对一年内的变动进行调整之后，最终显示投资美国股市的最佳时机分别是1921年8月、1932年7月和1949年6月。

"事后发现价值"只能计算那些最少40年前的年份。1982年虽然距今只有23年，但基于我们主观的判断和23年来的数据，让我们有充分的理由相信，1982年也是投资美国股市最好的年份之一。

由于股票在这四个时期之后产生了最好的回报，我们事后可以说，股票在 1921 年、1932 年、1949 年和 1982 年的时候最便宜。这是一种价值计量，仅在事件发生后约 40 年才能观察到，因此，其直接用途有限。为了达成本书的目标，我们需要为投资者提供一个可以应付投资市场日常变化的可靠价值衡量手段。有太多衡量指标可供选择，但幸运的是，安德鲁·史密瑟斯和斯蒂芬·赖特帮我们缩小范围到其中的两个。在《华尔街价值投资》中，他们对最常见的衡量指标进行各种测试，尤其关注哪些指标对最终回报比较可靠，正如"事后发现价值"的定义。最终我们发现，在 1921 年、1932 年、1949 年和 1982 年，投资者可以利用一些衡量价值的指标来证明股票非常便宜。虽然周期性调整市盈率有一些作用——耶鲁大学的罗伯特·希勒所选择的指标——但史密瑟斯和赖特最终发现，q 值是衡量未来卓越回报的一个特别准确的指标。考虑到它的长期有用性，本书将使用 q 值来评估不同时期股票估值的变化情况。

q 值反映了一家公司的股价与净资产重置成本的关系。本书中，"股票交易价格低于公允价值"的声明仅仅意味着现行的 q 值低于该比率的几何平均值。本书中研究的四个时期是唯一股票折价超过 70% 的时期。本书的任务是找出什么力量使得股票价格降低到这样的水平，并找出推动股票价格回升的背后原因。

为了讲述前四大熊市底部每一个发生前后四个月的故事，我们需要考虑更多的前景。要理解推动股票价格回归公允价值的因素，必须了解是什么促使它们折价。这种讨论势必要把几十年的投资历史考虑进来，这本身能够写成一本书，为简洁起见，我们这里必须略去许多内容。

在本书第一部分中，背景故事可以在标题"通往 1921 年 8 月的路"下找到——其他三个部分也有类似的标题。此外，我们还简要说明了所研究期间的金融市场结构。每个时期都有重要的结构性差异，投资者需要铭记这些差异用以吸取历史教训。例如，在第一个供研究的时期，今天的主要金融机构还没有在纽约证券交易所上市。读者可以在"1921 年的市场结构"

标题下找到相关的简介。

在概述了市场下跌的原因及时代结构之后，我们将把重点放在熊市结束的因素上，参考章节"在熊市的底部"。我们研究了固定利率市场的行为——这本身就可以写一本书——关注于直接影响股票价格的重大事件。

读者可以发现 1929～1932 年的事件得到了本书特别的关注。这是因为那个大熊市和本书分析的其他三个熊市之间有着重要的区别。同时也是因为 1929～1932 年常常被认为是熊市的典型，那个时期的事件也被看作是熊市的典型事件。因此，多花一些时间研究这个时期是很有用的，可以多了解为什么它在金融历史上如此独特。

本书瞄准的读者不仅包括专业投资者，也包括那些想要在市场上通过实践自己的判断，来实现财务自由的投资者。本书中有一些大段解释，用来帮助非专业投资者理解专业人士有时不愿意解释的复杂的术语。不过，当然还是会有一些行话或者术语很难解释。为此，读者可以参考经济史服务网站 www.eh.net。

本书的一些内容用粗体标识，用来提示读者那些讨论得出的最后结论。这些结论构成了一套关于熊市底部的普适性结论，以此帮助读者识别熊市底部，进而最大化投资利润。

本书摘录了一些 20 世纪最伟大的作家的箴言。他们生活在经济动荡年代，有些作品涉及的年代和我们研究的熊市时间上重合，可以作为一面很好的镜子来检验我们的分析。在股市触底之际，这些作家小说中的主角们做出了正确的财务决策。在 F. 斯科特·菲茨杰拉德的小说中，在盖茨比于 1922 年去世后，尼克·卡拉维放弃了在华尔街的工作，回到威斯康星州。他在那里是否幸福，我们永远不会知道，但他正像美国历史上最伟大的牛市一样向东走。对詹姆斯·T. 弗雷尔来说，可怜的斯塔兹·隆尼根的命运更糟。在 1931 年，金融市场最大的崩溃开始的时候，他把自己的积蓄投入了市场。在 1932 年 7 月股市触底之前，斯塔兹死了。20 世纪 40 年代末，罗伯特·霍尔顿必须二选一：是要冒险与一位已婚女性一起前往意大利，还是谨慎地留在华尔街？戈尔·维达尔认为霍尔顿应该留在华尔街——毫无疑问，假如霍尔顿这么做的话，他将从美国历史上最长的牛市中获益良多。这并不是说他不想去意大利。霍尔顿似乎是这些人物中唯一一个在经济上比较精明的人物。对于约翰·厄普代克的哈利·安格斯特罗姆，黄金是对他未来最好的投资，但他的重大收购几乎恰逢黄金历史最高点。本书所涵盖的四年——1921年、1932年、1949年、1982年，也是美国社会发生重大变化的年份，这是不是巧合呢？它们是消费社会的诞生（1921年）、大政府的诞生（1932年）、军工综合体的诞生（1949年）和自由市场的重生（1982年）。以上所有小说中虚构的人物都挣扎在一个特定的社会转型时期，同时也在努力应对这种变化对他们财务的影响。

　　我曾和一位在年轻时多次遭遇过熊的人吃过午饭，他是极地探险家和登山家大卫·海姆普尔曼－亚当斯。我问他在野外遇到一只熊时该怎么办，他的建议很简短："开枪打死那个混蛋。"不过，如果他遭遇的是一个金融熊市，枪并不能保护他免受伤害。但是，我希望这本书能使这场遭遇成为一场更公平的战斗。

第一部分
1921 年 8 月

"我不会对她要求太多，"我大胆地说，"不能重复过去。"

"不能重复过去吗？"他怀疑地喊道，"你当然可以！"

——F. 斯科特·菲茨杰拉德，《了不起的盖茨比》

尽管美国股市在第一次世界大战初期出现了繁荣，但到1921 年 8 月，道指却跌回到了 22 年前的水平。即使投资者幸免于难于这个新市场板块，他们的铁路蓝筹股股价却表现得更糟，跌到了 1881 年的价格水平。然而 1921 年却是买入的好时机，股票的价格相比资产的重置价值折价了 70%。此后道指上涨了近 5 倍，到 1929 年 9 月，股票与其折合价值的溢价接近 100%。这是纽约证券交易所近 140 年历史上最大的牛市。1921 年究竟发生了什么，投资者要怎样才能预测市场已经到达底部，怎样才能从咆哮的 20 世纪 20 年代股市中获得暴利呢？

通往 1921 年 8 月的路

道琼斯工业平均指数：1896 ~ 1921 年

那是 1920 年 9 月 16 日，夏天即将过去，位于曼哈顿下城的华尔街摩根大通办公室外的一声爆炸，惊雷般地响起。一团浓烟升起在美国的金融中心，整个地区笼罩在黑暗中。纽约证券交易所的经纪人们飞快地奔跑，躲避四处飞溅的玻璃碎片。半英里内的建筑上的玻璃都被震碎了。死亡人数达到 40 人，直到今天，还没有确定是谁制造了这起事件。媒体和公众分析：1920 年 4 月，有 18 位知名的反工党的政治人物收到了邮包炸弹。人们猜测，华尔街的炸弹事件应该也是一场"红色"袭击，这一次是针对美国的中心，也是世界资本主义中心的袭击。然而炸弹并不是华尔街当时唯一的麻烦——一场大熊市也在肆虐着。

本书注重于研究熊市，并不是因为作者对投资史上令人沮丧的时期有任何偏好，而是因为在确定底部的同时大量抄底是每个投资者的梦想。因此，对那些试图确定市场何时从熊转牛的读者来说，本书是一本不可多得的指南。1921 年的夏天就是这样的时候，它也可能是华尔街历史上最赚钱的时候。

要写作这样一本指南，先让我们回顾一下贝顿夫人的话，"第一步是要抓住熊。"可惜即使在今天，定义熊市也不容易，因为标普 500 指数和道琼斯工业平均指数有时会讲述截然不同的故事。在 1921 年，由于没有代表整个市场的指数，这件事要更为艰难。为了衡量市场走势，人们不得不关注两个不同的板块：道琼斯 20 工业股票平均指数和道琼斯 20 铁路股票平均指数。

查尔斯·道创建的这两种不同股指的发展，其本身就讲述了在 1919 年至 1921 年间股市走向熊市的过程。1896 年，纽约证券交易所的工业股票销售额占总成交量的 48%，铁路公司股票占 52%。市场活动总体水平极低——表现在过去 10 年纽约证交所会员资格价格下跌 41%，尤其是铁路股，即使市场已经从 1893 年至 1895 年间的恐慌中恢复过来。

摩根大通在 1893 年至 1895 年的危机中并购了陷入破产困境的铁路公司，为这个死气沉沉的行业注入了新的活力。在工业指数启动后不久，美国的企业并购热潮随之而来，并购案例数量从 1897 年的 69 起上升到 1899 年的 1 200 多起。这种合并对铁路部门的积极影响最大，相比于工业部门，当时铁路部门正遭遇产能过剩，利润严重下滑。铁路股的合并推动了牛市，从 1896 年到 1902 年，铁路指数的升幅远远超过同期的工业指数。直到 1911 年，工业股票在市场总成交量中所占的份额才再次回升，回到 1896 年的水平。

> **道琼斯工业平均指数（道指）**于 1896 年 5 月首次发布，计算方法是对 12 家组成公司的股价进行平均。查尔斯·道在 1884 年创立了第一个指数，到 1896 年的时候，这个指数已经被铁路公司的股票所主宰。所以重新创立一个新的指数的必要性已经很明显，这表明那些重要的行业标杆公司对投资者的重要性日益增加。在 1916 年 10 月，道琼斯工业平均指数中的股票数量扩大到 20 只，此后在 1928 年 10 月，扩大到目前的 30 只。该指数继续按价格加权，而不是按市值加权。本书中任何地方所称的"市场"，指的都是道指。本书中所涵盖的所有四个时期，投资者都应该把道指视为指南。同时我们也通过道指来分

析投资者的看法。不过，有时也有必要参考另一个指数，即标准普尔综合指数，但这种差异仅限于估值和收益，因为后者的数据质量优于道指。

铁路股票的牛市在 1901 年威廉·麦金利遇刺，西奥多·罗斯福开始领导美国后结束。这位新总统不太认同以法定信托形式组建的众多企业的合并，并采取行动控制许多行业的定价。新政府破坏信任的行为比日益增长的工业部门的竞争更猛烈地打击了铁路行业。到 1911 年，工业部门在总营业额中所占的份额突破了 1896 年的水平，并首次超过铁路股票，成为最活跃的股票种类。但是市场对这两类资产的兴趣大致相同，直到第一次世界大战爆发，市场对两者的态度出现巨大变化。

铁路／工业股票市场份额如图 1-1 所示。

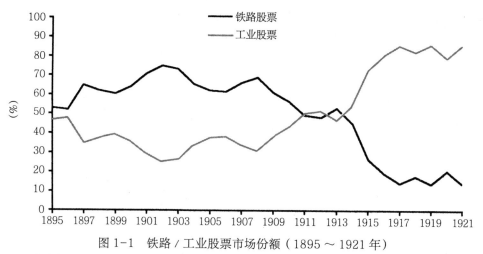

图 1-1　铁路／工业股票市场份额（1895 ～ 1921 年）

资料来源：New York Stock Exchange.

在 1919 年至 1921 年的熊市中，不断挣扎生存和渴求盈利的投资者们发现，经过第一次世界大战转型的市场已经完全变了。到战争结束时，工业股票占纽约证券交易所成交量的 80% 以上，而铁路股票已经大部分被国有化了。这场战争还对消费价格总水平造成了影响，直接导致了 1919 年至 1921 年间的熊市。让我们来回顾一下：市场对 1914 年 6 月 28 日弗朗茨·费迪南德大公遇刺事件的反应相对平静。然而，在 7 月 25 日，奥地利和德国拒绝参加六大强国（俄国、英国、法国、奥地利—匈牙利、意大利和德国）的会议。这时一场彻底的战争显得不可避免了，这就导致了大规模抛售股票的可能。因为投资者担心，黄金将从债务国美国大量流出，以资助欧洲战争，随后，国内流动性也将开始收紧。7 月 28 日，奥地利向塞尔维亚宣战，蒙特利尔、多伦多和马德里的证券交易所关闭了，第二天，维也纳、布达佩斯、布鲁塞尔、安特卫普、罗马和柏林也相继关闭。7 月 31 日，伦敦证交所关闭，于是纽交所别无选择，只能效仿，否则将单独面对全球投资者的巨额冲击。当时，道指为 71.42，铁路股票平均指数为 89.41。

在某些交易受限的前提下，纽交所于 1914 年 12 月 12 日（星期六）重新开放。周一，《华尔街日报》在 4 个月后重新开始公布道琼斯指数，铁路股票平均指数已经上升到 90.21。然而，到了 12 月 12 日，工业平均指数为 54，比 7 月 30 日的水平下降了 32%。工业平均指数在几天内继续下跌，但从 1915 年又开始牛市行情。因为随着各参战国向这个中立的工业大国购买必要的物资，资金开始涌入美国。

道琼斯工业平均指数如图 1-2 所示。

工业股票价格的上升得益于资金流入以及利润的增长。我们需要强调这一时期惊人的利润增长：按名义价值计算，利润率直到 1949 年才超过 1916 年的水平。而按实际价值计算，直到 1955 年 12 月，利润率才超过了 1916 年。而 1955 年之后，利润率又降至了 1916 年前的水平。甚至直到 1992 年 1 月，标准普尔综合实际收益还低于 1916 年的水平。当实际收益在 2002 年 3 月触底时，它们仅比 1916 年的水平高出 4.7%。毫不奇怪，在这种环境下，投资者们很快就会关注工业股票，因为我们从欧洲国家获得大量战争订单。在这场大牛市之后，铁路和工业股在 1916 年维持在高位震荡，直到 1917 年，由于美国可能加入战争，股市出现了大幅度下跌。同时，1917 年大跌的其他原因包括：政府干预并控制大宗商品价格，铁路公司未能从州际商业委员会获得加价许可，成本上升，超额利润税开征，以及政府债务增加等问题。

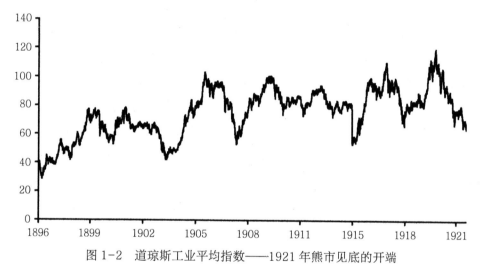

图 1-2　道琼斯工业平均指数——1921 年熊市见底的开端

资料来源：Dow Jones & Co.

随着欧洲战争陷入僵局，变成了一场消耗战，工业和铁路指数在 1918 年保持低位震荡。直到 1919 年战争结束，工业股才迎来了另一轮牛市，其在 1919 年 11 月达到了历史新高。第一次世界大战期间和战后，工业和铁路两个部门表现的巨大差异是多方面因素造成的，但 1917 年 12 月 28 日的铁路国有化显然是一个关键因素。这实际上将铁路权益转化为债券。政府根据公司国有化前的平均收益向股东支付固定股息。

由于铁路股东的回报受到限制，投资者的注意力转向工业股，在那里，企业从战时的繁荣中受益。当工业股牛市在 1919 年达到顶峰时，铁路股票的成交量仅占总成交量的 13.8%。但在 1919 年至 1921 年间，投资者还在继续同时关注这两个指数。许多投资者认为，铁路股的下跌是一种暂时现象，随着 1920 年 3 月国有化的结束，这一情况将得到改善。到 1921 年，投资者仍同时依据铁路和工业指数来评估市场，尽管当时工业板块的成交量已经远远超过了铁路板块。

与美联储共存：一场全新的球赛（I）

假设 1921 年的市场和今天的运营机制一样（但实际上这种假设很危险），在详细研究 1921 年 6 月至 10 月（8 月底部两侧两个月）的股市之前，值得停下来考虑一下当时金融市场在运行机制上与今天的关键差异。当时市场上有一个前所未有的新因素——1914 年建立的联邦储备系统。该系统由联邦储备委员会和 12 家联邦储备银行组成。储备银行可以自由决定贴现率，但根据立法，这类决定"需经联邦储备委员会审查和确定"。然而，在真正市场运作过程中，联邦储备委员会没有得到这种审查的权利。因此，联邦储备银行有可能在系统内实现高度不受干扰的自主性。这种自主性给予了纽约联邦储备银行——由于其位于美国金融中心——推动货币政策的关键性力量。

另外，该系统分散的结构使得其未来政策变化很难被预测，并会导致其内部冲突，这些冲突将在不久的将来产生重要后果。联邦储备系统最初创建时的巨大影响，可以用一件事情来类比：你可以想象一下，如果今天我们宣布废除这一系统，对市场将会产生什么样的影响。基于这一类比，现代投资者或许会理解这一机构当时的创建带给市场的巨大震撼。

由于央行的成立，自 1879 年美国内战后恢复金本位制以来，美国投资者一直以来熟悉的货币机制被改变了。美联储系统为投资者创造了一个不确定因素。人们很难知道这个额外施加的人为因素将如何影响市场。事实上，人们长期以来一直认为，金块委员会（Bullion Committee）在 1810

年提交给英国下议院的报告就很好地总结了这种观点：在货币过程中引入任何人为因素都可能是危险的。

复杂的国家贸易，深奥的货币流通规则，都使得任何人或人群，无法长久地调整流通中的货币来满足贸易需求。[⊖]

美国本来没有官方的央行——美国总统安德鲁·杰克逊在 1832 否决了延长美国第二银行章程的决定。

鉴于其被赋予的使命，新体系将如何与金本位制度互动，来影响流动性、利率和金融市场，这是很难预测的。其使命包括：

建立联邦储备银行，提供弹性货币，提供商业票据再贴现的手段，建立对美国银行业更有效的监督体系等。[⊜]

然而人们认为有必要采取这一措施，原因在于，由于无力"提供弹性的货币"，美国在近期两度濒临破产。在 1895 年 2 月，幸好有摩根大通和罗斯柴尔德的贷款，这才阻止了美国政府黄金储备的枯竭和金本位制的终结。在 1907 年，摩根大通再次成就了一项防止主要金融机构破产的交易，拯救了整个金融体系。尽管面临很多政治上的反对，但威尔逊的民主党人还是颁布了一项立法，建立了联邦储备系统和"弹性货币"，该货币旨在从私人手中拿回事实上的最后贷款人的角色。

金本位制是一种货币制度，黄金是法定货币，纸币可以按固定价格兑换成黄金。许多国家都采用了这种货币体系，每个国家都宣布本国货币的黄金价格是固定的。由于每种国家货币都可以兑换一定数量的黄金，因此每种货币的价值实际上相对于彼此是固定的。这对经济

⊖ 下议院特别委员会关于金条价格高企的报告（1810 年）。
⊜ 1913 年《联邦储备法》序言。

中的货币供应、经济活动和价格都有重要影响。例如，如果美国出现国际收支顺差，美元买家将多于卖家。在这种情况下，必须发行更多的美元来保持固定汇率。美元数量的大幅增长可能会导致经济活动增加，但价格上涨最终会削弱美国的竞争力，国际收支最终会出现赤字。然而如果美元卖家多于买家，相反的情况就会发生。第一次世界大战后，金本位制出现了一个变种，一些国家持有其他货币作为其储备的一部分，这些货币本身是可以兑换黄金的。这一制度被称为黄金兑换标准。

在实践中，联邦储备系统通过创造美联储纸币，以及接受商业银行在美联储的存款作为法定储备，而提供了这种弹性货币政策。

美联储通过接收黄金、重新贴现合格票据、贴现外贸承兑额，以及公开市场购买政府证券、银行承兑票据和汇票，创造了两种货币。这种基于银行资产折现的货币创造能力被称为实际票据标准。投资者难以回答的问题是，在坚持金本位制的同时，弹性货币将如何实现。表面上的矛盾是，金本位制决定了平衡国际收支所需的货币存量，而实际票据原则并不限制货币数量。米尔顿·弗里德曼和安娜·雅各布森·施瓦茨认为这种矛盾是"表面的，而不是实际上的"。

> 虽然金本位决定了货币总存量的长期变动，但它在短期波动中留下了很大的回旋余地。黄金储备和国际资本市场为暂时失衡提供了缓冲。更重要的是，金本位并不决定货币和存款之间的货币总量的划分，而实际的票据标准则与这一划分相联系。⊖

1895 年和 1907 年的危机因公众从银行存款转向现金而加剧。因此，

⊖ 米尔顿·弗里德曼和安娜·雅各布森·施瓦茨，《美国货币史》，1867 年至 1960 年。

新立法的目的是建立一种制度，使得当同样情况再次发生时，银行既不会倒闭，也不会支付现金困难。弹性货币就能实现这一功能，银行可以通过向新的储备银行贴现其资产，迅速获得货币。

理论上，投资者期望的美联储的功能只限于缓解任何可能危及银行体系的抢购货币的现象。而实际上，发生了一些其他预料之外的事情。从 1914 年 11 月美联储的建立到 1920 年 6 月"弹性"货币的发行被加速，货币存量翻了一番多。让情形更加复杂的是，美联储的货币发行政策并不连续，让投资者很难预测。

高能货币（也称为货币基础）是指所有货币形式的组合，几乎由美联储完全控制。它被称为"高能"，是因为其微小的变化能够对经济中的货币总量产生很大的影响。通过影响经济中的货币总量，高能货币的变化会对经济活动和通货膨胀产生重大影响。在美联储体系建立之前，高能货币的关键决定因素是金本位制下的黄金流入和流出。这种机制在美联储成立后继续起作用，但美联储也可以采取独立行动来影响高能货币。多年来，股票投资者一直将高能货币的表现视为经济、通胀和股市未来趋势的主要指标。

如表 1-1 所示，在美国参战前，联邦储备系统在货币创造方面只发挥了次要作用。高能货币最初激增是由于交战国家政府购买商品、清算投资和借入资金，导致大量黄金流入美国。这一过程逆转了美国的国际贸易地位，从 1914 年的 37 亿美元赤字到 1919 年变成了同样数额的盈余。在历史的这一阶段，美联储只能对选定的商业银行资产进行再贴现，由此积累的资产很少，因此没有能力通过变现资产来抑制黄金涌入而导致的高能货币增加。更简单地说，美联储可以在最初的几年里实行积极的弹性货币政策，但是一旦过度使用，它不可能成为货币紧缩的工具。对投资者来说，

从美联储体系建立到 1917 年美国进入战争，它对流动性的调整和股市价格的影响都很小。

表 1-1　高能货币组成部分的变动

总体变动 =1.00	美国中立期间 1914 年 6 月～ 1917 年 3 月	第一次世界大战期间 1917 年 3 月～ 1918 年 11 月	和平时期 1918 年 11 月～ 1920 年 5 月
黄金储备	0.87	0.04	（0.41）
社会公众持有的现金和联邦银行准备金	0.015	1.24	1.44
金融管理机构持有的其他实物资产和授权资产	（0.02）	（0.28）	0.03

资料来源：弗里德曼和施瓦茨。

美国参战形成了一个分水岭。现在它通过美国政府的信用，而不是以旧的方式向其盟友出售商品。因此流向美国的黄金停止了。在这一时期，黄金储备的增加对高能货币增长的作用变得微不足道。美国参战后的另一个货币变化是：政府需要为军队提供资金，虽然税收增加了，但还是入不敷出。因此，通过中央银行发行货币成了政府在国内筹集资金的主要手段。现在，投资者不得不面对弹性货币在支撑政府财政上的新角色，而这与其防止流动资金匮乏的初衷背道而驰。在这种情况下，新货币将有多大的"弹性"？如果美国赢得战争，那么它随后收缩的幅度又有多大？正确回答这两个问题的投资者将可以在 1917 年至 1921 年做出最佳投资决策。

1917 年 4 月，在战争中，美联储的弹性货币占到了 21% 的比重，但到了 1918 年 11 月，这一数字已经上升到了 59%。联邦储备银行贷款给客户购买政府债券，然后在 12 家储备银行中的一家重新贴现这些贷款。1917年之后，美联储显然利用其新的权力"提供一种有弹性的货币"，这并不是为了缓解或防止货币恐慌，而是为了给政府提供战争资金。第一次世界大战是美国自内战以来参与的第一次大规模的战争。当时为了防止货币恐慌，可能需要暂停金本位制。而此时新引入的货币弹性使得美国得以保持金本位制。对于 1917 年的美国投资者来说，虽然战争与金本位并存，但"弹性货币"保持了货币的宽松。那些希望暂停金本位制或实行银根紧缩的投资者，实际上并没有理解美联储制度的建立已经如何改变了货币体系的运作。

人们普遍预期停战后，随着战备需求的下降，经济也会收缩。实际上，经济衰退甚至在停战之前的 1918 年 8 月就已经开始了。然而，尽管许多人预计经济将持续下滑，但是到了 1919 年 3 月，经济收缩已经走到了尽头。公众转向持有比战争时期更少的现金和更多的存款。大量资金重新注入商业银行体系，有助于稳定货币增长。同样重要的是美联储的行动，它将利率维持在 1919 年的低水平，并且与市场利率相比有很大的折让。这进一步鼓励成员银行向该系统借款并增加贷款。美联储认为，为政府的浮动债务提供资金以及防止政府债券价格下跌是必要的。政府债券目前是银行体系的关键资产和抵押品来源。为了实现这一目标，美联储战后的弹性货币供应量保持在了与战争期间同样的水平（如表 1-1 所示）。

尽管美联储和财政部内部存在重大分歧，但人们相信，在这段人为压低利率的时期，该体系可以将"合法借贷"与"投机"区分开来。然而情况并非如此，工业股票和大宗商品的投机牛市一直持续到 1919 年。由于金本位制度，在战争时期通货膨胀将导致战后出现通货紧缩，这一直是一项基本投资原则。然而，现在的情况正好相反，因为美联储进一步扩大了货币的弹性，以帮助政府满足其资金需求。那些以旧规则行事的投资者，不幸地错过了 1919 年股市和大宗商品的牛市。

战后的投资者严重误解了货币体系的运作方式。人们因为美联储 1919 年的措施，而误会了其行使弹性货币的能力或意愿。人们认为，美联储延长弹性货币主要是为了限制金本位制的作用，以防止未来利率大幅上升。美联储在 1914 年 11 月之前没有提供任何信贷，但到 1919 年年底提供了大约 30 亿美元，相当于 GDP 的 4%。随着美联储的信贷从零开始上升，有些投资者相信弹性货币会继续增加，这一点也就不足为奇了。在这种新的环境下，人们认为，在资产价格不断上涨的情况下，借入资金进行投机的风险要比美联储诞生前低得多。

正是投资者的这种错误判断导致了 1919 年股市派对之后 1920 年至 1921 年的痛苦宿醉。人们显然遗忘了弹性货币的供应是有法定限额的，而这一限额正在迅速达到。法律规定美联储对纸币持有 40% 的黄金储备，对净存款持有 35% 的法定货币储备。而在内部，联邦储备委员会规定自己对净存款和票据负债的准备金不得低于 40%。随着黄金流出美国，再加上商业银行能够从美联储获得低于市场利率的贷款而积极放贷，存款准备金率随之下降。在战争期间，这一比例已经大幅下降。在战后，这一比率从 1918 年 12 月的 48.1% 继续下降到 1920 年 1 月的 42.7%。美联储对此无动于衷。但在 1920 年第一季度，随着政府开始偿还联邦债务，美联储应该采取行动了。

继续增加弹性货币的关键因素已经不存在了，尽管已经有法律要求暂停存款准备金率，并继续供应货币。但 1919 年早些时候的货币市场的表现表明，存款准备金率不应被暂停。货币市场的紧缩已经很明显，活期贷款利率从 6 月的 15% 上升到 11 月的 30%。为了阻止存款准备金率的继续下滑，美联储在 1919 年的 11 月和 12 月连续提高贴现率。大多数银行在此期间将贴现率提高到 4.75%，而到了 1920 年的 1 月和 2 月，所有银行都将贴现率提高到 6.0%。美联储愿意将货币弹性拉到极限，这对战后的工业股牛市起到了一定作用。美联储的这一将联邦准备金率限制在法律规定以内的行为，在随后的熊市中产生了较大的影响。

在 1921 年，投资者除了高度关注新货币机构外，还特别关注了总体价格水平的变化。通货膨胀在今天是金融媒体经常讨论的话题，实际上在 1921 年，人们对它有着更高的关注度。由于金本位制的存在和其对证券价格的影响，投资者对价格更加敏感。在金本位制度下，股票熊市通常与竞争力丧失、外部账户恶化、流动性紧缩、经济收缩和总体价格水平下降有关。

纽约联邦储备银行贴现率如图 1-3 所示。

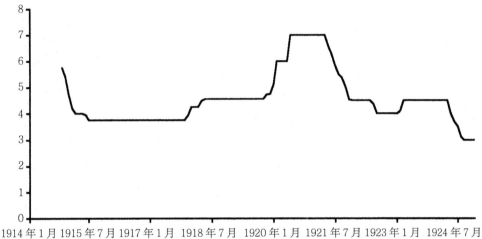

图 1-3　纽约联邦储备银行贴现率（1914 ～ 1924 年）

资料来源：Federal Reserve, *Banking and Money Statistics.*

任何投资者在评估价格走势时的一个问题是，国内价格相对于主要贸易伙伴是否具有竞争力。如果有竞争力，这一过程可能会逆转，因为外部账户的改善、流动性的减少和经济的扩张都会导致股票价格的上升。鉴于此前价格调整的规模，判断始于 1920 年的通缩何时结束尤为困难：从1914 年 6 月到 1920 年 5 月，美国批发价格上涨了 147%。由于战争期间美国的主要贸易伙伴采取浮动汇率制度，从而产生了高通胀，所以据此判断美国高通胀后的竞争力是非常困难的。

战后不久，法国法郎、马克和英镑兑美元汇率下跌，从而导致了大量资本流入这些国家。外国投资者押注这些国家将重回金本位体制，货币的汇率将回到战前水平。然而，这种希望很快就破灭了，汇率从 1919 年开始继续暴跌。从 1919 年年初到 1921 年年初，法国法郎和马克下跌了 60% 以上，英镑兑美元贬值了近 30%。其他国家的通胀水平也很高，因此，目前尚不清楚美元将下降多少，才能在金本位制下实现外部账户平衡。

判断这一调整需要多大力度，是理解流动性将有多紧张、经济活动将受到多大抑制的关键所在。由于工业股的牛市持续到 1919 年 11 月，一些人认为没有必要进行这种调整。然而，他们错了。

战后投资者如何评估金本位制运作所决定的国内价格水平？第一次世界大战给全球经济造成的混乱程度，任何国家都会感到困惑。美元价格上涨的幅度是自内战以来最大的一次，没有人确切地知道相对新的美联储体系将如何影响价格。在美国参战之前，金价一直在上涨，所以有人期望，在 1917 年 4 月美联储采取行动以前，金本位制度将在这一时期起到抑制价格的作用。情况并非如此，因为黄金涌入美国（如表 1-2 所示），高能货币的库存也在增加。

表 1-2　美国财政部年末黄金储备和全年进口黄金 　（单位：百万美元）

年份	黄金储备	净进口
1914	1 526	−165
1915	2 025	+421
1916	2 556	+530
1917	2 868	+180
1918	2 873	+21
1919	2 707	−292
1920	2 639	+95

资料来源：美国国家统计局。

在正常情况下，流动性过剩将导致价格上涨，削弱美国的竞争力，并导致黄金外流。然而，在战时，这种调整并不是那么顺利。在某种程度上，弹药军火和军用物资对价格敏感度很低，不如人们对食品和其他民用物资的价格敏感。这就使得其他国家对美国商品的需求保持在很高的水平。

欧洲国家在黄金外流后，本应实行通货紧缩，从而提高竞争力，使黄金重新穿越大西洋回到本国。然而，新的安全问题阻碍了资本家将黄金带回欧洲。此外，虽然战争打断了金本位的正常运作，但欧洲国内的商品短缺还是推高了价格。美国的价格波动很小，所以并没有影响外部账户平衡，从而黄金并没有回流欧洲国家。尽管坚持金本位制，但美国在参战之前就经历了严重的通货膨胀（如表 1-3 所示）。在战后时代，投资者不得不思考黄金的"稳定性"。欧洲需要多长时间才能重建并真正威胁美国的工业和国家竞争力？是和平使得黄金重返欧洲，还是俄国和德国的社会混乱将外国黄金留在了美国？即便纯粹基于金本位进行价格走势分析也是非常困难的，美联储从 1917 年 3 月至 1919 年 11 月的行动使其更加困难重重。

表 1-3　1914 年 6 月～ 1920 年 5 月三个时段内批发价格增幅

美国中立期间 1914 年 6 月～ 1917 年 3 月	第一次世界大战期间 1917 年 3 月～ 1918 年 11 月	和平时期 1918 年 11 月～ 1920 年 5 月
65%	23%	22%

资料来源：Friedman and Schwartz. *A Monetary History of the United States*, 1867-1960.

投资者在思考黄金的未来走向，以及美联储货币政策的灵活性的时候，还必须评估美国经济增长和企业盈利的持久性程度，除非人们能够评估上市公司和平时期的盈利水平，否则人们无法评估它们的价值。即便事后看来，要准确量化 1914 年至 1919 年美国经济的实际增长和通胀造成的增长，也不是一件容易的事情。虽然这一时期的货币和价格调整可以确定，但经济规模的变化会受到更大的不确定性的影响。1929 年美国商务部首次公布了国内生产总值的数据。在 1929 年之前，都是由经济史专家来估计美国经济增长率的。

GDP 年均变动率如表 1-4 所示。

表 1-4　GDP 年均变动率　(%)

	名义 GDP	实际 GDP
1914	−6.3	−7.7
1915	+5.8	+3.4
1916	+26.4	+16.1
1917	+19.5	−0.2
1918	+26.4	+7.6
1919	+10.5	−3.2
1914 年年底~ 1919 年年底	+123	+25

资料来源：Nathan Balke and Robert Gordon, *The Estimation of Pre-war Gnp: Methodology and New Evidence*. NBER Working Papers 2674.

　　虽然从 1914 年年底到 1919 年年底，实体经济增长强劲，但大部分增长都是由 1916 年的繁荣造成的。1916 年欧洲战争消耗很大，而中立的美国提供了很多资源。因此，1916 年的增长占 1915 年至 1919 年期间经济实际增长总额的 70%。除了很难判断战争时期货币的紧缩程度之外，评估战后时期股票价值也很困难，投资者需要回答一些关键问题：1916 年的繁荣是否是美国在世界贸易中所占份额的永久性激增？是否会使美国企业获得永久利润增长？如果 1916 年的繁荣只是个特例，那么和平是否预示着盈利能力将会大幅萎缩？一只股票的价值是依据其战时盈利能力，还是依据其战前盈利水平？

　　即使人们得出结论认为经济的实际增长是永久性的，但是战时的调整仍然给投资者带来风险。虽然经济的实际规模明显大于战争前，但战时的通胀仍需从体系中挤出。那么需要有多大程度的通缩？这种通缩会对美国金融体系造成什么样的损害？美联储提供弹性货币的能力将如何影响价格调整和金融体系的稳定？人们显然担心，批发价格整体上涨 147% 将被挤出体系，而如此高的通缩水平将导致严重的经济困难，尤其是那些以如此高的价格借债购买商品的人。美联储 1918 年 11 月至 1919 年年末的行动表明，它将全力供给货币，以防止如此大规模的调整。当然，在 1919 年 11

月提高贴现率之前，投资者就是这样认为的。看来一定程度的通缩是必要的，但这需要多大程度的通缩，需要持续多久呢？

虽然投资者预期战后会出现通缩，但情况却并非一定如此。诚然，还有其他国家没有继续采用金本位制，这些国家寻求走出战后困境的其他途径。投资者意识到还有另外一种方式。1921 年夏天，他们就德国、俄国、波兰、匈牙利和奥地利是否正确地采取了这种替代方式进行了辩论。在这些地区，黄金不再与货币挂钩，当局印制货币，以刺激经济增长和就业，防止通缩。

这一政策至少在一开始起了作用，但如表 1-5 所示，黄金对货币的支持程度在这一过程中大幅下跌。德国避免了战后的通缩，1921 年的批发价格通胀为 29%，而法国为 24%，英国为 26%，美国为 11%。在德国，不仅物价上涨，而且经济没有进入衰退，股市甚至出现了繁荣。

黄金及纸币的偿付比率如表 1-5 所示。

表 1-5   黄金及纸币的偿付比率   （%）

货币	1914	1921
美元	18	93
英镑	135	34
法国法郎	67	15
意大利里拉	60	10
比利时法郎	35	5
德国马克	54	1.5
奥地利先令	54	0.01
瑞士法郎	52	58
荷兰盾	53	59
西班牙比塞塔	53	59
瑞典克朗	42	35
丹麦克朗	51	46
日元	67	112

资料来源：*Wall Street Journal*, 2 July 1921.

　　总的来说，通货膨胀导致实际汇率下降，从而刺激了出口、就业和生产……投资者通过清空他们的银行账户来保护他们的储蓄。他们本应该购买公司的债权，从而将价格上涨的压力转嫁给消费者。这样就能通过得到分红从而抵消通货膨胀带来的影响。实际上的股票价格一直上涨到 1921 年年底。⊖

　　1921 年 3 月到 8 月，法兰克福证交所股票平均上涨 40%。然而柏林证交所在 1921 年 9 月早些时候暂停了交易，原因是投机活动正在产生其成员无法处理的巨大交易量。1921 年 9 月 9 日，《华尔街日报》暗示马克的贬值正在引发牛市。

　　7 月初，马克开始显示出这种贬值的趋势。德国的投资阶层对此感到惊慌，当时他们急得要命，急于在货币贬值前将他们的票据投资于工业和其他证券。

　　当恶性通货膨胀灾难的可能性越来越大的时候，仍有外国投资者持乐观态度。1921 年 6 月，德国政府估计价值高达 10 亿美元的德国银行票据和债券由外国投资者持有。这些投资是在 1 马克的价值由 8 美分下跌到 1 美分时发生的。《华尔街日报》和德国民众都意识到了德国及其货币的悲观前景，以及这一货币政策可能产生的后果。但当出席布鲁塞尔会议的英国代表团团长说德国正迈向深渊的时候，一位匿名的德国银行家回答道：

　　　"我们不在乎英国人的建议，他们只会考虑自己的利益。也许我们正在向深渊前进，但我们会拖着法国。这意味着整个欧洲的破产。"⊜

　　如表 1-6 所示，德国在最极端的月份，每月的价格通胀达到百分之

⊖　Eichgreen, *Golden Fetters*: *The Gold Standard and the Great Depression*, 1919–1939.

⊜　*Wall Street Journal*, 3 October 1921.

三百万以上。其他国家的情况稍微好一些，俄国每月的最高通货膨胀率达
到 213%，波兰为 275%，奥地利为 134%，匈牙利为 98%。1921 年世界各
国都实行了货币紧缩的积极政策，但投资者依然血本无归。

表 1-6　1918～1923 年德国批发价格指数

1918	152
1919	291
1920	1 040
1921	1 338
1922	23 927
1923	11 634 000 000 000

资料来源：B.R. Mitchell, *European Historical Statistics*, 1750-1970.

重要的是要记住，在试图评估美国价格水平何时企稳时，必须考虑
德国的通胀政策。有一段时间，这项政策起了作用。实际汇率下降使得它
在许多产品中占据了市场份额。如果这种情况继续下去，俄国、波兰、奥
地利和匈牙利也可能走上类似的道路，美国的经济调整可能会比任何人通
常预期的大得多。如果没有金本位制，计算何时价格和经济将触底要复杂
得多。

1921 年的市场结构

在城里，我试着列出了一段时间的股票报价，然后我在转椅
上睡着了。中午时分，电话把我吵醒了，然后我就满头冒汗地忙碌
起来。

——斯科特·菲茨杰拉德，《了不起的盖茨比》

1921 年的股票市场

对于机构投资者来说，1921 年的股市不同寻常。除了一部分投资者之外，普通股仍然被视为投机性股票，机构投资者对债券市场更感兴趣。表 1-7 显示了纽约证券交易所 1921 年 7 月 30 日的股票市场组成情况。

表 1-7　1921 年 7 月 30 日股市结构

全部股票数量	586
优先股发行数量	185
股票上市的公司数量	382

注：很多公司持有多种上市股票。

资料来源：*Wall Street Jornal*, 1 August 1921.

尽管纽约证交所上市证券的公司只有 382 家，无法与今天的 2 500 多家上市公司相比，但投资者仍然有广泛的工业股票可以选择。主要的板块是铁路、钢铁和石油。1921 年的股票发行满足了一些当时投资者的需求。在 1921 年前 9 个月发行的新股中，铁路占不到 1%，剩下的是公用事业和工业部门，各占一半。同时，汽车作为一项新的增长业务正迅速变得越来越重要。其他主要的增长业务是橡胶，受益于汽车业的繁荣。另外还有香烟，受益于消费者从传统的烟草转向人造香烟。

铁路：自从 1830 年莫霍克·哈德逊铁路公司加入纽约证券交易所以来，美国的铁路证券就一直向投资者开放。从早期开始，该行业就一直竞争激烈，很多公司在 19 世纪破产，但投资者仍可以选择许多铁路股票。比如，艾奇森·托皮卡和圣塔菲、巴尔的摩和俄亥俄、加拿大太平洋、切萨皮克和俄亥俄、纽约中南太平洋和联合太平洋。

钢铁：钢铁行业仍由美国钢铁公司主导，摩根大通通过收购卡内基钢铁公司和其他业务将其合并在一起。美国钢铁的流动资金几乎是其他 12 家上市公司的两倍。但到 1921 年，美国钢厂的产能利用率已降至 20%。

汽车：美国大约一半的汽车由福特公司制造，但福特公司直到 1956 年才上市。市场上也有通用汽车等其他主要公司上市，以及斯塔德巴克、皮尔斯银箭、威利斯—奥佛兰、共和汽车和麦斯威尔汽车的股票。

石油：该行业由前标准石油信托基金的成员主导，该信托基金共有 13 家上市公司，如加州标准石油、新泽西标准石油和俄亥俄州标准石油等。其他规模小得多的独立公司曾经历过战时的繁荣，特别是墨西哥湾石油公司。联合石油、科斯顿石油、休斯敦石油、无敌石油、墨西哥湾石油、太平洋石油和辛克莱石油都是投机者的热门选择。

橡胶：自从固特异硫化技术的发明使橡胶材料更适合服装和其他用途以来，橡胶公司就一直做得很好。然而，正是汽车的到来给四家上市橡胶公司带来了巨大的繁荣，其中包括古德里奇和美国橡胶公司。

采矿：在第一次世界大战期间，采矿业蓬勃发展，尤其是铜矿开采业。但是战后铜价暴跌造成了巨大损失，铜价回落至 1911 年的水平。到 1921 年，铜价回到了每磅⊖12 美分，而在战争前的八年里，每磅已经接近 15.5 美分。直到 20 世纪 50 年代中期，铜价才超过 1916 年的水平。到 1921 年，美国主要铜矿中只有 8 座仍在生产。在纽约证交所上市的矿业股票包括阿纳康达、霍姆斯泰克和多姆。

零售：最初上市的零售股票是邮购公司，但随后连锁店和百货公司也规模变大进而得以上市。当时主要零售股票包括西尔斯·罗巴克、伍尔沃斯、蒙哥马利沃德和五月百货商店。

制糖：第一次世界大战期间及战后，制糖业曾出现牛市，但与其他大宗商品一样，1920 ～ 1921 年的经济衰退严重影响了糖的价格。精制糖在 1920 年达到每磅 26 美分，但到 1921 年夏天只有 5.5 美分一磅。这场金融灾难导致国家城市银行通过没收不良贷款抵押品，成为古巴最大的糖业生产商之一。制糖业主要集中在古巴，在过去的六年里，糖产量翻了一番，产值占国民经济的三分之一。这些上市公司同时也参与了糖的提炼。例如，

⊖ 1 磅 =0.453 592 4 千克。

关塔那摩糖、古巴甘蔗糖、美国精炼糖业公司。

烟草：自美国烟草信托基金解散以来，烟草行业经历了重大变化。当时主要的烟草投资商中，有洛里拉德和利格特＆迈尔斯公司。

其他：在主要板块之外，还有许多其他行业的新兴企业，从潜艇制造商到沥青屋顶制造商等。随着这些企业所在的行业变得越来越重要，它们的股票也越来越频繁地被交易，包括美国运通、美国电话电报、可口可乐、伊士曼柯达、通用电气、国家饼干公司、奥的斯电梯和西屋电气公司。

当熊市来临时，由于政府提供保本收益，所以投资者感觉尚好。国有化的铁路公司完全没有参与战后大宗商品价格和股票市场的繁荣。投资者也看不到投资的好处，因为政府的法令将股息与历史水平挂钩。然而，当1920～1921年经济开始衰退时，政府提供的担保红利的稳定性的好处就体现出来了。如图1-4所示，当股市从1919年的市场高峰下降到1921年8月的底部，铁路指数的下跌只是道指下降的一半。这也显示了标准普尔综合指数和优先股的表现远远好于道指当时的20种成分股。

图1-4　铁路股、优先股以及标准普尔综合指数

资料来源：NBER and www.econ.yale.edu/~shiller/data.htm.

但并不是所有的大公司都在纽约证券交易所上市。1921 年 6 月 28 日之前，在宽街的人行道上还有另一个路边市场，人们在那里交易一些公司的股票。这些公司将在各自的行业中成为全球成功的典范。这些公司包括英美烟草公司、吉列公司、菲利普莫里斯公司和美国广播公司。

许多公司已经从历史中消失了，即使在许多情况下，它们的业务还试图运营下去。1921 年，热衷于支持幸存的莱特兄弟奥维尔的投资者有机会收购了莱特航空公司，这是两兄弟共同创立的。该公司专注于航空发动机，1929 年被柯蒂斯公司并购，但在 20 世纪 50 年代末基本上已经退出了航空业务。1921 年，萨维奇轻武器公司的前景开始光明起来，因为他们的杠杆式来复枪在 1919 年得到拉姆贝尔将军的支持。今天的投资者可能对购买阿科美公司股票感兴趣；不幸的是，该公司生产的是其董事长所说的"节省劳动力的机器"，而不是"郊狼"威利公司后来推出的精巧的产品。1921 年关塔那摩是一家糖业公司，而如今这个名字有着完全不同的意义。

1921 年的债券市场

> "杨·帕克有麻烦了，"他突然说道，"当他把债券递到柜台上
> 时，他们把他抓住了。5 分钟前他们收到了纽约的协查通知，告诉
> 了他们具体的号码。你怎么可能知道这些？嘿！在这些乡巴佬的地
> 盘，你永远也不能对其他人讲任何事情。"
>
> ——斯科特·菲兹杰拉德，《了不起的盖茨比》

造成 1919～1921 年股票熊市的一个关键因素是债券长期熊市的加剧。1921 年的债券投资者面对的是自 1899 年开始的长期熊市，1899～1921 年政府债券的偿债收益并未准确反映投资者的收益，1900～1916 年联邦债券供不应求，联邦债务与国内生产总值的比率平均仅为 4.2%。由于供应有限，再加上立法允许国家银行以政府债券担保发行钞票，这就人为地增加了需求。1913 年，9.65 亿美元的政府债务中有 80% 是为货币提供的担保。

人为控制收益和限制联邦债券流动性迫使投资者关注流动性更强、收益率更高的债券。因此，1899～1916年投资者的主要投资媒介是公司债券。这个市场几乎是整个美国政府债券市场的20倍。图1-5显示了1900～1921年这些债券的平均偿债收益率的增长情况。

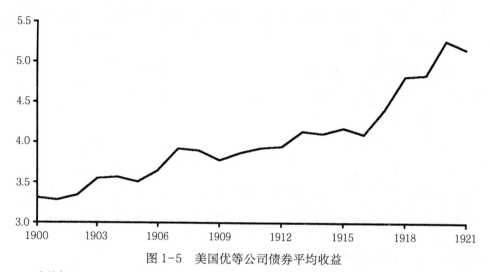

图1-5　美国优等公司债券平均收益

资料来源：Sidney Homer and Richard Sylla, *A History of Interest Rates*.

图1-5显示1899～1916年公司债券熊市逐渐缓和，1917～1920年收益率猛增。美联储在1914～1918年将利率维持在低位，但这并未阻止美国在1917年参战后债券价格的大幅下跌。从1917年1月到1920年5月，主要公司债券的价格下跌了23.6%，占1899～1920年总跌幅的一半以上。这三年是自内战开始以来最糟糕的债券熊市。

随着美国加入战争，美国债券市场发生了巨大变化。最终，联邦债务主导了公共债务市场。美国联邦债务占GDP的比重从1916年的2.7%上升到1921年的32.9%。这是美国历史上最大的债务水平，比1866年由于内战遗留问题导致的31.0%还高。1916年，联邦债务主要是非流动性、定价过高的金融产品，到1918年则主要是流动性很强、持有最广泛的金融产品。1920 年，联邦债务已经膨胀到 243 亿美元，超过了 180 亿美元的企业债券市场。据估计，1917 ～ 1918 年发行的四期自由债券有 1 800 万民众购买，当时美国的人口刚刚超过 1 亿，这种巨大的购买者群体是令人印象深刻的。

1792 ～ 1921 年美国联邦债务占 GDP 的比重如图 1-6 所示。

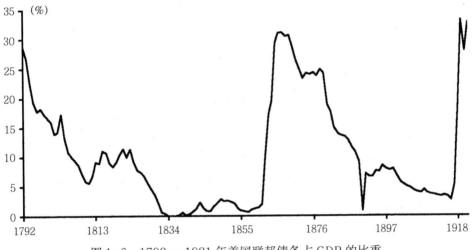

图 1-6 1792 ～ 1921 年美国联邦债务占 GDP 的比重

资料来源：美国国家统计局。

自由公债和胜利公债的发行刺激了债券市场的增长，并吸引了数百万新投资者进入。1921 年，自由公债占联邦未偿公债的 71%，战后发行的胜利贷款占联邦公债的 16%。尽管第一批自由公债的收益率是 3.5%，但政府财政仍然很困难，导致第四期自由公债的收益升为 4.25%。和平并没有给债券投资者带来任何喘息的机会，因为在战后短暂的经济繁荣时期，通货膨胀加速了。在 1920 ～ 1921 年的债券熊市中，约有 80% 的自由公债的原始持有者抛售了债券。

1921 年夏季，纽约证交所债券的日平均成交额约为 1 000 万美元，而股票的日成交额为 3 600 万美元。投资者关注的焦点在联邦公债和其他公债上，但联邦债务总是占到一半以上，有时甚至高达三分之二的成交量。由于自由公债和胜利公债的最小发行额都是 38 亿美元，所以任何公司债券的交易量都无法超过政府债券。其他活跃债券还包括伯林顿、联合王国、古巴糖业公司、宾夕法尼亚铁道、法兰西共和国和西联债券等。

除了联邦债务，在纽约证券交易所交易的其他债券被定义为"杂项"，并细分为三个部门：工业、铁路和政府市政（纽约市政债券是唯一的非外国发行市政债券）。

1921 年 8 月 31 日的各种债券如表 1-8 所示。

表 1-8　1921 年 8 月 31 日的各种债券

	发行数（只）
政府市政	41
工业	63
铁路	144

资料来源：*Wall Street Journal.*

当然，有许多债券没有在纽约证券交易所上市，而是被各种交易商在场外交易。到 1920 年，大部分公司债券业务已经从纽交所转移。如表 1-9 所示，1920 年债券市场总共发行了 6 000 多只债券，是纽约证交所股票数量的 10 倍以上。

表 1-9　1920 年 12 月美国公司债券

	发行数（只）	价值（百万美元）
铁路	1 700	9 631
公用事业	3 795	6 074
工业	868	2 380

资料来源：Braddock Hickman, *Statistical Measures of Corporate Bond Financing Since* 1900.

在纽约上市的外国主权债券问题越来越多，这表明美国（尤其是在战争期间）与英国抗衡，成为全球金融中心。1921 年 8 月，阿根廷、比利时、巴西、加拿大、智利、古巴、丹麦、多米尼克、法国、日本、墨西哥、挪威、瑞典、瑞士、英国和乌拉圭的债券在纽交所交易。全球金融霸权的过渡性明显表现在，尽管东京、苏黎世和阿根廷拥有在纽交所上市的债券，但它们都是以英镑计价的。然而，最大的单一债券和最大的综合债券发行人是英国本身。英国在美国投资的清算本身不足以为战争融资，到 1921 年，其在纽约证交所上市的主权债券的面值已升至 4.5 亿美元。当时的垃圾主权债券是墨西哥债券。其不到 30 美分的价格反映出墨西哥自 1914 年以来一直处于违约状态。1921 年，俄国政府债券在市场上的交易价格约为 20 美分，除非俄国恢复君主制，否则不可能被赎回。

在熊市的底部：1921 年的夏天

> 但是我身边有乔丹，他和黛西不同，他聪明到能将梦想一直延续下去。
>
> ——斯科特·菲兹杰拉德，《了不起的盖茨比》

在大熊市中，股票价格会跌到最低。但表面上的价格下挫仅仅是证券价值严重低估的一个原因。其实在熊市刚刚开始的时候，价值被低估的趋势就已经显现出来了。因为股票价格并未与经济和收益的增长保持一致。正如我们将看到的那样，股票价格上升一直是美国所有熊市见底的一个特征，但 1929 ～ 1932 年的大熊市是个例外。道琼斯工业平均指数从成立到 1921 年 8 月 24 日的低点，很大程度上说明了股票价格和收益的差异如何在熊市爆发之前就降低了估值（如图 1-7 所示）。

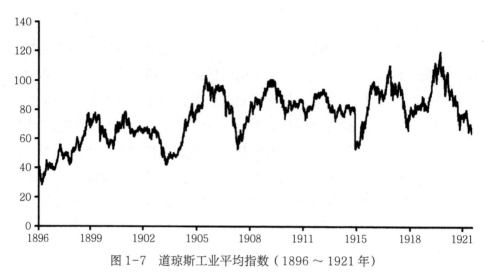

图 1-7　道琼斯工业平均指数（1896～1921 年）

资料来源：Dow Jones & Co.

　　1921 年 8 月 24 日，道琼斯工业平均指数报收于 63.9 点，与 1899 年
1 月 27 日持平。从本质上讲，工业指数在过去的 20 年里毫无进展。但股
市的横向走势与美国经济形成了鲜明对比。表 1-10 显示了美国经济惊人的
增长。名义国内生产总值增长了 383%，实际国内生产总值增长了 88%，这
与人口增长密切相关，但同期人均实际国内生产总值也增加了 33%。上市
公司中收益最好的行业如表 1-10 所示，钢铁产量增长了四倍以上，铁路运
营增长了 148%。很多上市公司参与了汽车业务的指数级增长。其他成长性
行业还包括香烟、电力和电话。

表 1-10　1899～1920 年年底美国的变化

	1899	1920	+/-（%）
人口（百万）	75	106	+41
经济活动人口（百万）	29	42	+45
入学人数（百万）	16	23	+44
平均小时工资（制造业）(美分)	21	66	+214
所有行业平均小时工资（美元）	480	1 489	+210
劳工联盟会员数	611 000	5 048 000	+726

（续）

	1899	1920	+/-（%）
批发价格指数	52.2	154.4	+196
生活成本指数	66.1	203.7	+208
零售价格指数	12.5	40.5	+224
平均寿命（年）	48	56	+17
名义 GDP（10 亿美元）	17.97	86.76	+383
实际 GDP（10 亿美元，以 2000 年币值计算）	322.1	606.6	+88
农场数量	4 565	6 448	+41
采矿业总体价值（百万美元）	798	6 084	+662
矿产品物理容量指数	19.6	50.8	+159
原油开采量（百万桶）	57	443	+677
铁矿石产量（百万长吨）	24	68	+183
居民住宅量（百万）	16	24	+50
房产抵押贷款总额（10 亿美元）	3	9	+200
制造业资产的账面价值（10 亿美元）	9	40	+344
钢锭和钢模总量（百万长吨）	10	42	+320
火车机车数量	2 475	3 672	+48
汽车总价值（百万美元）	4	1 628	
建筑材料总价值（百万美元）	1 006	4 777	+375
铁路运营里程（英里）	258 784	406 580	+57
铁路部门职工（千）	929	2 076	+123
汽车销售量	4 192	1 900 000	
汽车登记数量	8 000	9 200 000	
电话数量（千）	1 005	13 329	
出口（百万美元）	1 321	8 664	+563
出口数量指数	70.8	141.8	+100
国际投资净额（百万美元）	（2 797）	3 700	
实际国内私营产品总值（指数）	43.6	78.3	+80
专利数量	23 278	37 060	+37
银行存款总量（百万美元）	8 472	41 838	+394
商业银行数量	11 835	30 291	+161
流通货币总量（百万美元）	1 904	5 467	+187
联邦开支（百万美元）	605	6 403	+958
联邦政府的公共负债（百万美元）	1 436	24 299	
现役军队数量	100 166	343 302	+242

资料来源：US Bureau Of The Census, and Balke and Cordon，根据商务部的国际收入数据进行调整。

注：空白意味着增长幅度很大。

当然，我们并不能指责道指的狭隘，或者它歪曲了这段时间内股票的实际回报。本书和当时的投资者一样，把道指作为衡量股市整体表现的指标。但事后看来，我们可以将这个狭义指数的表现与阿尔弗雷德·考尔斯1938年公布的一个更广泛的指数进行比较。考尔斯是一位私人投资者，他对所谓的专家的投资建议非常不满，以至于他一生中有很大一部分时间都在证明他们的无能。他的一个重大追求就是建立一个更广泛的指数来衡量股票价格的表现。这个广泛的指数基于：

> ……如果投资者在1871年年初购买纽约证券交易所所有的股票，将他的股票按其货币总值的比例分配给单个债券，并且直到1938年为止，每个月都按照同样的标准，将他持有的股份重新分配给所有上市的股票，那么他的基金会发生什么情况呢？[一]

这一更广泛的指数也显示，1899～1920年股票价格几乎没有进展，甚至1921年8月的大市场价格水平与1881年6月相比，也是持平。

考尔斯指数延续下来，**标准普尔综合指数**（S&P 500）已成为衡量美国股票价格表现的重要指标。由于这一指数包含了1871年以来详细的收益和股息数，因此当本书中提到收益和价值的问题，其实就是指的标准普尔指数。然而，在讨论市场走势时，人们的焦点是道指。在标普综合指数创建之前，道指显然主导了投资者的看法和新闻头条，甚至一直持续到1982年的熊市。

一般来说，人们可能会把1881～1921年经济扩张和股票价格停滞之间的这种差异解释为公司盈利增长令人失望的迹象。考尔斯1938年的研究显示，从1881年到1921年，整个市场每股收益下降了34%，而当年的收

[一] Alfred Cowles & Associates, *1938 Common Stock Indexes.*

益跌到了谷底。表 1-11 展示了每股收益的一些低位和高点的情况。

表 1-11 标准普尔综合指数（1871 年 =100）——熊市开始后的波峰、波谷

1880 年至 19 世纪收益的波峰	123
1894 年至 19 世纪收益的波谷	40
1916 年至 1929 年收益的波峰	383
1921 年至 20 世纪收益的波谷	73

资料来源：Robert shiller, *Market Volatility*.

那么，在计算这段时间的收益增长时，应该参考哪一年的收益呢？如果我们用 1916 年的收益来计算，那么 40 年来市场的收益增长是 250%。如果我们以 1921 年的收入为基准，那么收入就会收缩 34%。如果以 1921 年的收入为例，1921 年 1 月的市盈率是 24.5 倍，但如果以 1916 年的收益为基准，那么市盈率是 4.6 倍。1916 年的经济增长是超乎寻常的 16.1%，以至于投资者怀疑这一年是判断盈利能力具有代表性的一年。事后看来，投资者完全有理由怀疑，除了 1929 年，这种盈利水平要到 1947 年才能被超越。如果事后证明 1921 年的正常收入约等于 1922 年至 1926 年经济复苏时的平均水平，那么 1921 年 1 月的市盈率是 7 倍。

1881 年以来上市公司的盈利仅增长了 130%。同期，美国名义 GDP 增长 732%，实际 GDP 增长 435%。因此，在接受了在这一动荡时期误报正常收益的可能性的同时，上市公司的盈利仍明显滞后 1881 年至 1921 年经济的总体增长。

一个简单的方法来显示这种滞后：从 1871 年相同日期开始，比较名义国内生产总值和标准普尔综合指数收益。图 1-8 显示了经济增长与上市公司收益增长之间的差异。在美国经济这一非凡的增长时期，股东们显然未能获得预期的收益。企业盈利增长跟不上经济增长，这是股票在 1919 年至 1921 年熊市之前就让投资者失望的一个关键原因。

股票价格明显停滞的另一个原因是这段时间内估值下降。以 1922 ～ 1926

年的平均市盈率为标准，到 1921 年 1 月，市盈率已降至 7 倍。PE 从非常高的
水平下降，如图 1-9 所示。

图 1-8　标准普尔收益指数（1871 年 =100）相对美国名义 GDP 的比率

资料来源：www.econ.yale.edu/~shiller/data.htm. Balke and Gordon, *The Estimation of Pre-war GNP: Methodology and New Evidence*. NBER Working Papers 2674.

图 1-9　1881 ～ 1921 年标准普尔指数利润率（经过周期性调整收益）

资料来源：www.econ.yale.edu/~shiller/data.htm.

尽管 1921 年市盈率低迷，1921 年 12 月市盈率为 25.2 倍，但仍有大量证据表明股票价格被低估。公司业绩与股价绩效之间差异的最显著表现是累积留存收益的增长。从 1915 年到 1920 年，上市工业部门的平均每股留存收益为 48 美元，与 1921 年工业股的平均价格相同。

9 月 19 日，一位匿名银行家在《华尔街日报》上描述了这种情况：

> ……今天数十家公司以低于流动资产的价格出售其资产。就许多公司而言，这些股票的售价低于工厂的价值。有些铜矿的股票售价低于装备这些铜矿的成本……大量工业公司的股票正以三分之一的价格出售它们各自的内在价值。

投资者选择忽视这种盈利能力。政府债务从 1915 年的 11 亿美元上升到 240 亿美元，这挤压了投资者可用于购买股票的资金，也分散了投资者注意力。

熊市开始至 1921 年 8 月标准普尔综合指数如图 1-10 所示。

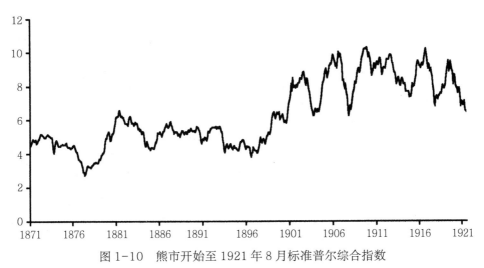

图 1-10　熊市开始至 1921 年 8 月标准普尔综合指数

资料来源：www.econ.yale.edu/~shiller/data.htm.

　　由于标准普尔综合指数在 1881 年至 1921 年期间没有变化（如图 1-11
所示），投资者在此期间没有获得任何资本回报。当然，投资者确实收到了
股息。

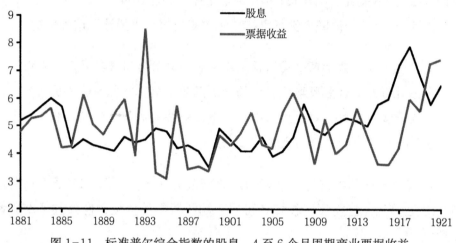

图 1-11　标准普尔综合指数的股息，4 至 6 个月周期商业票据收益
资料来源：Robert Shiller, Market Volatility.

　　尽管再投资的股息确实超过了投资于优质商业票据的回报，但 40 年期
间的差异很小；股票投资者获得的回报率仅略高于持有最高质量固定利率证
券的投资者。股票价格出现这种停滞的原因是，上市部门报告的盈利增长
明显滞后于经济增长，收益的估值也几乎减半。股息的支付未能充分补偿
投资者对这些不良资本回报的损失。

　　到 1921 年，q 值表明股票非常便宜。由于资产的重置价值只能从年底
开始计算，因此所有年度 q 值都是在任何一年的 12 月份计算的。在 20 世
纪的前 25 年里，q 值峰值为 1905 年 12 月的 1.12 倍，也就是市场见顶的
时候。在 1921 年年底，q 值仅为 0.35 倍。1921 年的 8 月到 12 月，市场
出现了一次显著的反弹，这表明 8 月的 q 值低于 0.3 倍，可能低至 0.28 倍。
股票以低于其资产重置成本 7 折的价格进行交易。

1919 ～ 1921 年道琼斯工业平均指数如图 1-12 所示。

图 1-12　1919 ～ 1921 年道琼斯工业平均指数

资料来源：Dow Jones & Co.

　　到 1921 年 8 月，股票价格相当便宜了，而且这种情况已经持续了很长时间，可以说是 40 年了，至少从 1907 年的熊市开始。

正面消息和熊市

　　　　这是人类社会发生深刻变化的时刻，空气中正弥漫着兴奋的气味。

　　　　　　　　　　——斯科特·菲兹杰拉德，《了不起的盖茨比》

　　在熊市期间，有许多常见的投资者论调，比如"不要去接一把掉落的刀""没有人在市场底部敲响警钟"等。但最常见的建议是：当所有的消息都是坏消息时，你就应该买进股票。但如果投资者按照这一建议行事，没有在 1921 年 8 月 24 日或 1921 年的任何时候的底部买入股票，就会错过"咆哮的二十年代"的牛市。

1921 年夏天,《华尔街日报》充斥着经济紧缩以及股市熊市即将结束的消息。不仅社论表达了这样的观点,商人甚至政客们也准确地预测了战后调整的结束。这种普遍的乐观情绪,反映在摘录自 1921 年 8 月 24 日距道指底部两个月出版的《华尔街日报》的一些短句上。这驳斥了一句老话,即投资者应该保持火药干燥,直到所有好消息销声匿迹为止。

6 月 25 日: 钢铁制造商对形势持更加乐观的态度。他们意识到,消费者最终将不得不购买钢铁产品,所以经营状况很快会得到改善。

6 月 27 日: 美联储公报的最后一版宣称,在出口和一般外贸形势没有改善的情况下,国内业务在几个生产领域已经开始好转。

6 月 27 日:"美联储银行状况的改善,预示着银根可以开始松动,我相信商业票据利率很快会达到 5%。"(美联储主席克里斯辛格博士的评论)

6 月 27 日:"我们已经触底了,当价格开始小幅上涨时,人们开始迫不及待地购买股票。当公司能够通过联邦储备银行以合理的利率获得足够的资金扩大生产规模时,对外贸易和外国贷款将自动由商人自己处理。"[哈里·F. 辛克莱(辛克莱联合石油公司创始人)]

6 月 30 日:"矿物油、糖、纸等大宗商品较低的流动性,其重要性超过了铜、棉花、羊毛、丝绸、皮革和谷物较低价格的重要性。"

7 月 1 日:"由于生产前景看好,以及一些行业的价格水平开始稳定,秋季贸易前景似乎相当令人鼓舞。"(联邦储备委员会商业评论)

7 月 1 日: 许多银行家认为,大宗商品平均价格目前处于或接近谷底。

7 月 11 日:"我们已经进入熊市和牛市之间的过渡期,在这段时间里,我们应该特别关注那些已经走上上坡路的公司。"[J.S. 贝奇(来自 JS 贝奇公司)]

7 月 12 日:"明智的投资者将继续通过在长期波动底部买入,在顶部卖出来获利。我们现在正处于或非常接近长期波动的底部,购买长期债券或投资股票的投资者在未来几年应该会有可观的利润。"

7 月 14 日: 商业已经转危为安,

这是胡佛国务卿在波士顿演讲中所表达的观点。其他一些商界或政界名人最近也表达了同样的观点。在经济复苏的若干基本条件中，目前正在进行的工资调整是非常重要的……农场主购买力下降与工业停滞有很大关系。价格不可能一瞬间提高，但缺口正在缩小，一蒲式耳[⊖]的小麦比今年初的价格已经提高了很多。

7 月 15 日：许多大型交易商告诉他们的客户，这种沉闷状态可能会持续到 9 月份。但股市通常至少会提前 6 个月反映未来的一些变化。假如如许多人所相信的那样，到 11 月份或 12 月份，经济有望回升，那么华尔街很可能很快就会反映这种利好因素。

7 月 18 日：全国汽车销量有所改善。福特、斯图德巴克和道奇几乎满负荷生产，而其他一些只是按部就班进行生产的制造商报告说，过去十天的销售明显改善，所以不得不尽快提高产能。

7 月 27 日：当粮食开始上市，重要的融资已经完成时，公众或许会开始认识到，经济已经开始复苏，萧条正在结束，随着这种认识的到来，人们会变得更为乐观，这一乐观本身将刺激工商业。

⊖ 1 蒲式耳 =26.308 866 1 千克。

8 月 1 日：总体来说，市场情绪更为乐观，目前普遍认为，萧条已经触底，尽管在未来一段时间内不会真正扭亏为盈。过去一周有两个令人鼓舞的因素——美国钢铁公司的季度收益报表比预期的好约 1 000 万美元；伯利恒钢铁公司声明称，它可以支付普通股 6 个月的股息。

8 月 1 日：贾奇·加里没能证明他不久前发表的观点，因为他说，在不远的未来，"这个国家将发生一件有史以来最大的事件"。（美国钢铁公司董事长贾奇·加里）

8 月 1 日："消费者的需求反映在零售贸易量上（考虑到价格下跌的影响），与去年同期相比持平或更好。在过去一两个月中，纺织品、靴子和鞋类以及其他快消品的业务得到了改善，并且这一改善将持续。更振奋人心的消息是，农产品的投资也将变得有利可图。"（联邦储备委员会对 7 月份总体形势的评估）

8 月 1 日：长期抵制通缩的大宗商品清单正变得越来越少。随着价格波动时期的逐渐过去，进行远期期货交易的一个巨大障碍正在消除。库存正在减少，农业社区购买力显著提高。

8月1日："我们现在可以肯定，我们已经到达了商业萧条的谷底。你可以感觉到，这一切正在发生。上个月，不仅证券市场发生了非常显著的变化，美国工业和商业的整体前景也发生了很大变化。从表面上看，银行清算和铁路运输都在增加，许多大宗商品的价格也出现了上涨的迹象。"（布洛杰公司给客户的信）

8月2日：芝加哥州立国民银行表示可能看到了经济复苏的迹象。价格波动性一直是导致期货业务枯竭的原因，目前已成为制约工业运营的主要因素。然而，有证据表明，价格的下降趋势已接近尾声，大宗商品可以进行安全的期货交易……农业社区贸易长期停滞的局面已接近尾声。小麦的早期大量销售已经带来了投资者情绪的决定性变化。农业贸易的改善必将对全国各地的工业产生有益的影响。

8月3日：全国各地的工厂主都在修理机器，这使得机械制造局官员相信，工业即将复兴。

8月3日：钢材价格已接近谷底。

过去一两周订单的增长可能是市场逐步恢复正常的前兆。

8月3日：皮革行业的复苏相当引人注目。相比于六个月前全行业产能利用率只有20%到30%，现在很多美国皮革公司开始实行两班制的工作时间。

8月5日：许多经纪公司建议购买股票，因为它们认为今年内股票价格将走高。

8月9日："对那些陷入无穷的黑暗中的人，我想说，我们已经进入了复苏期。复苏期最好的一个表现就是较低的市场利率。"（纽约联邦储备银行行长本杰明·斯特朗）

8月24日：道琼斯工业平均指数见底。

8月25日：商业状况比一个月前更清楚地反映了目前的经济复苏，尽管当时和现在一样，它在某种程度上被通常的仲夏的沉闷所掩盖。在过去六个月里，信贷供应的增加和货币利率的显著下降是最可靠的证据之一，市场基础的改善促进了经济的复苏。

8月29日：全国各地的一些高档造纸厂开始大规模恢复经营。

9月1日：越来越多的证据表明，在大多数行业已经出现较为乐观的情绪。农村地区的许多银行家对华尔街普遍存在的悲观情绪表示震惊。如果这些地区的农庄能够有更好的收获，人们的感觉会变得更好。大多数人已经实现安全着陆，并且他们也意识到了这一点。

9月13日：很多事实表明更好的时期即将到来——棉花种植业的最新发展已经带来了很多利润。铁路运输吨位增加。政府拥有帮助企业的意愿和能力。对棉花和畜牧业的扶持极大地促进了它们的复苏，从而帮助了整个农业企业。几乎所有企业的存货都被清空。

9月22日：劳工部部长戴维斯宣布，"有史以来最大的繁荣即将来临。这将不是回归过往，而是超越以往，并走向一个全新的美好时代。我可以看到美国繁荣时代近在眼前。"

9月23日："所有的历史都表明，繁荣和萧条的时期是循环的，其周期大致如下——①繁荣，②清算，③停滞，④复兴。现在清算的过程快结束了……当复兴时期到来，然后就是一个繁荣的新时代，让我们记住，财富的浪潮越大，扩张和投机越不受约束，随之而来

的萧条就会越严重。但是，如果人们记住过去两年的教训，下一个繁荣时期将比我们以往任何时期都要长，随后的反应就会少得多。"（在北卡罗来纳州夏洛特举办的"卡罗来纳制造"博览会上，联邦储备委员会理事哈丁的演讲）

10月2日：联邦储备委员会对今后一年多的时间内12个联邦储备区域的经济和金融形势充满信心。

10月2日："商业萧条的低谷已经过了，非常明显。2月份制造业开始复苏，铜、锡、铅、橡胶和棉花等重要商品的价格在长期疲软后已回升，而失业率总体上略有下降。这些事实并不意味着商业完全摆脱萧条，而是意味着我们正在走出低谷，开始向上走……如果欧洲的情况变得正常，而且美国没有发生铁路罢工，我们可以放心地指望经济持续复苏。"（哈佛大学经济学研究委员会）

10月5日："可以说，无论是国内形势还是国际形势，都没有任何东西能让我们产生悲观情绪，也不能认为世界已陷入永久的萧条。随着价格在目前的基础继续走稳，阻碍经济复苏的影响正在消失……随着国外社会和政治条件

的改善，作为普遍繁荣的必要条件的购买力正在复苏。"（美国银行家协会的约翰·S.德隆姆在银行同业协会第47届年会上的讲话）

10月5日：闲置汽车数量被认为是商业的可靠晴雨表，过去几周的趋势表明商业和工业的改善。目前有足够的汽车和机车来满足这个国家50%的业务需求。一旦需求增加到75%，那么每辆车都需要调动起来运送铁路货物，正常的商业状况将意味着一场汽车饥荒。

10月5日：在经过六个月的东方之旅后，罗伯特·杜拉上尉星期四乘坐自己的轮船从上海启程回国。"从观察来看，我坚信，全球商业萧条的底部已经过去，商业状况正在逐渐好转。"

10月21日："今天，我国的工商业活动出现了明显的好转。商业钟摆的这种向上摆动，对那些能读懂时代经济迹象的人来说，是非常清晰的。"（副总统柯立芝致波士顿商会的个人信息）

等待所有的好消息都销声匿迹，再购买股票，这种办法不见得明智。当然，1921年不是任何普通熊市的底部。与之类似的股票严重低估时期，在20世纪只出现了三次。如果说1921年是极端特例的话，那么这仍然表明，虽然每个投资者都希望在极端低估时期买入，但你不应该指望用好消息的销声匿迹来做买入的先决条件。

事实上，1921年的情况正好相反。在估值偏低的时期，投资者很可能忽视经济复苏的迹象，这些迹象对公司收益有积极影响。在1921年，经济的复苏与股票市场的改善趋势是一致的。美国国家经济研究局认为1921年7月是经济收缩的底部，而同年的8月4日，道琼斯工业平均指数触底。

这个熊市的底部是值得纪念的，因为投资者没有对正面消息做出反应。人们只能佩服美国钢铁公司董事长贾奇·加里和劳工部长詹姆斯·戴维斯（James Davis）的先见之明，他们准确地预见了美国经济的再一次繁荣。不幸的是，联邦储备委员会威廉·哈丁（William Harding）的预言后来被遗忘了。

（如果）人们记住过去两年的教训，下一个繁荣时期的持续时间将比我们以往任何时期都长，随后的反应也就不会那么严重了。⊖

价格稳定与熊市

> 一个声音在我耳边响起，令我莫名兴奋起来："这个世界上只有追求者，被追求者，忙碌的人和疲惫不堪的人。"
>
> ——斯科特·菲茨杰拉德，《了不起的盖茨比》

1921 年夏天，《华尔街日报》中商人和政府官员们乐观的预测得到了验证。对于那些宣称商业周期触底、股市熊市结束的人来说，成功的秘诀是什么呢？这些评论人士反复提到，价格稳定是预示商业收缩结束的重要指标。此外，他们也提出了其他一些观点：

"越来越多的证据表明，铜、棉花、羊毛、丝绸、皮革、谷物等价格趋于稳定。"

"在一些产品线上，价格明显达到了更稳定的状态。"

"价格不会同时上涨，但差距正在缩小。"

"有迹象表明，许多大宗商品的价格都走稳了。"

"价格下跌的趋势已接近尾声，大宗商品正一个接一个地达到可以安全地进行期货交易的水平。"

"随着价格波动时期的逐渐褪去，期货交易的一个巨大障碍正在被消除。"

"铜、锡、铅、橡胶和棉花等重要大宗商品经过长时间的疲软后，价格已经回升。"

"随着价格走向稳定，阻碍经济环境恢复的因素正在消失。"

⊖ *Wall Street Journal*, 23 September 1921.

对于在实行金本位制的国家进行投资的所有投资者而言，调整价格水平是一个先决条件。在商业周期的收缩阶段，金本位机制的作用是降低国内价格，直到竞争力的提高导致外部账户改善、黄金回流美国，最后才会导致流动性放松。如果投资者能看到价格企稳的迹象，那么他们就会确信该机制已经奏效，促使价格降低，以缓解流动性，经济也将随之复苏。正如我们已经看到的，准确评估1921年的价格水平是非常复杂的事情。虽然许多人用理论来推测通缩会到什么程度，但价格稳定的现象提供了实际证据，证明调整过程已经结束，经济复苏已经开始。基于这一原因，我们判断价格稳定就是1919年至1921年股市熊市结束的证据。

当我们观察1921年夏季所有评论员的观点时，对熊市结束的最准确预测来自那些关注价格走势变化的人。

一位现代投资者可能不仅会对当时通缩的严重程度感到惊讶，而且会对金融体系在1929年以后通缩时期表现得如此出色这一事实，感到惊讶。尽管人们在记忆中通常会把通货紧缩与20世纪30年代联系在一起，但实际上战后最大的年度通缩发生在1921年。这不是美国独有的现象。1921年，世界上9个主要经济体遭遇了20世纪最严重的年度通缩：澳大利亚、加拿大、法国、荷兰、南非、瑞典、瑞士、英国和美国。这在很大程度上是因为人们认为既然和平到来了，那么价格水平也应该恢复到和平时期。在第一次世界大战期间，美国、瑞士、瑞典、荷兰和加拿大经历了历史上最严重的通货膨胀。随着价格在1921年继续下跌，投资者怀疑通缩能否将价格带回战前水平，以及适中的价格水平是否合适。当时价格调整的速度和幅度令人恐惧。

这很可能是美国历史上价格跌幅最大的一次。劳动力价格也无法幸免——非技术工人的价格从高峰时的每小时60美分降至1921年夏季的每小时25美分。表1-12显示了投资者在1920年很难根据金本位制的运作来推测通缩程度。事实证明，价格或许不一定要降到1913年的平均水平。尽管如此，有些商品，比如玉米、棉花和皮革，其价格还是跌到了 1913 年的水平。1921 年夏季价格企稳的证据越来越多，这本身就是商业衰退正在结束的重要证据。但股市投资者怎么能确信，1921 年夏天前后的价格稳定，不是一个暂时现象，而整体价格还是会再次波动，并且跌到 1913 年的水平呢？

表 1-12　1920 年至 1921 年价格下降及 1913 年至 1921 年最低点期间通胀的下降

	从 1920 年顶峰下跌（%）	超过 1913 年年底（%）
农产品	87.7	18
食物等	72.2	52
衣服	69.1	79
燃料和照明	55.4	82
金属及金属制品	78.9	20
建筑材料	59.3	98
化学品和药品	50.0	61
家居用品	52.0	130
综合	68.0	47
所有商品	69.8	52
成品钢	78.4	37
钢厂普通劳动力	67.3	50

资料来源：美国劳工局。

但其中有一个因素，让评论员相信价格真的稳定下来了。那就是价格下跌促使需求增加了。特别是日益重要的汽车工业，由于价格下降，需求从初夏开始有所改善。类似的情况在其他行业也有反映。

《华尔街日报》1921 年 7 月 9 日报道，当留声机公司面临"买家罢工"，开始降价三分之一时，高端机型的销量大增。

寓意似乎是，当大众能得到一个优惠的价格时，他们会展现出购买的意愿和能力。

需求增加的证据提振了人们对未来价格稳定或上涨的信心。正如《华尔街日报》在 8 月 1 日所评论的那样，"随着价格波动时期的逐渐过去，进行期货交易的障碍已经清除。"有来自现实世界的证据来证实这一论断。《华尔街日报》报道称，煤炭行业的"经营者和中间商"拒绝接受9月份交货的现货价格，因为他们认为价格可能会上涨。而供应链的改善也旁证了这一点。

> 上周首先在芝加哥地区，钢材的价格上涨了，后来又蔓延到了布法罗城，后来几乎蔓延到了全国各地。从逻辑上讲，生产商一段时间以来一直在亏本销售钢材，这一行为不能无限期地持续下去，而且钢铁的库存已经减少，有些等级的钢材无法立即发货。⊖

> 随着越来越多的大宗商品价格企稳，投资者越来越有信心。⊜

在这种情形下，市场对价格稳定的信心蔓延，商业将触底反弹。当时有些投资者即使预测到了通缩来临，也无法谋利。一位预计战后将通缩的经纪人在1918年购买了价值15 000美元的钻石。然而，到了1921年，当铺只愿当给他1 500美元，最后他被迫以6 000美元的价格出售了钻石。即使是女孩们最喜欢的钻石，在通货紧缩时期也失去了保值的功能。因此在1921年夏天，人们热烈欢迎价格企稳的心情并不令人意外。

流动性和熊市

> 我买了十几本银行、信贷和投资证券的书，它们就像铸币厂的新钱一样，摆放在我的书架上，承诺揭露只有迈达斯、摩根和米塞纳斯知道的那些秘密。
>
> ——斯科特·菲兹杰拉德，《了不起的盖茨比》

这场战争使世界主要国家之间的财富发生了重大变化。到1921年，美

⊖ *Wall Street Journal*, 18 August 1921.

⊜ *Wall Street Journal*, 11 October 1921.

国持有全球 1/3 的黄金储备。这些黄金，连同美联储的货币，都是高能货币的主要组成部分。随着这样一笔战争资金的流入，货币存量和信贷的大幅增长似乎只是时间问题。一些专家认为，预测货币/信贷周期的节点将是预测经济状况和股市好转的关键。虽然 1921 年夏季《华尔街日报》对经济复苏的预测主要集中在价格稳定的重要性上，但也经常有人提到低价货币的前景：

> "美联储状况的巨大改善无疑预示着更便宜的资金。"（美联储主席克里斯辛格博士）

> "当企业通过联邦储备银行以合理利率获得足够的资金进行扩张时，外贸和外国贷款将自动由商人自己处理。"（辛克莱石油公司总裁哈里·辛克莱）

> "经济恢复的一个最佳征兆是货币利率的下降。"（纽约联邦储备银行行长本杰明·斯特朗）

> 在过去六个月里，信贷供应的增加和货币利率的显著下降是最可靠的证据之一，这表明经济改善建立在整体经济环境改善的基础上。

显然，当时的评论员认为关注货币形势很重要，但是如何才能判断商业周期和股市好转的转折点呢？从理论上讲，货币扩张会导致价格稳定，但在实践中，支付的提前和延后给投资者带来了问题。1920 ～ 1921 年，价格指数的波动与银行信贷之间肯定存在明显差异。美国国家经济研究署认为经济增长的高峰期为 1920 年 1 月。对投资者来说，选定的价格下跌似乎是第一个警告信号，而不是 1919 年 11 月至 12 月贴现率上升引起的信贷下降。

> 某些商品的价格，特别是纺织业的价格早在 1920 年的 2 月至 3 月就开始下降，劳工部指数所反映的总体价格水平直到三个月后才开始下降。但是 1920 年夏天信贷规模一直居高不下，到 10 月

份达到全国最高峰，这个最高峰晚了大约 5 个月。到目前为止，当
美国劳工部的价格指数比最高值低 46%，而该行的基本商品指数比
最大值低 58% 时，全国各银行的贷款总额比峰值低 14%。[⊖]

1919 年下半年，商业银行贷款账簿同比增长 18%，1920 年上半年同
比增长 8%。贴现率的迅速上升——从 1919 年 11 月的 4% 上升到 1920 年
6 月的 7%，这一水平直到 1973 年才超过——对银行的影响有一定的滞后
性。信贷收缩的幅度显然与物价普遍通缩的程度不同。这是否意味着信贷
收缩和通缩会进一步出现，还是说信贷与总体价格水平之间的联系没有人
们认为的那么直接？无论两者之间的关系如何，我们还是很难轻易对此加
以解释。

货币政策由联邦储备理事会（1935 年以前是联邦储备委员会）和
联邦开放市场委员会（1935 年以前是联邦储备公开市场投资委员会）制
定和执行。通过控制银行储备的成本和可用性，联邦储备系统对货币供
应、利率和信贷供应产生了影响。在影响这些货币因素时，美联储希望
引导经济实现高增长和低通胀。2005 年，美联储在确定了其货币目标
后，通过控制联邦储备金利率和银行准备金率来实现既定目标。投资者
通过定期评估美联储资产负债表的变化，从而判断其对银行准备金的影
响，进而评估其对货币政策的总体影响。在金本位制和 1944 年 7 月的
布雷顿森林体系协定下，由于需要保持美元汇率的稳定，所以美联储的
行为受到了不同程度的限制。而自 20 世纪 70 年代以来，美联储就一直
没有受到这种束缚。所以投资者一直在试图判断货币政策是否宽松，从
而导致潜在的更高增长和通胀，或者试图判断货币政策是否紧缩，从而
导致低增长和低通胀。

⊖ New York Federal Reserve Bank report, August 1921.

在评估这种紧缩还能取得多大进展时，一个关键的决定因素是美联储是否愿意扭转 1920 年中期开始的弹性货币的收缩。《华尔街日报》解释了对联邦储备系统资产负债表的研究，特别是对存款准备金率的研究，是评估信贷周期的关键：

> 准备金率本身是最重要的指标……联邦储备法要求联邦储备银行在实际流通的联邦储备票据上持有 40% 的黄金储备作为担保，35% 的现金用于担保储蓄存款。当综合赔付率下降到 40% 时，信贷增长就会导致大量的黄金流入……他们（银行家）开始限制信贷。这导致了价格下跌。较低的价格影响了黄金流入，从而提高了准备金率。随着价格下降和商业的萎缩，对美联储票据的需求减少，从而使得大量票据失效以及综合赔付率进一步提高。综合赔付率比历史低点高出 30 个百分点，当然，银行中仍有大量未用现金。[⊖]

《华尔街日报》接着解释了这种过剩的现金通常如何寻求更高的债券利率，以及债券收益率的降低如何导致股市的改善。《华尔街日报》认为存款准备金率本身是最重要的指标。这听起来很简单，但投资者如何才能预测这一周期呢？

1921 年 5 月，随着贴现率降低，存款准备金率上升到 56.4%，这是 1918 年 8 月以来的最高水平。官方利率下调发生在股市触底前的三个月。在这段时间内，道琼斯工业平均指数下跌了 20%。

在联邦储备系统考虑降低再贴现率之前，我们无法得知有多少投资者能够提前预知大规模的货币紧缩。当时的联邦储备委员会会议在决定政策时，评估经济是否存在适当程度的通缩。特别是，讨论表明，美联储将不会降低任何利率，除非工资水平下降，而这是州长们所希望的。这清楚地表明，美联储并不是在根据货币的弹性程度，而是根据价格水平来调整货

⊖ *Wall Street Journal*, 12 December 1921.

币政策。在这种环境下，如果投资者再看美联储的资产负债表来寻找宽松货币政策的迹象，他们就会被误导。因为美联储并不是按照自己的资产负债表来决定方向，而是在积极判断经济所需的货币环境来决定方向。为防止金融崩溃而发明的弹性货币，曾于 1917 ~ 1919 年被用于为政府融资，现在正被用于管理经济。美联储决策中的主观性因素，使得纯粹根据美联储资产负债表的当前状况来评估未来货币状况非常危险。

那些以美联储状况改善为迹象的评论人士，在某种程度上是对的，但要判断触发经济和股市复苏所需的改善程度，几乎是不可能的。如果把关注点放在市场利率上，也会出现类似的问题。早在 1921 年 8 月 25 日股市跌至最低点之前，市场利率就有了改善。1920 年 6 月，活期借贷利率从 10% 上涨到 14% 不等，根据当时美联储主席的说法，市场利率在 1920 ~ 1921 年大幅下降，但没有阻止股票熊市（如表 1-13 所示）。

表 1-13　1920 年 8 月 31 日和 1921 年 8 月 31 日主要利率

年份	活期借款（%）	定期利率（%）	商业票据（%）	银行承兑汇票（%）
1920	10	9	8.25	$6\frac{3}{8}$
1921	5	6	6	$5\frac{1}{8}$

资料来源：Federal Reserve, *Banking and Monetary Statistics*.

自 1921 年 6 月以来，市场利率一直在稳步下降，而《华尔街日报》报道称，截至 1921 年 8 月的活期借贷利率为 5.0%，7 月 28 日的活期借贷利率处于 1919 年 11 月以来的低点，但股市仍在下跌。从某种程度上说，低利率可能会带来经济复苏，这可能是不言自明的，但在经济史中，没有什么投资者可以正确估计刺激水平。基于这一分析，正是那些专注于总价格水平变化的投资者，才能更好地衡量经济和市场的转折点。虽然价格稳定的最初迹象确实与复苏相吻合，但在复苏开始后，美联储资产负债表的收缩持续了数年，而早在股市触底之前，市场利率就一直在下降。

流动性分析不仅仅是分析美联储资产负债表的变化。尽管这些变化对高性能货币有直接影响，但在任何经济体系中，它只占货币总供应量的一小部分。广义货币总量的增长与短期内高能货币的趋势可能大不相同。如果"流动性分析"聚焦于更广泛的变量，我们是否能找到暗示熊市底部更好的标志？M2 增长的信号可能存在很大差异，这取决于看重名义增长数据还是经过通胀调整后的数据。熊市见底以后，名义 GDP 一直未能增长，直到 1922 年中期。不过，经通胀调整后的数据在 1921 年 4 月和 5 月明显改善，而之后道琼斯工业平均指数仍然下降了 20% 以上。因此，这段时期通胀调整后 M2 的增长可能有一些有用的迹象，但是，随着贴现率首次下降，1921 年 5 月投资者开始在道琼斯工业平均指数见底时购买股票。

如果美联储资产负债表的变化很难解读，广义的货币衡量标准也有误导性，那么把信贷增长作为经济和股市好转的指标又如何呢？商业银行贷款在经济活动开始下滑后很长时间内继续扩张。在经济和股市触底后的几个月后，贷款总额才开始扩张。很难获得每月数据，但年度数据显示，从 1921 年 6 月至 1922 年 6 月，贷款总额减少了 5.5%。在此期间，经济以实际价值计算增长了近 7%，道琼斯工业平均指数上涨了近 36%。所以可以说，观察信贷增长数据对试图寻找熊市的底部是没有帮助的。

虽然对货币状况的分析似乎没有给投资者预测股市底部的能力带来多少光明，但它确实提出了一个有趣的结构性问题。当 1929 ~ 1933 年的类似风暴摧毁了美国许多银行，让存款总额的 10% 泡汤，美国金融体系是如何度过这场通缩风暴的（我们将在第二部分详细讨论这个问题）？1920 ~ 1921 年公众相信商业银行体系可以承受压力，并增加了他们的存款，但这种信心在 1929 ~ 1933 年却并不存在。从 1920 年 6 月 30 日美国第四大银行大通银行（Chase National）的资产负债表来看，不难看出为什么公众有信心。具体如表 1-14 所示。

表 1-14　1920 年 6 月 30 日大通银行资产负债表

项目	资产比例（%）
现金、汇票和联邦储备金	24
活期借款	12
贴现票据	24
定期借款	20
美国债券和债务凭证	5
债券和股票	7
其他	8
总资产	100

资料来源：*Wall Street Journal.*

在 1919 年至 1921 年通货紧缩来临之际，美国商业银行体系处于高度流动性状态。由于长期习惯于金本位制所要求的通缩期，美国商业银行已经建立了资产负债表来应对。这种高度的流动性，以及美联储系统本身的建立，使公众相信银行系统是安全的。在 1921 年，他们的观点是对的。

牛市和熊市

> 没有什么比头脑简单更加令人困惑的了，当我们驱车离开的时候，汤姆感到一阵恐慌。
>
> ——斯科特·菲兹杰拉德，《了不起的盖茨比》

迄今为止的分析表明，1921 年精明的投资者通过关注价格稳定的迹象，正确地预测了股市的复苏。考虑到金本位制的运作，这种关注似乎在理智上是合理的，而且奏效了。另一种明智的方法是监督美联储系统的资产负债表。事后来看，这样的做法似乎是非常主观的，不像关注价格稳定那样可靠。

当然，并非每一个股市操盘手都以同样的方式看待事物，当一个人每天都陷入熊市的情绪中，这种超然的分析并不可能。为了更好地了解投资领域的生活，我们来关注一下投资者在 1921 年 8 月 24 日市场触底前后两个月的评论和反应。通过观察从 1921 年 6 月 25 日到 8 月 24 日的最低点，以及接下来的两个月，我们能看到那些与熊市搏斗的人们当时是如何评估形势的。具体如图 1-13 所示。

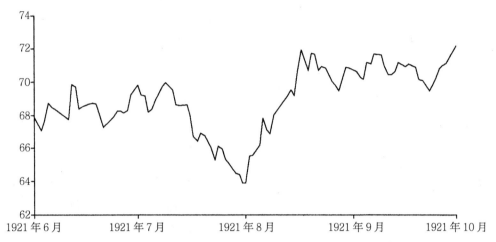

图 1-13　熊市底部——1921 年 6 月至 1921 年 10 月道琼斯工业平均指数

资料来源：Dow Jones & Co.

《华尔街日报》的评论显示，1921 年夏天，当时的一些观点显著地影响了人们判断市场触底的行为。

6 月 25 日：大家的共识是，市场现在表现得好像想要上涨。宽松的货币政策带来了巨量资金，促使熊市到牛市的巨大转变。

6 月 28 日：认为经济还没有复苏迹象的人不赞成在当前水平附近卖空股票。他们说，把现在的股票完全按照 1921 年的盈利数据进行比较是不合理的。现在更重要的是资产负债表。

6 月 29 日：看跌的投资者更加大胆。这些商人在漫长而痛苦的清算期间赚取了可观的利润，他们已经到了拒绝将任何发展视为建设性的程度……毫无疑问，人们对商业前景的信心日益增强。悲观情绪正慢慢让位于乐观情绪，股市将在适当时候反映出这一发展趋势。市场给出了各种迹象，表明紧急清算期已经结束。这是一个双向狭窄的市场，但似乎每个方向上都有成为现实的可能。

7月6日：一年中最糟糕的一天。尽管墨西哥湾石油公司面临压力，但大盘仍保持良好状态。市场上仍有大量的短线收益。

7月7日：在墨西哥湾石油公司的纷乱事件期间，周二的大盘并没有下降，这对熊市的投资者就是一个警告。最终证明，大盘被过度抛售，很多短线交易缓冲了任何普遍下跌的影响……在收盘之前创下了单日最大涨幅的纪录。

7月13日：尽管股市上涨，但交易员仍然看跌大盘。短期交易的吸引力并没有下降。

7月13日："最近的股票供应量有限，所以导致贷款数额有所下降，换句话说，技术情况表明，一些建设性的事态发展可能很容易反映在较好的股票上面。"（霍恩布洛尔·威克斯公司写给客户的信）

7月13日：一段时间以来，当大盘股票低价交易的时候，铜的价格反而很坚挺。

7月13日：截至1916年12月，美国钢铁公司58%的股票由股票经纪人持有。但是随着投资者购买了更多的股票，经纪人在1921年6月的持有量下降到23%。

7月15日：场内交易员仍然发现很难赚钱。事实上，昨天早上很多交易员根本没有去交易所，除非市场显示出一些真正的交易活动后才会进场。

7月18日：三年来最低迷的市场……从前的那些活跃的操盘手根本没有出现在金融区。我们在一个典型的夏季市场，没有任何交易动机。人们承认，市场的空头已经赚了大钱，但目前的商业环境还不足以让交易员做多股票。整个市场没有很多公众参与进来。

7月19日：大多数经纪行都建议其客户不要进入市场，直到市场变得活跃起来。

7月20日：工业优先股正在以低价出售，其中一些曾经创下长期股息纪录的股票，现在它们的价格收益比率是7%至10%，而货币投资收益率可能在6%左右。五家重要公司并没有派发上一个季度的优先股息，这可能是导致人们纷纷转让优先股的原因。

7 月 21 日： 市场在下跌中变得极其萧条，而股市多头认为这是一个有利的迹象。

7 月 22 日： 5 个小时的交易量创下了 1921 年以来最低的纪录。下调再贴现率并未刺激投资者对钢铁股的兴趣，一些操盘手更倾向于在坏消息出现时补仓，而不是进行短期的投机。有些交易的佣金被取消，此外有些交易者可以通过贷款购买股票。

7 月 28 日： "自 1919 年 11 月以来最低的活期利率。这是波动可控的专业市场……这种罕见的情况在专业市场上发生了。"（霍恩布洛尔·威克斯公司写给客户的信）

7 月 29 日： 由于熊市的来临，所有利益相关的人们联合了起来，在装备团队里形成了各种团体，在过去的几个月里，这种情况也出现在其他地方。

8 月 1 日： 美国电话公司价值高达 9 000 万美元的股票发行非常成功。在此之前，美国政府也向伯灵顿和法国政府给予了巨额贷款。

8 月 1 日： 经纪公司失去了所有的客户。

8 月 2 日： 汽车行业未能对斯图贝克公司的好消息做出回应（其公司第二季度的业务比上一季度增长了 50%）。

8 月 2 日： 熊市使得美国水果公司的股票暴露真实的一面，因为熟悉公司前景的集团已经将所有的收益用于抄底，这已经不是什么秘密了。

8 月 3 日： 经纪商的贷款创下了近 8 年来的低点。在过去的两年里。贷款从 125 万美元减少到 50 万美元，1919 年 7 月 31 日达到峰值，日均看涨市场的成交量约为 4 500 万美元，而现在只有 1 000 万至 1 500 万美元。

8 月 5 日： 铁路股票上涨已经持续了近六周，其间略有挫折。尽管在以往的铁路股中，低价股是最受欢迎的，但值得注意的是，目前股价上涨的特点是高价股继续上涨。

8 月 5 日： 华尔街仅持有 90 万股钢铁普通股，与几年前持有的 250 万股相比大大减少。

8 月 9 日： 在这个最黑暗的时刻，

几乎没有任何小投资者投资股市。如果经纪行依赖于中小投资者，那么证券交易所就要歇业成为电影院了。

8月10日："然而，我的公司有更多的潜在买家，这是事实。今天，无论是投资账户还是投机账户，都比1914年以来的任何时候要高。我有一些客户正拼命地买进股票，我主要是靠自己的能力控制他们。"（引用一位匿名经纪人的话）

8月11日：投机性账户的抛售没有停止。美国制糖公司分配红利，使得这只股票的价格创下新低。

8月18日：发行股票的佣金证明，短线收益不会大幅下降。

8月19日：在过去的两天里，某些股票面临压力，许多人认为是暂时的空仓行为。举个例子，皮尔斯银箭公司的股票被列为优先股，在过去的几周内，普通投资者一直按照现在的价格持有这只股票。

8月20日：购买股票和债券的投资行为超乎人们的想象。这些投资并不是为了获得较快的回报。多数买家表示，他们会持有一两年，因为这些股票很便宜。这些股票终将带来回报，现在是投资积累的时期。

8月23日：很多股票的清算似乎已经结束。因为它们的交易很少，铜的交易尤其如此。

8月24日：道琼斯工业平均指数到达最底部。

8月25日："就平均水平而言，投资者并不乐观。一般的观点认为距离牛市还有很长的距离。"（威廉·彼得·汉密尔顿的《道琼斯理论分析》）

8月25日：美国国际纸业公司在其年度报告里宣布普通股票价值53美元，而几个月后其股票仅仅以39.50美元的价格出售，这在股票市场历史中是史无前例的……现在美国国际纸业的股价是25.375美元，其持有证券的清算价格为50美元。

8月27日：熊市操盘手担心高科技股的强势地位，以及市场技术上的强劲头寸和一些大量买入订单的紧急空头回补，导致几乎所有股票出现强劲反弹，直至下午才结束。

8月28日：空头被困住了……市场已经到了一个技术性反弹的阶段。需要提供保险的股票清单是两年以来最长的一次。在过去的3个月里，大盘结束前 1 个小时的表现是最好的。华尔街在过去一个月里充斥着熊市的谣言，并在周四错误地报告墨西哥石油公司将推迟派息，这些谣言激起了华尔街的建设性因素；据报道，大型金融利益集团联合起来，并发出警告，称这场造假运动已经到了不可忍受的限度。

8 月 29 日： 空头遭到失败。许多公司的现金比历史上任何时候都多。

8 月 30 日： 看好通用电气的投资者告诉他们的朋友，内部人士打算给这些空头上一堂真正的课，该股的估值很高。

8 月 31 日： 活期利率降至 4.5%，这是近一个月来的最低点，这在熊市人群中引起了相当大的不安。

9 月 1 日： 股市持续上扬，带来很大的短期收益。共有 6 只股票溢价交易，溢价幅度与上周四 15 只溢价交易的股票相当。

9 月 2 日： 随着短线收益的消失，现在没有人买股票了。

9 月 3 日： 市场开始抵制空仓行为。华尔街对新闻的态度转变也给了我们额外的鼓励。交易员们不再强调看

跌因素——这种心态在夏季变得长期存在——而是倾向于往好的方面看。

9 月 7 日： "现在是美国商人意识到商业下降的趋势已经到来，整个国家的工业也是如此。已经看到了调整期的结束。在通胀期间，很多商人觉得有必要扩大业务，以应付未来的大量工作，结果当通缩开始时，他们发现手头上有大量高价原料和制成品，以他们的成本来计算，实际上是卖不出去的。大约在那个时候，美国公众大声疾呼，反对一切商品价格过高。不可避免的事情发生了——一场'买家罢工'发生了。为了处置手中的大量库存，这些货物不断以低价出售——有时在不同的低价上逐渐变卖。目前，产品并没有大量存货，实际上很多物品都有短缺……"

"……为了帮助解决存货积压问题，许多材料的生产商自愿削减其产量，工厂被完全关闭或缩减生产时间。但现在，过量的生产力已逐渐耗尽，一旦美国市民认识到繁荣又摆在他们面前，而政府一直在以建设性的态度行事，每一个人都会争相以目前普遍的低价购买他们所需的东西。一旦购买开始（产量低于正常水平），必然会扭转整个趋势，价格将再次上涨，而不断上

涨的价格总是会给全国带来繁荣。"（杰西·利弗莫尔）

9月7日： 需要溢价购买的股票数量降为两只。

9月10日： 可以说，市场今天就一直存在着熊市恐慌。沃尔多夫（Waldorf）对市场一直持看跌态度，现在他的观念又回来了。

9月12日： 在本周，大的投资者购买了数以千计的优质工业股和铁路股，他们相信，随着不可避免的复苏，商业和证券市场都将上升。本周的增长无疑是基于真正的商业环境的改善。熊市造成了华尔街历史上最严重的打击……许多之前宣称应该马上会获利回吐的经纪公司现在相信，股市的上涨绝不是职业操盘手能够控制的。

9月14日： 今天的证券市场，许多公司都在其流动资产净值之下出售。许多公司的股票以各自账面价值的三分之一出售。像这样的价格太有吸引力了，不可能存在很长时间。我们已经听说纺织、鞋业和许多其他行业正在迅速恢复正常。（威廉·博伊斯·汤普森，矿业企业家，前纽约联邦储备银行董事）

9月14日： 不过，除了少数几只股票外，市场上几乎没有什么热点，最近的上涨显然没有激起公众参与的热潮。

9月16日： 流动供给已经减少，六个月后我们看不到任何股票交易了。巨大的价格波动总是会适得其反，牛市和熊市都是如此。当工业资产的账面价值远远超过其普通股的市价时，我们至少可以说，免税市政债券的安全性更高，会导致投资者对股票视而不见。

9月22日： "大多数（谣言）都涉及一位著名的股票操盘手和一位著名的行业领袖。据了解，这两个人在很大程度上操纵了一个月前开始并持续了近三周的上涨。现在据说，两人之间发生了争执。但他们的朋友仍然在背书之前的观点，并收取双倍佣金。从市场交易行为来看，交易内部出现了问题，因为只有共同操纵股票才会出现如此严重的反应。"（引自杰西·利弗莫尔）

9月23日： 一些经纪人认为销售股票类似于市场营销，因为公众拒绝进入市场。传统观念认为股票的上涨并不来源于公众的参与。过去两年来，股市在每次上涨后都会出现剧烈反应，在股市暴涨时抛售股票已成为一种习惯。但最近的增长不具有以前的那些特征。本月上半个月有价证券的坚挺程度，是被最大的银行家和金融家认可的。他们一直是股票的最大买家。职业操盘手存在一定的问题，但是股市上涨确实是进仓并长期持有的好时机。两周多前，他们开始看涨股市，并买入了这些优质股票。卖方包括一些经纪行，但其重要程度略低。

9 月 26 日： 我们需要牢记的重要一点是，牛市初期一定要耐心。显然，任何人都会问，一年后价格会卖到哪里，但像往常一样，今天的市场会让潜在买家保持疑惑。市场低迷时人不会购买股票，当股市很活跃并且具有很大吸引力的时候，人们就会购买。（霍恩布洛尔·威克斯公司写给客户的信）

10 月 4 日： 股票市场绝对反映了每个人对国家事务的看法，这一点怎么说也不为过。当市场被惊吓时，就会出现恐慌，但历史记录表明它很少会被惊吓。（《华尔街日报》编辑威廉·彼得·汉密尔顿）

10 月 4 日： 人们很容易就能够获取股票的短线收益，但是如果短线收益消失，那么就很难继续持有了。

10 月 4 日： 人们对杰西·利弗莫尔（Jesse Levermore）进行了许多指责，指责他阻止了市场近期的上涨，主要原因是公众无法不将专业交易员视为海盗和价值破坏者。但利弗莫尔并没有停止前进，而是尽了最大的努力让它继续前进。他和烟草巨头乔治·惠兰（George J. Whelan）是主要的推动力，公众根本无法加入其队伍。（在涨势期间，这两个人就应该用哪一只股票来领导前进一事发生了争执）

10 月 5 日： 市场操纵者在发行股票的时候需要公众，但在他们制订计划的时候并不需要公众参与。因此，在公布有关财务计划时，往往会无限期地搁置整件事，并寻求其他的方案。操盘手帮助振兴股市，但是当他们退休后问题仍未得到解决，因为无法得知墨西哥湾石油公司股票、烟草股票或铁路股票是否能按照正确的道路发展下去。但所有的市场领导者都同意，股市已经处于停顿阶段，只有一条路可走，那就是上涨。但何时开始却无人知道。

10 月 5 日： 两个不可忽视的熊市因素是德国破产和美国铁路。

10月7日：在过去的两周里，市场开始步入正轨，投机者认为市场表现良好。事态发展表明，股市上涨并不是一件困难的事情。经纪行贷款额度的增长甚微。

10月10日：根据普霍委员会（Pujo Committee）的数据，只有14%的交易是由公众进行的。其他86%的交易符合公众的预期吗？事情的真相是，"公众"在债券市场上非常活跃，对市场风险投资的成功十分重要，他们的购买使债券市场销量提升。

10月12日：随着铜、钢铁、石油和其他商品价格的上涨，利率下降……下一步，股市将会上涨。从交易的性质可以明显看出，没有实际停牌的股票……而且较大的职业操盘手根本没有进行短线交易。

10月24日：看跌的操盘手曾坚定地拒绝相信物价波动能带来稳定的增长，在市场反弹的过程中他们遭受了沉重的打击，他们仓促地撤离恰恰为股市的后续增长提供了充足的动力。

对于经历1921年6月到8月熊市的人来说，最适合的箴言就是"了解你的敌人"。股市变得更加积极的原因之一是，看空者已经到了拒绝将任何发展视为建设性的阶段，即便是在有大量好消息出现的时期也是如此。**在熊市每个阶段都出现了买盘的兴趣，这进一步证明了熊市即将消失。**特别是在8月19日，就在市场触底之前，有人指出，一些对冲基金购买了公开发行的普通股票。这就表明一些短线投资者开始出手操作，从而形成单独的阵营。市场见底之前铺天盖地的负面新闻也是一个积极信号：

> 熊市的暗示现在相当重要了，任何一个暗示股票可能上涨的人都会被怀疑。而这种情况通常标志着熊市的结束。⊖

就在几天后，一种不知名的悲观情绪扩散了：

> "最近我从各行各业的人那里听到的夸大其词是令人震惊的。

⊖ *Wall Street Journal*, 19 August 1921.

当人们低声谈论他们一无所知的报告，我一直保持沉默，这些报告是完全不正确的。坏消息可能传得很快，但假新闻仿佛插上了翅膀。据我所知，在我每周听的 100 篇可能的灾难和苦难报告中，也许仅有一篇有点道理，但也已经言过其实。"[○]

并不是所有的公司都接受了"假新闻"的泛滥。墨西哥湾石油公司的爱德华·多尼成功地控告了新闻专栏记者摩尔（WC Moore），因其在一份投资通讯中使用诽谤言论攻击多尼。

正如我们已经看到的那样，人们近期对一些正面新闻熟视无睹。只有当投资者的注意力从坏消息转向好消息时，才会发现市场出现了明显的拐点。除了这些主观标准外，从上述摘录中可以清楚看出，投资者也密切关注贷款活动。用于借贷的股票供应减少，从而借款的成本上升，这就是空头正在耗尽弹药的证据。这可能是巧合，但溢价的股票数量达到顶峰时市场就会见底。人们认为这表明空头的活动正在达到顶峰，他们控制股市的力量也会由此开始变弱。

1921 年机构投资者尚未主宰股市之前，"了解你的敌人"的另一含义就是评估股票的所有权。历史表明，在重大牛市中，股票所有权都集中转移到了华尔街。当时评估这种转变的领头羊是美国钢铁公司（US Steel），该公司自 1901 年成立以来，一直是最大的上市公司。经纪商持有的美国钢铁股份在 1916 年的股市繁荣高峰期达到 58%，到 1921 年 6 月底已跌至23%。公众持有剩下的股票。投资者则关注着美国钢铁股东总数的变化，这再次表明熊市将很快结束。理由是，在困难时期，大众投资者会寻求美国钢铁公司这样的股票当作避风港。当持有美国钢铁公司股票的数量达到历史最高水平时，它被认为是极端的保守主义的表现。

美国钢铁公司的持有者数量达到峰值与公众市场参与度低值遥相呼应。

○　*Wall Street Journal*, 27 August 1921.

但物极必反，随着极端保守态度的褪去，整个股票市场会缓慢转好。在1919年至1921年的熊市中，AT&T成为与美国钢铁一样重要的股票——其股票持有者的数量实际上超过了美国钢铁公司。

1921年夏季，美国钢铁公司和AT&T的股东数量如此之多，再次成为股市触底的良好迹象。当然，公众的保守投资立场只会慢慢逆转。一些投资者确实在观察大众行为并据此判断市场的转折点，但人们并不认为在市场底部，公众会成为购买股票的主力军。市场见底时关键的购买者是较大的机构投资者。这些富商已经脱离股市好几年，而且可以视之为股票的关键持有人。他们公开说明价值是他们主要考虑的因素，但战时附加税的放松也是一个考虑因素。1921年正是这些买家开始为某些股票设置一个下限，并挤压空头，导致市场大幅走高。

1921年的看涨者集中在股票价值和关键的技术因素上，这些因素表明市场价格将会回升。关于近期收益前景的讨论甚少。尽管市场在1921年8月触底，但财报显示，与1921年12月相比，财报仍然下跌了37%。收益的恢复明显滞后于股市的复苏。

1921年投资者除了关注关键参与者的活动外，还观察了市场上的一般行为。他们的看涨情绪不仅是因为交易量低，而且因为市场上的交易有很大一部分是由卖空活动构成的。当卖空者占主导地位，许多经纪人不愿意来他们的办公室时，这是一个积极的信号，市场的收益可能会增长。经纪行贷款下降至历史低位，也显示市场收益可能已降至低点。人们认为成交量特别低和市场萎缩是股票行情看涨的标志。这一观点与一句现代格言相冲突，后者认为熊市的结束伴随着股票清盘以及交易量的大幅下挫。如图1-14所示，情况并非如此，1921年市场见底时交易量变动较小。较低的交易量可能说明公众对股票没有兴趣，从而为将来股票价格的上涨提供了足够的空间，而收益和资本积累也有所增加。道琼斯工业平均指数首次反弹后的交易量增长曲线说明价格也会持续增长。

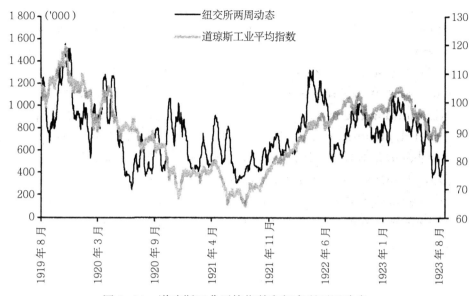

图 1-14　道琼斯工业平均指数和纽交所两周动态

资料来源：NYSE and Dow Jones & Co.

　　在此我们需要特别关注 1921 年夏季杰西·利弗莫尔和威廉·彼得汉·密尔顿的评论。多年来，利弗莫尔被公认为市场上最成功的运营商之一。到了 1900 年，他已经因为太成功而被禁止进入纽约和波士顿的市场。1907 年股市崩盘期间，他一天做空就赚了超过 300 万美元。在 1921 年熊市底部时，利弗莫尔立刻从看跌者转向看涨者。1921 年 9 月 7 日，他对《华尔街日报》称，"价格将再次上涨，价格上涨将带来全国的繁荣"，此次言论是他拉拢市场的一部分。为了证明股票熊市已经接近尾声，利弗莫尔强调较低的存货数量及其对价格稳定产生的影响。在他看来，如此低的库存水平将阻止价格进一步下跌，刺激购买活动和价格上涨。

　　从汉密尔顿 1921 年夏天在《华尔街日报》上发表的社论可以清楚地看出，他对两种平均指数（道琼斯工业平均指数和道琼斯铁路指数）的解读是，他利用道琼斯理论准确地预言了 1921 年就是熊市的底部。

> **道氏理论：** 1899 年查尔斯·道在《华尔街日报》"评论与展望"版块逐渐提出了自己的观点，后来历经多年的总结升华，最后形成了复杂的道氏理论。
>
> 查尔斯·道从未提出正式的理论。第一次尝试，即尼尔森在 1903 年出版的《股票投机 ABC》一书中总结了"道氏理论"。1899 年威廉·彼得·汉密尔顿加入《华尔街日报》，并一直与查尔斯·道共事，直到 1902 年 51 岁的查尔斯·道逝世。身为《华尔街日报》社论版编辑，他经常发表文章介绍道氏理论及其对当前股市的影响，1921 年夏天他有很多话要说。1922 年，汉密尔顿在《股票市场晴雨表》一书中对查尔斯·道理论做了自己的解释。
>
> 道氏的理论从根本上讲很简单。他向我们展示了一个同时进行三种走势的股票市场。最关键的是基本走势……基本走势的周期至少持续一年，甚至更久。与基本走势同步的是道指的次级走势，主要表现为熊市的大幅上涨和牛市的剧烈反应。伴随着市场基本走势和次级走势的是日常的波动。道氏理论在实践中发展了许多含义。汉密尔顿说，"最好的表现是这两个走势相互印证，从来没有出现基本走势和次级走势不相符的情况。"[⊖]

债券和熊市

自 1899 年以来债券熊市一直在持续，第一次世界大战后通货膨胀进一步加深了熊市。严格地说，美国企业债券和联邦债券市场在 1920 年 5 月触底。道琼斯 40 家公司债券指数创下了 57.29 点的最低值。从那以后指数才开始上升。到次年 6 月，该指数已丢失大部分涨幅，再次跌至 57.75 点。尽管仍比 1920 年 5 月的低点高出 0.8%，但 1921 年 6 月的底部是价格急

⊖ William Peter Hamilton, *The Stock Market Barometer*.

剧上涨的开始，也是直到 1946 才结束的牛市的一个起点。

1920 年自由债券市场的上涨被证明更持久。如表 1-15 所示，自由债券价格与公司债券价格不同，并没有重新回到 1920 年 5 月的低点。然而，1920 年 5 月至 1921 年 6 月 13 个月的价格涨幅与 1920 年 6 月至 1921 年 10 月 5 个月的涨幅大致相同。

表 1-15 自由债券价格

	初次销售	1920 年 5 月最低点	1921 年 6 月底	10 月 6 日的价格
3.5 年期，1932 ~ 1947 年	100.02	86.00	87.00	89.20
第一批 4 年期——3.5 年后可交换，1932 ~ 1947 年	97.30	83.00	87.20	92.20
第二批 4 年期——2 年后可赎回，1927 ~ 1942 年	100.00	81.40	86.60	91.50
第一批 4.25 年期——3.5 年后可交换，1932 ~ 1947 年	93.90	84.00	86.80	92.80
第二批 4.25 年期——4 年后可交换，1927 ~ 1942 年	93.94	81.10	86.72	91.94
第三批 4.25 年期——3 年后可赎回，1928 年	99.10	85.60	90.72	94.94
第四批 4.25 年期——4 年后可交换，1933 ~ 1938 年	98.00	82.00	86.88	92.36

资料来源：*Wall Street Journal*, 7 October 1921.

自由债券市场的底部显然是 1920 年 5 月，但与公司债券市场一样，随后 25 年牛市的真正回升始于 1921 年夏天。虽然自由债券的价格确实受益于整个 1920 年和 1921 年大部分时间的通货紧缩，但公司债券市场的交易却是水平震荡的。1921 年夏天，债券市场的改善先于股票市场。自由债券价格在 6 月的第一周触底，公司债券指数在 6 月的最后一周触底。道琼斯工业平均指数直到 8 月 24 日才触底。

道琼斯公司债券综合指数由四个不同的部分组成：高等级铁路、次级铁路、公用事业债券和工业债券。工业债券是最后到底部的，原因是许多工业公司在 1921 年夏天暂停或削减股息，而其他部门的红利前景则比较稳定。

道琼斯铁路、公用事业和工业债券指数如图 1-15 所示。

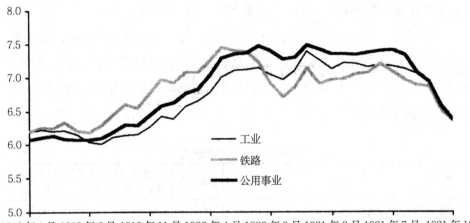

图 1-15　道琼斯铁路、公用事业和工业债券指数

资料来源：Federal Reserve, *Banking and Monetary Statistics.*

　　此时，铁路公司债券和股票投资者的前景与政治密不可分。对双方来说，关键的财务问题是政府是否会为铁路国有化时期的投资不足支付补偿。如果是的话，会是多少？铁路债券市场的早期改善，是由于 1921 年夏季的收益好于预期，同时也是政治方面的进展所致。如表 1-16 所示，虽然主要债券已经开始反弹，但股市的下跌仍然一直持续到 8 月。

表 1-16　从波谷（1921 年 6 月底）至 1921 年 8 月 8 日期间的主要债券及其在 8 月 8 日的收益

	价格上涨（%）	收益（%）
高等级铁路		
艾奇逊 4 年期，1995	6.1	5.45
中太平洋 4 年期，194	5.2	6.25
C，B & Q 4 年期，1958	6.0	5.28
纽约中央 3.5 年期，1997	8.0	5.27
北太平洋 34 年期，1997	6.2	5.20
宾夕法尼亚 5 年期，1968	8.3	5.77
南太平洋 4 年期，1955	6.1	5.45
联合太平洋 4 年期，1947	5.8	5.23
平均	6.5	5.49

（续）

	价格上涨（%）	收益（%）
低等级铁路		
巴尔的摩和俄亥俄可交换期 4.5 年期，1933	9.6	8.60
切萨皮克和俄亥俄 5 年期，1946	6.0	6.30
艾丽可交换 4 年期，1953	17.6	9.80
南堪萨斯市政 5 年期，1950	7.8	6.75
太平洋 4 年期，1975	7.1	7.45
皮尔马盖特 4 年期，1956	6.4	6.32
圣路易斯和旧金山 6 年期，1960	32.2	10.30
海岸建设 6 年期，1945	12.2	13.40
平均	12.4	8.62
外国政府		
比利时 7.5 年期，1945	6.8	7.43
智利 8 年期，1941	7.6	8.10
法国 8 年期，1945	4.9	7.45
意大利财政部 6.5 年期，1925	10.5	9.70
挪威 8 年期，1940	7.4	7.65
瑞士 8 年期，1940	4.2	7.40
日本 4 年期，1931	25.9	8.40
平均	9.6	8.02
公用事业		
美国电话电报公司 5 年期，1946	8.7	6.20
贝尔电话 7 年期，1945	4.2	6.60
底特律爱迪生 6 年期，1940	2.3	7.15
蒙大拿电力 5 年期，1943	5.8	6.10
纽约电信 4.5 年期，1939	9.8	6.12
太平洋电信 5 年期，1937	5.0	6.67
贝尔电信 5 年期，1941	2.9	6.55
平均	5.5	6.48
工业		
Armour 装甲 5 年期，1939	6.7	6.35
贝斯钢铁 5 年期，1942	9.0	6.30
森特皮革 5 年期，1925	2.9	8.30
Gen 电力 6 年期，1952	3.1	7.05
美国橡胶 5 年期，1947	5.7	6.70

（续）

	价格上涨（%）	收益（%）
美国钢铁 5 年期，1963	3.1	5.80
威尔逊公司 6 年期，1941	5.6	6.82
平均	5.2	6.82

资料来源：*Wall Street Journal*, 9 August 1921.

　　如表 1-16 所示，债券市场全面复苏，特别是高收益债券，次级债券和外国政府债券的收益都很好。高级铁路债券的到期日比其他行业长得多，这反映出投资者愿意接受长期票据以换取更高的收益，这种意愿从 1900 年代开始减弱（在这种投资方式转变之前，其中一只不可赎回的铁路债券的到期日长达 2 862 天）。1921 年 8 月 8 日的自由债券收益率如表 1-17 所示。

表 1-17　未到期的自由债券和票据的收益（1921 年 8 月 8 日）

	%	到期日
3.75 年期胜利公债	5.50	1923 年 5 月
4.75 年期胜利公债	4.50	1923 年 5 月
第三批 4.25 年期自由公债	5.63	1928 年 9 月
第四批 4.25 年期自由公债	5.25	1938 年 10 月
第二批 4 年期自由公债	4.94	1942 年 11 月
第二批可交换 4.25 年期自由公债	5.21	1942 年 11 月
3.5 年期自由公债	4.25	1947 年 6 月
第二批 4 年期自由公债	4.94	1947 年 6 月

资料来源：*Wall Street Journal*.

　　此时是由政府债券引领债券市场的复苏，大约三周后，公司债券市场开始起到了带头作用。由于持续的经济困境，工业债券是最后一个得到改善的债券部门。对于企业债券市场来说，尤其重要的是有证据表明通缩已经过去了。通缩给企业债券市场带来灾难，因为在债券销售萎缩之际，发行人承担了大量固定成本，包括债券利息支付等。因此，企业债券对通缩结束的任何迹象都特别敏感。对比股市投资者，债券投资者在确定债券市场是否已经见底时，更加关注通货紧缩的趋势。

正如《华尔街日报》在 1921 年夏天经常指出的那样，许多公司债券有着极好的投资机会，因为当时的活期借款利率只有 4.5%。与股市一样，在底部时人们没有普遍的绝望情绪，相反，一种由好消息支持的舆论让人们认为现在是买入的时候了。1921 年夏天，即使人们对这种乐观建议缺乏兴趣，也没有任何普遍的悲观情绪的产生。

《华尔街日报》的文章表明债券行情仍然被看好。此外商业银行越来越多地购买政府债券，因为对信贷的需求"几乎停止了"（《华尔街日报》，6 月 27 日）。信贷成本低，活期借款利率在 5% 左右，这使得购买公司债券变得特别有吸引力，因为债券的收益率普遍在 8% 左右，相当安全。《华尔街日报》应该利用这一机会，"几家专门从事债券交易的银行正在建议它们的客户将未来几年到期的债券换成长期债券"（《华尔街日报》，7 月 23 日）。

投资者对此类交易感到紧张的关键原因是通缩对企业资产负债表的持续负面影响。因此，与股市一样，稳定的投资者也鼓励更多的人在 5% 左右的时候借入短期债券，并购买收益率高得多的债券。有趣的是，铁路债券已经达到了 6 个月的高点，而更多的投机者仍然在等待抄底。铁路债券的一个关键区别在于这一行业价格更为稳定，早在 1920 年，州际商业委员会就批准了货物运费提高 40%，客运运费率提高 20%。值得注意的是，与那些依赖市场力量来实现价格稳定的行业相比，这些债券的复苏速度要快得多。随着美国和外国政府债券发行量的稳定和增长，所有迹象都表明，企业债券市场即将触底。

1917 ～ 1926 年，美国股票的交易价格低于公允价值。投资者如何才能知道 1921 年是投资的好时机呢？正如我们所看到的，1921 年夏天出现了一系列信号，表明现在是买入的时候了：特定商品（尤其是汽车）在较低价格下的需求有所改善，大宗商品价格企稳，被市场忽视了的经济复苏的报道，股市上涨时交易量上升，股市疲软时成交量下降，卖空兴趣上升，股价在低成交量上最终下跌，美联储控制的利率下调，政府债券市场反弹，公司债券市场反弹，道氏理论的积极信号。这是在寻找熊市底部时需要关注的特征信号清单。坏消息是，下一次熊市将大不相同，而且更加危险。好消息是，大多数信号在市场底部会再次出现。

第二部分
1932 年 7 月

　　"莫特，整个射击比赛让我很困惑，"斯塔兹边喝咖啡边说，"我无法理解它。我猜可能是因为战争刚结束，人们情绪比较低落，但是我并没有注意到。"

　　"没什么比这个更恐怖了。"

——詹姆斯·法雷尔，《审判日》

美国股市历史上最著名的牛市，是从 1921 年 8 月 24 日的 63.9 点到 1929 年 9 月 3 日的 381.2 点，道琼斯工业平均指数上升了近 500%。从那时之后，下跌了 89%，然后在 1932 年 7 月 8 日触底至 41.22 点。单是这些戏剧性的价格调整，可能就能解释美国历史上这段时期的魅力所在。然而，除了疯狂价格波动的戏剧性之外，股市也对美国社会造成了不可挽回的影响。

通往 1932 年 7 月的道路

> 如果他的投资市值上升，那么就应该抛掉股票，将原始资本存
> 入银行，用利润来投资其他股票。这些年来，他一直很笨，从来没
> 有想过用这种方式赚钱。其他人都因此而发财，而他太笨了，根本
> 不知道怎么办。
>
> ——詹姆斯·法雷尔，《审判日》

20 世纪 20 年代的商业热潮是美国发展的一个特殊阶段，那时消费主
义喧嚣尘上。正如威廉·利奇（William Leach）所言，现代社会学的先驱
者查尔斯·库利（Charles Cooley）对这一趋势感到担忧。

> 他在 1912 年写道，金钱的价值观既不"正常"，也不"自然"；
> 它们是新经济和新文化的历史产物，"绝不是全体人民的共同努
> 力"。在过去，价值观是从教会获得的，现在他们是从"商业和消
> 费"中得到的。一切事物的价值，甚至关于美、友谊、宗教、道德
> 生活的价值，越来越多地取决于它能在市场上有什么价值。[⊖]

这本书第一部分引用的斯科特·菲茨杰拉德在《了不起的盖茨比》一
书中提到的话，与 1922 年的夏天有关，因为它们完美地说明了一切事物的
"新价值"，因此是"他们的时代"。而到了 1924 年，美国转型的标志是广

⊖ William Leach, *Land of Desire: Merchants, Power and the Rise of a New American Culture*.

告商布鲁斯·巴顿出版了《无人知晓之人》一书。巴顿写道：

> 总有一天……有人会写一本关于耶稣的书。每个商人都会读到
> 它，并把它寄给他的合伙人和销售人员。因为它将讲述现代企业创
> 始人的故事。

美国社会的价值观正在悄无声息地转变为消费社会的价值观。如果说
1932 年的报纸中有一个故事说明了美国人价值观念在这段时间里的变化，
那就是 5 月 14 日的《华尔街日报》。

> 州立银行行长亚瑟·盖（Arthur Guy）在 6 月 6 日的公开拍
> 卖会上刊登广告，出售位于梅登市纪念大道上的一座公墓，它包
> 含 44 个墓地。最近银行专员刚接管了已不复存在的高地信托公司
> （Highland Trust Co.），拍卖所得款项将用于偿还储户的资金。这
> 家信托公司将墓地作为抵押。

20 世纪 20 年代他们将墓地进行抵押，并在 30 年代取消了抵押赎回
权（1918 年，美国隆重纪念第一次世界大战中阵亡的战士）。有鉴于美国社
会发生了如此巨大的变化，这段时期的股市历史吸引了非常多的关注，同
时它也与一个国家的转型交织在一起。然而，对这一时期的过度关注造成
了对熊市的误导性印象。**正如我们将看到的，通过这本书讲到的一些关键
因素，使 1929 ～ 1932 年的大熊市与 20 世纪其他三大熊市很不一样。尽
管人们经常把它作为熊市的典型例子，但它可能更多的是例外，而非常规，
因此误导了几代投资者。**

道琼斯指数：1921 ～ 1929 年的走势

尽管道琼斯工业平均指数在 1921 年 8 月跌至 63.9 点，但反转为牛市
还需要相当长的一段时间。直到 1924 年 7 月，该指数仍低于 100，甚至在

1925 年 4 月还低于 1919 年的 11 月。到 1924 年年底，大市场的每股收益仅略高于 1919 年的水平。人们可以将 1921 ~ 1924 年归类为衰退前利润和估值的回归。华伦·哈丁（Warren Harding）在 1920 年竞选总统时经常提到"正常"这个词，对投资者来说就是非常有利可图的。截至 1925 年 4 月，股市在 1921 年的低点上涨了 87%，平均股息率自 1921 年以来上涨了 6.4%。然而，这仅仅是个开始。纽约证交所的数据显示，投资者对股票的兴趣从 1925 年开始迅速增长。具体如图 2-1 所示。

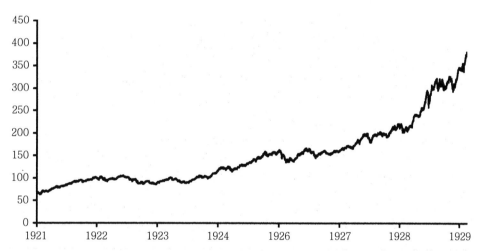

图 2-1　道琼斯工业平均指数——1921 年 8 月 1 日至 1929 年 9 月 3 日

资料来源：Dow Jones & Co.

1922 ~ 1929 年纽约证券交易所成交量如表 2-1 所示。

表 2-1　1922 ~ 1929 年纽约证券交易所成交量

年份	成交量（股票数额）
1922	260 753 997
1923	237 276 927
1924	282 032 923
1925	452 211 399

（续）

年份	成交量（股票数额）
1926	449 103 253
1927	576 990 875
1928	920 550 032
1929	1 124 990 980

资料来源：New York Times.

即使是那些买卖纽约证交所席位的内部人士，也是直到 1925 年才开始表现出对市场前景的热情（如表 2-2 所示）。

表 2-2　1920～1929 年纽约证券交易所席位的价格

年份	最高（美元）	最低（美元）
1920	115 000	85 000
1921	100 000	77 500
1922	100 000	86 000
1923	100 000	76 000
1924	101 000	76 000
1925	150 000	99 000
1926	175 000	133 000
1927	305 000	175 000
1928	595 000	290 000
1929	625 000	550 000

资料来源：New York Stock Exchange.

人们对市场的兴趣已经在增长，但卡尔文·柯立芝和共和党人在 1924 年总统大选中的胜利，普遍被视为对美国商业前景更加乐观的信心的催化剂。尽管不会质疑选民的选择，但投资者开始考虑，共和党执政四年对股市可能会带来什么。此外，共和党人已经表明他们不会制定反托拉斯法，最近的例子就是停止了针对美国铝业公司的反托拉斯行动。财政部长安德鲁·梅隆（Andrew Mellon）是美国最富有的人之一，他已经做出了减税和大幅削减政府开支的承诺，而且还承诺会有更多的措施。柯立芝 1925 年 3 月 4 日的就职演说，打消了人们对他的疑虑。

任何并非绝对必需的税收，都是一种披着合法外衣的盗窃，对公众福利并无贡献。

当《华尔街日报》于 1932 年 6 月 27 日庆祝其成立 50 周年时，特别提到了 1924 年大选之后发生的事情。

许多年来，华尔街从未像卡尔文·柯立芝总统当选后的两个月那样，目睹证券价格出现如此惊人的上涨。每天的成交量超过了一百万，并且也经常超过两百万，日复一日价格的上涨是惊人的、耸人听闻的，代表投机和投资需求相当旺盛。

尽管此次选举为 1924 年年底的牛市提供了催化剂，但它并不是市场历史上最大幅度上涨的根本原因。借助于事后分析，人们可以追溯许多原因。然而，在所有主要牛市中常见的两个关键因素，技术突破和信贷供应增加，在 20 世纪 20 年代的大牛市中表现得尤为明显。

20 世纪 20 年代的重大技术突破是电力的使用。这项于 1882 年 9 月首次提供给美国消费者的技术一度增长缓慢，到 1907 年只有 8.0% 的住房联网。但到了 1921 年，37.8% 的美国住宅已经连接上了电。到了 1929 年，67.9% 的家庭有电。在此背景下，以电力为动力的工厂机械的比例从 1919 年的 32% 上升到 1929 年的 49%。1929 年，商业电气设备的销售额相比 1921 年增长了 146%。到 1929 年，美国的发电量超过了世界其他国家的总和。这个行业的迅猛发展为证券牛市提供了三个关键的刺激因素：生产力的飙升，抑制通货膨胀，以及对新电气产品的需求增加。

美国的电气化提高了生产力和企业收入，为 20 世纪 20 年代股票价格上涨提供了一个根本原因。1921 年至 1929 年人均实际国内生产总值增长了 19%。1929 年间的单位资本产能提高了 23%。在这 10 年中，美国企业在国家财富中所占的份额越来越大。

考尔斯委员会（Cowles Commission）编制的数据显示，1921 ~ 1929

年，标准普尔综合指数（S&P Composite Index）的每股收益增长了
455%。尽管1921年是利润非常低迷的一年，但即使以市盈率复苏的1923
年来衡量，该市场的1929年每股收益也增长了64%。电力技术有助于提
高企业利润，或许更重要的是，生产率的增长是减轻通胀压力的关键因素。
人们通常认为，20世纪20年代的繁荣一定与通胀有关，但是通货紧缩的
趋势似乎更加明显。

我们已经看到，1919～1921年是一个严重通缩时期。然而，更令人
惊讶的是，1929年美国的大多数产品价格都低于1921年的水平。具体如
表2-3所示。

表2-3　1921年和1929年的价格指数

	1921	1929
所有商品	97.6	98.3
食品	88.4	104.9
燃料和照明	96.8	83.0
金属及其制品	117.5	100.5
建筑材料	97.4	95.4
室内家具	115.0	94.0
纺织品	94.5	90.4

资料来源：US Bureau of the Census.

尽管20世纪20年代需求激增，但供应很容易跟上，从而抑制了通胀。
大部分增加的供应来自美国国内，并受到电气化和随后生产率提高的推动。
食品价格从1921年的极低水平上升，但仍显著低于第一次世界大战的价格
水平。几乎所有其他商品的价格都下跌了。另一项技术变革，汽车使用的
增长，在压低食品价格方面发挥了关键作用。在1900年，美国1/3的耕地
为马生产饲料。随着美国马匹数量的减少，耕地越来越多地转向生产食品，
而非饲料。仅美国农场，1929年比1921年就少了500万匹马。在电气化
方面，我们可以加上汽车的大规模生产对企业利润增长、低通货膨胀率和

低利率的影响。单是这种组合就足以应付股市的牛市，但技术的发展也导致了需求的激增。

越来越多的家庭用电意味着家用电器有了更大的市场。即使在这段平静的价格时期，家用电器销售的美元价格也增长了 189%。最引人注目的销量增长产品是收音机，其销量增长了近 30 倍。电气化增加了消费者对很多产品的需求，包括以前被认为是奢侈品的物品，如留声机、洗衣机、缝纫机、吸尘器和 1919 年发明的终极奢侈品——电冰箱。新的"成长型"业务如雨后春笋般涌现，投资者看到了其未来的潜力。然而美国消费者缺少现金，去购买这些"成长型"公司生产的所有产品。

于是消费信贷开始扩张，成为 20 世纪 20 年代牛市的一个关键特征。在此之前，美国的消费信贷是以分期付款贷款为基础的，这种贷款至少从 1807 年起就在美国发放，尽管主要是家具零售商的贷款。胜家缝纫机公司（Singer Sewing Machine Company）在 19 世纪 50 年代使得分期信贷流行起来，到 1899 年，波士顿一半的家具零售商提供了分期付款计划。然而，分期付款信贷被视为相当工人阶级，这种形式的信贷受到了其他社会阶层的厌恶。安娜·施瓦茨和米尔顿·弗里德曼在《美国货币史（1867—1960）》中指出，虽然有分期付款的信贷，但在 1914 年人们"几乎不知道"怎么去用。关键的大众心理变化是在 1919 年，那一年通用汽车金融服务公司（General Motors Acceptance Corporation）成立。为了购买一种新的、昂贵的汽车，甚至中产阶级也采取了分期付款的方式。美国民众开始缓慢地接受分期付款，并扩展到其他一系列耐用消费品。

分期付款购买汽车的家庭比例从 1919 年的 4.9% 上升到 1929 年的 15.2%。1927 年韦伯·普鲁默在文章中展示了分期付款信贷计划是如何得到社会大多数阶层的认可的：

> 调查发现，有 40% 的贫困家庭以分期付款方式购买商品，有 25% 的中产阶级使用同样的方式，有 5% 的富裕家庭使用了这种付

款方式。[⊖]

分期付款信贷主要集中在电气化的新产品上。

> 信贷销售在 20 世纪 20 年代迅速增长，特别是在耐用消费品领域。到 1927 年年底，所有这类货物的 15%，价值约 60 亿美元的货物是通过分期付款合同购买的。85% 以上的家具、80% 的留声机、75% 的洗衣机，以及一半以上的收音机、钢琴、缝纫机、吸尘器和冰箱都是这样销售的。[⊜]

当美国最大的银行国民城市银行在 1928 年进入个人信贷业务时，以信贷方式购买消费品得到了进一步的认可。

显然，在任何经济复苏中，信贷确实能提供很大的帮助，但它也增加了经济衰退时高于正常水平的违约风险。在 20 世纪 20 年代，分期付款信贷的迅速发展是极其重要的，当时整体的货币供应情况不是特别松懈。当时美国分期付款信贷业的发展表明，即使在（似乎是）货币温和时期，新的信贷渠道也可以出现，提供以前没有的信贷。所以，即使在总体信贷增长仍在正常范围内的情况下，这些发展也能推动关键领域消费的牛市。

与美联储共存：一场全新的游戏（Ⅱ）

> "好吧，你在和我开玩笑。但是我不是傻瓜。我以 12.5 美元的价格抛出股票，但我却能在 50 美分的时候购进股票。帕特，你应该问我关于投资湖景地产的情况。"艾克说。
>
> ——詹姆斯·法雷尔，《审判日》

⊖ William Plumer, *Social and Economic Consequences of Buying on the Instalment Plan 1927.*
⊜ Robert Sobel, *The Great Bull Market—Wall Street in the 1920s.*

　　当这种巨大的技术进步影响到美国的总体繁荣时，美联储在做什么？投资者能否预期美联储现在只会像最初的立法所设想的那样，在最后贷款人角色中使用弹性货币？投资者发现，美联储在 1914 至 1921 年间在经济管理方面发挥的作用鼓舞了其自身，它将继续进行干预，以降低金本位制操作的可预测性。战争及其后果并未直接导致美联储的这一行为，但对投资者而言，这是一个新的不可预测的变量。在 20 世纪 20 年代，黄金的流入决定了宽松的货币政策，但美联储多数成员认为，必须采取措施遏制与宽松货币相关的投机活动。美联储实施的紧缩货币政策将减少仅由金本位所决定的经常账户赤字规模，从而阻止黄金和流动性流向美国的贸易伙伴。黄金流通停滞的时间越长，重建国际金本位的难度就越大。这些双重目标，一方面是为了遏制投机活动，另一方面是为了确保有足够的黄金流入贸易伙伴，这将使 1927 ～ 1929 年的政策反应复杂化，届时投机活动将再次达到前所未有的高度。委员会认为，在特殊情况下，有必要对弹性货币进行管理，而不是对金本位制进行不受约束的操作。再一次，就像在 1917 ～ 1921 年所发生的，这对投资者来说是一件非常复杂的事情。

　　美联储有充分的理由担心在战后时期经济过度增长。美联储担心，随着金本位制度的重建，黄金将被自然地重新分配，允许在美国建立以其永久性为基础的信贷结构将是危险的。从黄金流入美国的规模来看，这是可以理解的。第一次世界大战期间，美国一直坐在金融火药桶上，实际上在 20 世纪 20 年代前半期美国对其他国家的"火药"供应持续增加。

　　央行/财政部持有的黄金储备如表 2-4 所示。

表 2-4　央行/财政部持有的黄金储备

国家	1920	1925	1930
美国	3 679.3（32.6%）	5 998.2（43.2%）	6 358.0（38.7%）
法国	1 622.2（14.4%）	1 201.1（8.7%）	3 160.0（19.2%）
英国	863.8（7.7%）	1 045.5（7.5%）	1 080.0（6.6%）
日本	837.4（7.4%）	866.4（6.2%）	620.0（3.8%）

（续）

国家	1920	1925	1930
西班牙	708.6（6.3%）	739.7（5.3%）	709.0（4.3%）
阿根廷	699.7（6.2%）	678.0（4.9%）	620.0（3.8%）
德国	391.3（3.4%）	432.1（3.1%）	794.0（4.8%）
荷兰	385.2（3.4%）	280.0（2.0%）	257.0（1.6%）
意大利	306.9（2.7%）	498.0（3.6%）	420.0（2.6%）
加拿大	278.3（2.5%）	336.9（2.4%）	165.0（1.0%）
其他	1 522.6（13.5%）	1 815.6（13.1%）	2 286.0（13.9%）
总量	11 295.3	13 891.5	16 469.0

注：表中括号前的数字为黄金储备的绝对量，单位为公吨。括号里的数字为黄金储备占世界总量的百分比。

资料来源：Timothy Green, *Central Bank Gold Reserve.*

在 1921 年，只有美国和其他五个国家（古巴、尼加拉瓜、巴拿马、菲律宾和萨尔瓦多）仍然是金本位制。人们预计战后经济调整完成后，大多数国家都希望返回金本位制。为重返金本位制选择汇率将是一项政治决定，而其他国家的政界人士则选择故意低估本国货币的价值，届时，美国可能会出现大量黄金外流。美联储有应对大规模黄金外流的应急计划。从 1923 年到 1929 年间，它进行了干预，以冲销黄金流入，从而抑制了高能货币和货币总存量的增长，并抑制了信贷和经济的增长。如果没有美联储，那么在 20 世纪 20 年代美国的银根会松动很多。然而，随着时间的推移，预期中的黄金大规模外流未能发生，这可能是由战争赔偿和偿还战争债务造成的。《华尔街日报》总裁休·班克罗夫特认为：

　　赔偿和战争债务的解决建立了一种新的力量，不符合供求法则的正常模式，无情地从世界其他地区每年获取 5 亿美元的资金……最后，全球 70% 以上的货币黄金储备集中在美国和法国。世界其他地方没有足够的黄金来维持国民的信心……⊖

⊖ *Wall Street Journal*, 1 August 1932.

到 1924 年年底，有 7 个国家恢复了金本位制，1925 年又有 11 个国家恢复了金本位制，当时美国当局持有世界黄金储备的 43.2%，到 1929 年有 48 个国家已恢复到金本位制。然而，直到 1925 年之后，随着一些国家（尤其是法国）选择低估本国货币，美国在黄金中所占的份额才缓慢下降，英国决定回归金本位制并高估英镑。直接影响是，美国黄金储备再没有出现戏剧性的增加，可以说，美联储通过冲销黄金流入、降低货币和经济增长，抑制了原本会因国际收支平衡而离开美国的黄金数量。如果美联储没有推行冲销政策，人们只能猜测，美国将在 21 世纪早些时候经历一场繁荣到萧条。虽然不清楚，它是否会与随后的繁荣到萧条的剧变规模相当。美联储的货币紧缩政策从 1928 年开始执行，而在 8 月份，货币容量甚至低于 16 个月前的水平。因此，不能说美联储活动加剧了 20 世纪 20 年代的投机狂潮。10 年期间信贷增长的数字并不表明货币政策过于宽松。

表 2-5 中的信贷增长数字需要从名义 GDP 增长 42% 的角度来看待，从 1921 年到 1929 年间，银行信贷增长并不一定意味着过度增长。加尔布雷斯（J.K. Galbraith）等人认为，美联储本应采取更严格的货币政策，但这将对国际金本位的重建产生可怕的后果。如果世界其他国家再次被迫脱离金本位，美国经济真的不会受到经济混乱的影响吗？也许未能进一步收缩弹性货币是由国际因素造成的，但对美国产生了非常直接的后果。美联储确实采取了限制货币政策的行动，并在 20 世纪 20 年代取得了相当大的成功。人们可以说，限制黄金流入那些急需黄金的国家，是 1929 年 9 月袭击美国的国际危机的关键因素。显然，对美联储来说，这是一个难以取舍的行为。

表 2-5　全部银行总资产、负债和投资的增长　（金额单位：百万美元）

年份	负债		投资		总资产	
1921	29 236		11 169		49 633	
1922	28 000	(−4.5%)	12 328	(+10.4%)	50 368	(+1.5%)
1923	30 734	(+9.8%)	13 474	(+9.3%)	54 144	(+7.5%)

（续）

年份	负债		投资		总资产	
1924	32 030	(+4.2%)	13 843	(+2.7%)	57 420	(+6.1%)
1925	34 378	(+7.3%)	15 056	(+8.8%)	62 232	(+8.4%)
1926	36 658	(+6.6%)	15 562	(+3.4%)	65 079	(+4.6%)
1927	37 949	(+3.5%)	16 649	(+6.9%)	67 893	(+4.3%)
1928	39 946	(+5.3%)	18 146	(+9.0%)	71 121	(+4.8%)
1929	41 944	(+5.0%)	17 305	(-4.6%)	72 315	(+1.7%)
1921～1929		+43.5%		+54.9%		+45.7%

资料来源：Federal Reserve, Banking and Monetary Sraistics.

在此期间，几乎没有证据表明货币政策出现过大幅度的宽松。美联储还像 1919 年的大宗商品繁荣时期一样，试图实行直接限制投机的政策，20 世纪 20 年代后半期，投机活动主要场所在华尔街。

早在 1925 年真正的牛市刚刚开始的时候，美联储的一些成员相信，有太多的信贷流向了"投机"而非"生产性"目的。很明显，华尔街正越来越多地吸引这些所谓的投机性贷款。美联储对此能做些什么？董事会多数成员建议的解决这一"滥用"制度的方法是拒绝重新贴现被判定为过度发放证券贷款的成员银行的特权。当时无法判断联邦储备银行是否可以合法地这样做。美联储内部出现了一种分裂，有的支持这种针对投机性贷款的"直接"压力，有的认为提高贴现率是更合适的对策。辩论仍在继续，但需要采取行动。到了 1928 年，随着股市牛市没有减弱的迹象，需要立即采取行动了。

表 2-6 显示了信贷是如何从全国吸收来为购买股票提供资金的。到 1929 年年底，美国排名体系中的贷款总额为 419 亿美元。其中发放给经纪人的贷款总额相当于银行未偿还贷款总额的 20%。美联储已经起草了一份 100 家成员银行的名单，他们认为这些银行为投机活动提供资金，应该受到"直接"压力。这或许会减少银行向华尔街发放的信贷，但不太可能阻止来自其他方面的信贷涌入。在纽约证券交易所上市的所有股票和债券的

总价值从 1924 年年底的 270 亿美元上升到 1929 年年底的 890 亿美元。在此期间,纽约银行向经纪商发放的贷款很少。1929 年 10 月份的贷款有所增加,而外部银行的贷款比 1925 年 6 月份有所减少。如表 2-6 所示,用于股票投机的信贷流来自非银行系统。流向华尔街的"投机性"贷款的来源不是银行体系,因此不清楚美联储倡导的对成员国银行的"直接"压力将如何减少投机。事实上,有大量传闻证据表明,资金正从全球各地流入,为华尔街的放贷热潮提供资金。直到 1928 年 2 月,纽约联邦储备银行才实施了第一次加息,部分原因是认识到针对投机性贷款的努力失败了。

表 2-6　经纪人贷款来源——1927 ~ 1929 年　（单位：百万美元）

	纽约银行	境外银行	其他银行	总数
1924 年 12 月 31 日	1 150	530	550	2 230
1925 年 6 月 30 日	1 150	770	740	2 660
1925 年 12 月 31 日	1 450	1 050	1 050	3 550
1926 年 6 月 30 日	1 060	780	1 090	2 930
1926 年 12 月 31 日	1 160	830	1 300	3 290
1927 年 6 月 30 日	1 130	970	1 470	3 570
1927 年 12 月 31 日	1 550	1 050	1 830	4 430
1928 年 6 月 30 日	1 080	960	2 860	4 900
1928 年 12 月 31 日	1 640	915	3 885	6 440
1929 年 10 月 4 日	1 095	760	6 640	8 525

资料来源：Federal Reserve, *Banking and Monetary Statistics*.

纽约联邦储备银行的贴现率从 1928 年 2 月的 3.5% 上升到 1929 年 8 月的 6.0%。然而,如表 2-6 所示,在此期间,对经纪人的贷款增长加快。贴现率的上升流入了活期贷款市场,而活期贷款利率从 1928 年的 4.24% 上升到了 1929 年的 9.23%。1929 年 3 月,股票市场出现了一次小小的恐慌,活期贷款利率一度超过了 20%,尽管当利率回落到 10% 以下时,给经纪人的贷款依旧在增长,股票市场也在继续上涨。在期待高资本收益的环境中,利率的上升太小,无法阻止更多的借贷和投机活动。尽管 1929 年 7 月的利率上升没有中断股市的上涨，但它却首次影响了经济的发展。如果说加息有助于抑制投机，那么有证据表明，加息是通过减少经济活动、威胁企业盈利增长和破坏股票的基本价值来实现影响的。到了 9 月和 10 月，美联储的行动抑制了投机，因为他们抑制了整体经济活动。

投资者最初可能以为，美联储将是一个沉默的组织，随时准备在必要时充当最后贷款人。而它自成立以来的积极活动，主要是由于国家战争的紧急情况。然而，20 世纪 20 年代，美联储显然认为自己在货币政策中扮演了积极角色。美联储的监管诞生了，1928 ～ 1929 年，美联储的政策目标是结束华尔街的投机狂潮。为此花了一年多的时间，但在此过程中，打碎华尔街投机活动难题所需的大锤却严重损害了经济。

道琼斯指数：1929 ～ 1932 年的走势

> 当一个可怜的人存了一点钱，认为他已经为他的老年存了一些东西，然后银行破产了，那真是糟糕透顶了。但我想那些偷了所有钱的骗子银行家们还是会逍遥法外的。
>
> ——詹姆斯·法雷尔，《审判日》

是什么让这场狂欢结束了？到 1929 年初夏，美国经济出现了明显的放缓迹象。6 月份，工业和工厂生产指数见顶，汽车产量同比增长放缓。经济扩张的峰值出现在 1929 年 8 月。而与此同时，在世界其他地区，经济已经出现了衰退。在 1927 年澳大利亚和荷兰经济已经开始恶化，而在 1928 年德国和巴西已经进入萧条期。1929 年上半年，阿根廷、加拿大和波兰紧随其后进入衰退。

在 20 世纪 20 年代的繁荣时期，美国一直保持着经常账户盈余，拥有全球 43% 的官方黄金储备，但由于美国未能保持经常账户赤字，限制了其他已经回归金本位制国家的增长机会。人们认为美国经济的高速增长会带来黄金外流，进而缓解了其他国家的货币状况，但这并未发生。而问题更加复杂的是，华尔街就像一块吸引资本的磁石，无论是对证券的直接投资，还是对以两位数的利率贷款进行的投资。在正常情况下，这些资金可能会流入其他国家，从而缓解其流动性状况。资本外流的放缓在 1929 年尤为明显，当时来自美国的私人资本外流从 1927～1928 年的平均水平下降了 42%。

那些寻求维持金本位制的国家别无选择，只能在经常账户没有任何改善，并且无法获得外国资本的情况下，推行通货紧缩政策，其中一个原因就是 1929 年 9 月和 10 月华尔街的剧烈波动。越来越多的迹象表明，如果继续维持金本位制，由于外国的通缩政策，美国的出口面临着下降的风险。但一旦金本位制崩溃，那么各国货币开始的恶性贬值也有可能带来类似的破坏。海外经济的恶化可能预示着美国经济恶化，到 1929 年 9 月和 10 月，这一点对投资者来说是显而易见的。[一]

1929 年 9 月 3 日道琼斯工业平均指数见顶，至 10 月 28 日，即所谓的"泡沫破裂之日"下跌了 32%。不管是什么因素导致了股票清盘，早在 10 月份最后一个疯狂的一周之前其就已经开始发挥作用了。随着 9 月份的过去，新的全球货币体系面临严重压力。9 月 26 日，英格兰银行将贴现率从 5.5% 提高到 6.5%。为了应对黄金的流失，英格兰银行将利率提高到 8 年来的最高水平。英国财政大臣菲利普·斯诺登（Philip Snowden）表示，此举是必要的，以防止资本流向"3 000 英里之外的投机狂欢"。[二]美国和英国之间的利差很大，这就导致纽约 10 月份头两周的借款利率从 10% 降至 5%。过去人们通过贷款购买证券，现在这种贷款需求正在枯竭，贷款的成本也在逐渐下降。随着英镑走强，从美国流出黄金的可能性越来越大。英国央行对加息时机的选择，令美国投资者感到不安。

[一]　Barry Eichengreen, *Golden Fetters: The Gold Standard And The Great Depression, (1919–1939)*.

[二]　在工党会议上的讲话，Brighton, 3 October 1929.

　　9月底和10月初的其他事件进一步考验了投资者的神经。9月30日，英国商业巨头克拉伦斯·哈特里（Clarence Hatry）崩溃了。一直试图巩固英国钢铁工业的哈特里，伪造票据以筹集更多的资金。股票市场对市场上股票供应的增加越来越怀疑，哈特里众多相关集团的股票价格直线下跌。银行看到自己的证券价值缩水，就限制了信贷，这场游戏对哈特里来说就到此为止了。一家大企业的突然倒闭引起了人们对其他行业的根基深表担忧。另一次打击信心的事件发生在10月11日，当时马萨诸塞州公用事业部门拒绝允许波士顿爱迪生将股票一分为四，并在做出决定的同时发表声明称，"根据我们的判断，购买这些股票将毫无收益。"《时代周刊》杂志的封面显示出公众对商业和投资的关注：10月28日的封面有瑞典金融家伊瓦尔·克鲁格，11月4日有芝加哥公用事业巨头塞缪尔·伊斯雷尔。在1932年，克罗伊格因为商业集团的破产而自杀身亡，英萨尔则因为贪污和邮件欺诈而从希腊被引渡回国。

　　无论是什么引起了市场的下跌，人们普遍同意牛市的持续膨胀是导致全球范围内震荡的主要原因。此外，如果资产的杠杆率很高，股票价格的下跌幅度可能会加剧。

　　公众对市场的参与度持续升温。据估计，50万美国人在第一次世界大战前持有证券。到了1929年，这个数字已经上升到2 000万。这些个人投资者不可能都熟悉股票估值的基本原则。所以当股票市场收益率下降的时候，股市的下跌幅度可能会大于之前公众参与度不高的时期。公众参与的退出带来了损失，那些吸引小规模资金的投资工具的头寸受到了影响。尽管可以肯定地说，20世纪20年代，公众没有接受过市场方面的教育，但对于大多数"专业"投资者来说，其市场素养也是一样的差。正如休·布洛克（Hugh Bullock）在1932年发表的观点：

　　　　投资管理在英国是一种职业。世界上有大约20万种有价证券。

只有专家才能找到最值得投资的证券。虽然我们对美国的这个行业还不太熟悉，但我相信你会看到一群诚实而能干的人很快成长起来，就像英国一样。[⊖]

布洛克的评论针对投资信托公司的专业经理在此期间经常玩忽职守，有时甚至进行欺诈行为。尽管自 1868 年以来，投资信托业务在伦敦证交所扮演着越来越重要的角色，但到 1920 年年底，美国至多有 40 家投资信托公司，它们的市场影响力微乎其微。然后，在 1927～1930 年，有 700 家投资信托公司和投资控股公司成立了，以满足公众对投资管理专业知识的需求。仅在 1929 年间，就有 265 家新的投资信托基金成立，认购资金达 30 亿美元。其中 1929 年 9 月，通过纽约证券交易所筹集的 12 亿股资本中的一半是投资信托公司筹集来的。在市场的顶峰期间，这个行业至少筹集了 80 亿美元的资金。虽然这些信托中有许多是信誉良好的投资工具，但很多其他信托公司却沉溺于可疑的做法，例如购买流动性差的股票，从管理层那里直接购买股票，操纵所持股票的价格，使用基金购买关联方发行失败的股票，高负债率，分配股票红利给经理以及投资过于集中等。鉴于华尔街在经济增长过程中资本配置不当的性质和程度，随之而来的重大投资失败并不令人感到意外。但投资失败之后，全球经济是否将陷入萧条，这是很难预测的。

从 1929 年 9 月 3 日的最高点，到 11 月 13 日，市场下跌了 48%。10 月中旬左右的跌幅相对较小，但从 10 月 10 日至 11 月 13 日，道琼斯工业平均指数下跌 44%。虽然 10 月份的下降速度是前所未有的，但下跌幅度与历史相比并不大（如表 2-7 所示）。

⊖ Hugh Bullock, 'New Investment Trust Form Held Need of Financial Life' (*New York Evening Post* 4 January 1932).

表 2-7　20 世纪美国熊市持续到 1929 年——道琼斯指数下滑

1907 年 1 月至 1907 年 11 月	（44%）
1916 年 11 月至 1917 年 12 月	（39%）
1919 年 11 月至 1921 年 8 月	（47%）
1929 年 9 月至 1929 年 11 月	（48%）

资料来源：Dow Jones & Co.

　　虽然股票的下跌速度异常之快，但很快就有证据表明，市场复苏的速度可能也会比以往更快。到 1930 年 4 月 17 日，市场已经恢复 52%，回到了 1929 年年初的水平。该市场目前仅比其 1929 年 9 月 3 日的高点低 23%。下降的幅度并没有异常，反弹比正常情况下更快。尽管在"大崩盘"的历史记忆遗产中，1929 年 10 月的价格突然下跌起到了一定的作用，但在今天的投资者心中，这段隐约可见的金融市场历史主要是由 1930 年之后发生的事件造成的。当时不幸的是，投资者相信市场复苏已站稳脚跟，在 1930 年 4 月 17 日买进股票的投资者再次看到大盘跳水，在 1932 年 7 月触底之前，下跌了 86%。因此，通往 1932 年的道路上最戏剧性的景象出现在 1930 年之后。

　　如果说 20 世纪其他熊市与 1929 ～ 1932 年发生的情况有什么关键区别的话，那就是银行体系的崩溃。在以往的熊市和衰退中，银行的崩溃及其引起的恐惧无疑起到了一定的作用。在 1907 年的恐慌中，许多银行和信托公司都破产了。那次经历直接导致了联邦储备系统的建立。1916 ～ 1917 年，以及 1919 ～ 1921 年，新体系似乎在遏制银行倒闭的祸害方面发挥了作用，即使是在最艰难的经济条件下也是如此。美联储"提供弹性货币"的能力似乎起了作用，防止了货币恐慌和大规模银行倒闭。如表 2-8 所示，最终将这一"普通"熊市变成美国历史上最大股市崩盘的是银行业危机。

表 2-8　1929 ～ 1932 年的熊市——每个阶段及其对道琼斯指数下滑的影响

	该阶段下降 / 上升（%）	累计（%）
崩溃：1929 年 3 月至 1929 年 11 月 13 日	−48	−48

（续）

	该阶段下降 / 上升（%）	累计（%）
首次回暖：1929 年 11 月 13 日至 1930 年 4 月 17 日	+48	-23
夏季衰退：1930 年 4 月 17 日至 1930 年 9 月 10 日	-17	-36
第一次银行危机：1930 年 9 月 10 日至 1930 年 12 月 16 日	-36	-59
再次回暖：1930 年 12 月 16 日至 1931 年 2 月 24 日	+23	-49
第二次银行危机：1931 年 2 月 24 日至 1931 年 10 月 5 日	-56	-77
稳定期：1931 年 10 月 5 日至 1932 年 3 月 8 日	+3	-76
黄金外流：1932 年 3 月 8 日至 1932 年 7 月 8 日	-54	-89

资料来源：Dow Jones & Co.

我们将股票市场的跌势与更广泛的经济事件相比较。表 2-9 使用了可用的月度和季度数据来描绘衰退的进展。

表 2-9 经济衰退的过程——1929 年 6 月底（指数 =100）至 1934 年 6 月

	国民生产总值基准（美元）	实际工厂薪酬指数	消费者物价指数	批发物价指数	百货商店销售价格（调整后）
1929 年 6 月	100	100	100	100	100
1929 年 12 月	100.6	92.3	99.7	97.9	98.3
1930 年 6 月	98.2	83.8	99.1	91.2	90.6
1930 年 12 月	87.7	73.3	97.6	83.5	87.3
1931 年 6 月	89.5	70.0	94.8	78.8	92.4
1931 年 12 月	83.9	62.2	92.1	72.2	84.3
1932 年 6 月	77.8	48.6	88.2	67.2	74.9
1932 年 12 月	70.1	57.2	84.8	65.8	69.3
1933 年 6 月	77.5	58.6	81.3	68.1	76.2
1933 年 12 月	70.2	67.4	82.7	74.3	70.5
1934 年 6 月	80.6	76.7	82.4	78.3	72.4

资料来源：US Bureau of the Census.

表 2-9 描绘了 1929 ~ 1933 年的经济衰退，并显示到 1930 年中，美国经济并未受到 8 个月前股市崩盘的严重影响。从 1929 年 6 月起的 12 个月里，经济萎缩了 1.8%，消费价格指数下降了 0.9%。工厂工资、批发价格指数和百货公司销售的下降速度要快得多。在整体经济方面，受当年 10

月爆发的第一次银行危机的影响，1930年下半年的步伐明显加快。由于1931年上半年国内生产总值和百货商店销售额双双增加，在1929～1932年间，经济出现了唯一的边际复苏。这一复苏因第二次银行业危机而偏离轨道，第二次危机在国内发生在1931年3月，而欧洲银行业危机在5月初成为头条新闻，更是加剧了这场危机。就经济衰退的进程而言，以固定美元币值计算的国内生产总值，到1931年6月底，总收缩率只有35%。真正打破商业周期正常模式的是第二次银行危机的影响和人们日益担心的问题。从1931年6月到1932年12月间发生的经济收缩规模几乎占了整个经济收缩的2/3。经济衰退与股市的下跌有着明显的关系。到了1931年2月，市场的跌幅已经超过了1907年和1919～1921年，但好戏还没正式开始。投资者将要面对的所有可怕的新经历都发生在1931年上半年之后。在此之前，经济收缩和熊市一直是"正常"的。

在整个20世纪20年代，银行的破产率一直很高，银行停止支付的存款价值，都超过了1921年这一严重衰退的年份。

20世纪20年代银行倒闭的严重程度，一部分来源于农业衰退和银行合并带来的竞争压力增加。然而，1930年第四季度仍然出现好转的迹象。截至1930年年底，全年受银行停牌影响的存款总值为2.87亿美元。在这一阶段，美联储似乎并未对业务收缩感到不安，尽管降低了贴现率，但在此期间一直在减少对联邦储备银行的信贷。根据6月份公布的数据，人们原本预计，今年受停业影响的存款总额将低于3.5亿美元。以历史标准衡量，这是一个较高的水平，但美国经济并未受到1926年度银行停业所造成的2.6亿美元存款的太大影响。然而，1930年11月和12月，608家银行停业，影响了价值5.5亿美元的存款，使金融体系受到的损害达到了一个全新的规模。在1930年第四季度，大多数倒闭的银行都是农业地区的银行，20世纪20年代的困难已经削弱了这些银行的实力。

商业银行止付影响的存款总额如图2-2所示。

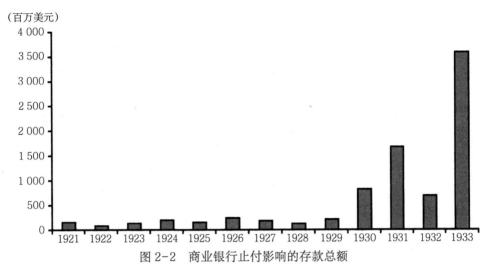

图 2-2　商业银行止付影响的存款总额

资料来源：Federal Reserve, Banking and Monetary Statistics.

　　最重要的是，在此期间倒闭的银行之一是美国银行，它是联邦储备系统的成员之一。这是美国历史上最大的银行破产事件。这不是一家乡村银行，它的 40 万储户主要集中在纽约市。当他们失去存款之后，其他地方的储户开始意识到风险。从 9 月中旬到 12 月中旬，道琼斯工业平均指数跌穿了 1929 年 11 月的低点，又下跌了 36%。

　　公众行为和银行行为都发生了很大变化。直至 1930 年 10 月，公众在银行存款的意愿实际上继续上升。存款与货币的比率增加。整个 20 世纪 20 年代，美国公众继续保持着这一趋势。到了 1930 年 10 月，存款货币比率达到了一个新的高点，这表明在第一次银行业危机来临之际，人们对银行体系的信心达到了前所未有的程度。现在存在一种重大风险，就是公众决定将存款水平降至历史"正常"水平，而货币紧缩也将随之而来。从 1930 年开始，这样的存款提取开始了，但是也许没有人能预料到之后的巨大规模，存款货币比率从 1930 年的 11.5 下降到 1933 年的 4.4。在公众取款结束之前，存款货币比率将降至 19 世纪末以来的最低水平。鉴于部分准备金银行体系的运作，银行不得不维持的现金余额远远低于其存款基础，因此，从银行流失的现金产生了非常不利的影响。在此期间，为了向公众提供 1 美元，银行需要将存款减少 14 美元。这种存款外逃对货币的巨大影响，以及美联储的无能或不愿意采取措施，是 1930 年美国经济衰退发展为 1931 ～ 1932 年间的大萧条的关键原因。

美国银行系统的存款总额从 1930 年 6 月底的 598.28 亿美元下降到年底的 580.92 亿美元。最初的下降幅度不大，但它开启了一个过程，再加上美联储的无所作为，对银行资产负债表产生了非常不利的影响。银行通常通过为其资产负债表寻找更多流动性资产来应对存款外逃。这举措影响很大，因为银行倾向于将持有的资产从企业债券转移到政府证券，自 1929 年 10 月股市崩盘以来，企业债券价格一直在缓慢上涨。然而，随着 1930 年 10 月银行业危机的爆发，物价开始下跌。虽然一开始速度很慢，但这是一种新的价格趋势的开始，这种趋势要到 1932 年夏季才会出现。随着 1931 年被迫将这些流动性投资计入市场，银行家面临的问题加剧了。

1931 年年初出现了一些经济稳定的迹象，但这只导致股市小幅上涨。在银行业危机期间，1930 年 12 月 16 日道琼斯工业平均指数降至 157.5 点。截至 1931 年 2 月 24 日，该指数已上涨 23%，比 1929 年 11 月只低了 2.2%。即使在现阶段，该指数的跌幅也仅略高于 1907 年和 1919 ～ 1921 年的熊市。就在这时，第二次银行危机爆发了。在 1931 年股市崩盘近 16 个月后的 2 月 24 日，如果一名投资者投资股市，在未来 17 个月内，该指数将下跌 79%。这段时间的下跌将这次熊市与以往任何时候的熊市区别开来。

在第一次银行业危机之前，长期和短期利率一直在下降，Baa 级债券的收益率也是如此。然而，基于企业信贷的质量，收益利差随后开始出现。寻找流动性的银行纷纷抛售质量较低的债券购买政府债券。随着 1931 年 3 月又一次银行停牌的开始，银行再次提高了它们的存款准备金率。3 月份，银行倒闭迅速增加，5 月份，奥地利最大的私人银行 Credit-Anstalt 破产，进一步削弱了储户信心。奥地利当局对此采取了许多措施，其中之一是外汇管制，冻结在奥地利的外国银行余额。由于 Credit-Anstalt 曾经控制匈牙利最大的银行，那里开始出现存款挤兑。5 月中旬，恐慌蔓延到德国。奥地利实行外汇管制引起了德国银行储户的担忧，他们担心德国银行资产负债率过高。由于一半以上的德国银行存款由非德国人持有，这些投资者的信心崩溃产生了非常严重的国际后果。到 7 月份，德国爆发了全面的银行业危机，随后又实施了外汇管制。由于美国在奥地利、匈牙利和德国的银行存款被冻结，美国银行资产负债表的稳定性进一步受到影响。美国银行资产负债率进一步上升，促使美国公众不断提取存款，持有更多的现金余额。所有银行的存款总额从 1930 年 12 月的 580.92 亿美元下降到 1931 年 6 月的 560.92 亿美元，到 1931 年 12 月下降到 495.09 亿美元。美国银行体系在 1931 年 12 月的存款比 1924 年 12 月还要低得多。银行被迫再次调整资产组合，公司债券被抛售，价格进一步下跌。

美国正受到不到一年内第二次银行业危机的困扰。该国的主要专家曾自信地预测，美联储系统将阻止此类事件的发生。财政部长安德鲁·梅隆（Andrew Mellon）在 1928 年 4 月 14 日的《星期六晚报》上宣布：

> ……银行或商界不再担心突然和暂时的商业危机，它们并不可能会发展并引发金融恐慌，我们不再是商业周期变幻莫测的受害者。美联储制度是货币紧缩和信贷短缺的解药。[⊖]

但是联邦储备系统没有提供这样的解药。那些仍然致力于股票市场、期待弹性货币重新扩张的投资者，肯定是惊愕地看着，他们什么也没做。随着经济衰退和萧条的发展，美联储降低了贴现率。但是即使公众从银行系统中提取存款，商业银行为了争夺流动性而抛售债券，它们也没有试图增加对成员银行的信贷。1921 年，投资者面临的关键问题之一是，美联储

⊖ Harold B. Cleveland and Thomas F. Huertas, *Citibank 1812-1970.*

的信贷规模将从 1919 年的 35 亿美元左右的峰值水平收缩到何种程度。几乎没有人能预见到这种萎缩会持续到 1924 年中期，当时它还不到 10 亿美元。1931 年夏季，美联储的未偿信贷再次非常接近 1924 年的低点。在此期间，经济急剧扩张，"弹性货币"显然从狭窄扩展到了相当大的范围。然而，如果像安德鲁·梅隆所断言的那样，美联储向金融体系提供信贷的能力是解药，那么这个医生并没有提供解药。直到 1931 年夏末，美联储才开始大量购买票据，并开始向成员银行发放信贷。然而，到了那个阶段，公众对银行体系的信心已经下降，存款货币比从 1930 年 10 月 5 日的峰值 11.5 降到了 9.0 以下。随着银行系统货币危机的基础动摇，美国货币黄金库存出现了新的变化。1931 年 8 月，其黄金储备达到历史新高，超过 47 亿美元，但是现在黄金开始大量外流。

美国破坏性的黄金外流始于 1931 年，当时投资者对英镑贬值感到震惊。其他八个国家迅速效仿，另有四个国家在 10 月份加入行列。在美国经济问题不断恶化、股市和银行危机不断恶化的整个过程中，外国投资者一直对美元的黄金价值保持着信心。1929 ~ 1931 年，美国黄金储备上涨了 15%，其中 37% 的上涨发生在 1931 年的 5 月和 6 月，原因是欧洲自身的银行危机导致资本逃往美国的避风港。在英国放弃金本位后情况发生了巨大变化，美国黄金库存从 8 月到 10 月下降了 15%，抵消了自 1929 年以来的总流入。投资者称，如果英国能够放弃金本位制，美国就有可能步其后尘。

在黄金储备减少和存款减少的双重打击下，商业银行体系的压力更大了，而利率上升又进一步加剧了这一进程。美联储按照金本位制行事，将贴现率从 1.5% 提高到 3.5%，以阻止黄金从该国流失。商业银行在争夺流动性的过程中再次争相抛售资产。如今，即便是在经济衰退期间，政府债券价格也首次下跌，那些预计政府债券将在通缩期提供名义回报的投资者，如今也遭遇了重大意外。随着银行被迫减持政府债券，资产负债表状况进一步恶化。从 1931 年 8 月至 1932 年 1 月，1 860 家银行停止支付的存款为 14.49 亿美元，这几乎等于 1921 ～ 1929 年受银行停业影响的存款数量。第二次银行业危机的性质比第一次严重得多，尽管 1929 ～ 1932 年整个市场下滑的幅度并不大，只有 32%。

与 1929 年 9 月的峰值相比，1931 年 10 月 5 日道琼斯工业平均指数下降了 77%。就连悲观的投资者也可能认为，这一跌幅足以终结任何熊市。有一些迹象确实是积极的，因为胡佛政府最终不得不尝试一种新的方法来应对危机。1931 年 10 月，国家信贷公司成立，旨在向银行提供贷款，帮助银行解决那些被联邦储备系统视为不可接受的不良资产。在 1932 年 2 月，共和党政府成立了复兴金融公司，向银行和铁路提供贷款。到 2 月 26 日，联邦储备委员会对黄金外流的态度已经足够放松，将贴现率降低 50 个基点，降至 3%。2 月 17 日，通过了"格拉斯—斯蒂格尔法案"，允许政府债券作为联邦储备银行票据的抵押品，从而消除了其为联邦储备系统创造更大流动性的技术障碍。道琼斯工业平均指数在 1932 年 3 月略高于 1931 年 10 月。那些认为最糟糕的时期已经过去并在 1932 年 3 月的高点买入的投资者将在 7 月份市场触底之前损失 54% 的资金。

对市场进行最后一击，并导致了持续一个季度的熊市的冲击，来自于美国黄金储备持续外流。从 1932 年 3 月到 7 月底，美国黄金储备进一步下降了 12%。当时，《华尔街日报》将资金外流归因于国会正在审议的旨在增加政府开支的法案数量不断增加。报告认为，不断增长的财政赤字使外国人相信，美国对金本位的坚持正受到威胁。

然而，美联储向大规模公开市场购买政府证券的举动，更有可能让外国人感到恐慌。尽管如此，其他国家在 1932 年年初抛售美元的理由仍然充足。巴里·艾肯格林（Barry Eichengreen）认为，其他地区的货币贬值有可能侵蚀美国的经常账户盈余。

　　要求美联储采取通货再膨胀举措的压力越大，美元贬值的风险就越大。美国失业率的持续上升只会加剧这种压力。由于 1932 年是选举年，国会肯定会敦促美联储采取更积极的应对措施。投机者因此清算了他们的美元存款，中央银行将他们的美元储备转换成了黄金。⊖

毫无疑问，美联储在这么晚的阶段推出一项重大的公开市场操作，是出于对直接参与货币领域的政治干预的担忧。纽约联邦储备银行行长乔治·哈里森（George Harrison）对执行委员会表示，"唯一能阻止国会通过某种激进的金融立法的方法，是进一步加快我们自己的计划。"⊖投资者有充分的理由担心，政治家倾向于通胀政策，而央行行长是稳健货币政策的实施者。这些投资者认为，美联储的行动现在表明，目标是通货再膨胀，而不是稳健的货币。美国政策的变化尤其令持有美元外汇储备的外国央行感到震惊。如果这种新的政策调整继续下去，那么美国更有可能放弃金本位制。外国人开始从美国提取存款余额，许多华尔街人士认为，到今年夏天，美元可能会贬值。美联储迟来的转向通货再膨胀政策，不是鼓励而是伤害了投资者，在华尔街引发了最后的恐慌。在日益可能贬值和经济持续恶化的背景下，股票的熊市仍然继续。受到 1929 年 10 月崩盘、1930 年第一次银行业危机、1931 年第二次银行业危机和 1932 年黄金流失的冲击，道琼斯工业平均指数即将触底。

1932 年的市场结构

"这边走，乔。现在是什么给了我们希望？汽车工业。为什

⊖ Barry Eichengreen, *op cit.*

⊖ Private notes of George L. Harrison (Governor of the Reserve Bank of New York), Quoted in Friedman and Schwartz.

么？因为这是一个新兴产业，现在我们需要什么来恢复美好的时光
呢？要发展新兴的产业。好吧，这就是我的想法，看，现在我有了
一个新的玩意儿，电动剃须刀。"

——詹姆斯·法雷尔，《审判日》

1932 年的股票市场

在本书所述的四个时期中的每一个时期，股票市场的结构都发生了显
著的变化。牛市带来了许多新的问题和新的技术，导致了新的产业的出现。
尽管 1921 ～ 1932 年是两次熊市底部之间的最短间隔，但股市仍然发生了
重大结构性变化。与 1921 年相比，1932 年有更多的证券可供投资者选择。
即使经历了最黑暗的崩溃和萧条时期，1932 年年底纽交所仍有 1 278 只上
市股票，而 1921 年年底只有 691 只。纽约证交所的上市股票数在此期间上
涨了 349%。与流行的预期相反，整个 1932 年的市场仍然活跃，有约 32%
的股票换手率，而 1921 年的这一比例为 59%。虽然换手率下降，但 1932
年交易了 4.25 亿股股票，而 1921 年仅交易了 1.73 亿股。

当股票市场在 1932 年 6 月的最后几天跌到最低点时，每周的平均成交
量只有 3 047 183 股。7 月 1 日的平均股价为 11.89 美元，纽约证交所每周
平均成交额为 3 620 万美元。为了便于理解市场结构，我们需要牢记，优
先股在 1932 年仍然是一个重要的资产类别，占在纽约证券交易所上市市值
的 19%。

截至 1932 年 7 月 1 日，共有 808 只普通股和 445 只优先股在市场上
挂牌上市，许多公司通过同一发行券商的普通股和优先股进行套利。1932
年 50% 的上市公司都同时发行两种股票。尽管在 1932 年的夏天，共有
1 253 只股票，但每天只有 500 只股票会有活跃交易。1929 年 9 月份，普
通股和优先股的市值达到 900 亿美元。随后价值从 1929 年到 1932 年的下

跌几乎完全反映了平均市值的下降。而普通股和优先股发行总数仅从 1929 年 9 月份的 1 280 只下降到 1932 年 7 月份的 1 262 只。

1929 年 8 月，也就是衰退前的最后一个正常交易时期，日均成交量为 3 677 053 股。月平均最高股价为 89.13 美元。在随后 9 月和 10 月的恐慌导致成交量达到异常高水平之前，日均成交量约为 3.28 亿美元。在 1929 年至 1932 年熊市期间，道琼斯工业平均指数下跌了 89%，与此同时，上市证券的数量下降了 5%，日交易额下降了 98%。

这些大标题的数据经常被用来表明，1932 年的股票市场是不活跃的，投资者纷纷回避。然而，事实是在纽约证交所上市的所有股票中，有 32% 是在 1932 年上市的，而在 1932 年间，可供选择的上市公司数量几乎是 1921 年的两倍。道指可能比峰值水平下跌了 89%，但纽交所上市股票的总市值仅比 1924 年年底低 40%，当时有了第一份可靠的市值数据。尽管以历史标准衡量，上市公司 32% 的换手率可能较低，但随后的事实证明，这一比例仍然高于 1937 ～ 1979 年任一时期的水平。

要了解 1932 年的市场结构，重要的是要认识到这一时期美国工业发生的重大变化。表 2-10 和表 2-11 显示了所有在纽约证券交易所上市的部门在 1929 年 7 月 1 日的市场价值。也许最令人惊讶的是，在 1929 年 9 月，铁路仍然占据着最大的市场份额。尽管从 1921 年 8 月的低点到 1929 年 9 月市场的峰值，工业部门的业绩比铁路部门高出 86%，但铁路股票仍然占最大的比重。

表 2-10　1929 年 9 月的市值

	市值（百万美元）	百分比（%）	股票发行数（只）
铁路及装备	12 778	14.25	186
石油	7 601	8.48	63
化工	7 112	7.93	72
汽车及零部件	6 162	6.87	66
通信	5 315	5.93	13

（续）

	市值（百万美元）	百分比（%）	股票发行数（只）
零售业	5 192	5.79	97
电子设备	5 096	5.68	19
煤气电力控制公司	5 045	5.63	34
煤气电力运营公司	4 796	5.35	38
钢铁焦煤	4 403	4.91	47
食品	4 178	4.66	86
采矿（不含铁矿石）	3 091	3.45	56
机器和金属	3 010	3.36	85
美国海外公司	2 861	3.19	41
金融	2 221	2.48	31
外国公司——加拿大和古巴	1 951	2.18	32
烟草	1 732	1.93	40
农业机械	928	1.03	12
娱乐	926	1.03	27
公司和办公室设备	868	0.97	12
建筑	813	0.91	25
造纸和出版	805	0.90	26
航空	732	0.82	11
橡胶和轮胎	507	0.57	18
其他公用事业公司	376	0.42	37
纺织	357	0.40	39
综合性公司	224	0.25	11
土地和不动产	186	0.21	8
皮革和长靴制品	147	0.16	20
运输服务	87	0.10	7
服装制造	85	0.09	13
物流和建筑	85	0.09	8
总数	89 670	100.00	1 280

资料来源：*Wall Street Journal*, September 1929.

表 2-11　1932 年 7 月的市值

	市值（百万美元）	百分比（%）	股票发行数（只）
铁路及装备	1 364	8.72	164

（续）

	市值（百万美元）	百分比（%）	股票发行数（只）
石油	1 698	10.86	56
化工	1 212	7.75	76
汽车及零部件	668	4.27	69
通信	1 686	10.78	11
零售业	850	5.44	103
电子设备	371	2.37	16
煤气电力控制公司	929	5.94	39
煤气电力运营公司	1 492	9.54	31
钢铁焦煤	583	3.73	51
食品	1 243	7.95	76
采矿（不含铁矿石）	360	2.30	55
机器和金属	390	2.49	92
美国海外公司	188	1.20	34
金融	432	2.76	48
外国公司——加拿大和古巴	252	1.61	16
烟草	856	5.47	35
农业机械	159	1.02	11
娱乐	51	0.33	21
公司和办公室设备	107	0.68	11
建筑	97	0.62	34
造纸和出版	89	0.57	28
航空	58	0.37	10
橡胶和轮胎	88	0.56	21
其他公用事业公司	90	0.58	31
纺织	71	0.45	40
综合性公司	42	0.27	11
土地和不动产	25	0.16	8
皮革和长靴制品	162	1.04	20
运输服务	5	0.03	8
服装制造	8	0.05	9
物流和建筑	9	0.06	9
总数	15 635	100.00	1 244

资料来源：*Wall Street Journal*, July 1932.

尽管 20 世纪 20 年代的牛市往往与汽车和无线电联系在一起，但市场的三大行业——铁路、石油和化工，在市场顶峰时期（1929 年）仍占总市值的 31%。而通信行业，包括强大的 AT&T 在内，尽管只有少数几家公司，但却已经成为日益重要的市场部门。而主要由投资信托公司组成的金融部门，在 1929 年 9 月占市值的比率低于 2.5%。直到 1920 年，美国钢铁公司一直是美国最大的上市公司和股票市场的关键板块，但到了 1929 年，整个钢铁行业的市值仅仅排名第 10。

正是在 1929 ～ 1932 年的熊市期间，铁路部门最终失去了最大板块的桂冠。到 1932 年 7 月，它只占总市值的 8.7%。就在 20 年前，它还占有纽交所 50% 以上的成交量。在 1932 年 6 月，最大的市场部门是石油。不过如果把公用事业运营公司和控股公司合并在一起，那么它们是占主导地位的行业，占总市值的 15%。另一个在熊市期间重要性大幅下降的行业是汽车和配件行业。在此期间，汽车业受到的冲击远远超过食品、烟草、通信和公用事业等安全行业。与此同时，股票板块集中度也增加了。在 1932 年，10 个最大的行业占到了 77% 的市值，高于 1929 年间的 71%。到 1932 年年底，股票市场由公用事业、石油和通信部门主导，这些部门合计占总市值的 37%。

市场结构的变化在多大程度上是由于股价表现而非企业活动所致，只能从首次获得详细部门业绩数据的 1926 年 6 月开始评估。在 1921 年至 1929 年牛市期间，我们看不到行业价格表现的影响，但我们可以看到 1926 ～ 1929 年"咆哮的二十年代"最活跃的时期的表现。

20 世纪 20 年代的牛市往往与汽车行业或美国无线电公司股票的表现有关，但真正的明星是化学品和电气设备。在这 10 年里，美国家庭和企业的电气化加速，为电气设备制造商创造了发展空间。电气化业务也提振了公用事业类股的表现，这得益于该行业一些可疑的金融工程。随后许多公用事业控股公司倒闭了，它们的首席执行官也因此被起诉。比如明尼阿波利斯一家控股公司的负责人威廉·福舍伊和中西部公用事业公司的负责人塞缪尔·伊斯雷尔，最终被控犯有刑事罪。

核心产业的表现如表 2-12 所示。

表 2-12　核心产业的表现——1926 年 6 月至 1929 年 9 月

化工	+369%	食品	+102%
电子设备	+349%	零售	+95%
公用事业	+326%	交通	+85%
金融	+275%	建筑	+83%
商业设备	+264%	烟草	+64%
啤酒	+259%	石油	+48%
服务	+223%	纺织	+15%
钢铁	+180%	服装	+42%
汽车	+174%	煤炭	+39%
通信	+157%	批发	（65%）
道琼斯工业平均指数	+149%		

注：所有收益用于再投资。

资料来源：Kenneth R. French, 'Industry Portfolil Data'.

化学工业从总体经济繁荣中获益，但到了 20 世纪 20 年代，投资者对新石化工业的前景越来越看好。自 1919 年起，玻璃纸就可以在市场上买到了，但是当杜邦在 1927 年加入防水涂料时，它的用途就大大增加了。随着 20 世纪 20 年代的发展，合成甲醇和合成硝酸盐进入了商业化生产。投资者可以把石化产品的开发看作是合成原料生产大幅增长的一条途径，其他的突破——氯丁橡胶、Perspex、聚乙烯和尼龙——要到 1930 年年初才能实现。然而，20 世纪 20 年代后半期，仅仅是石化产品带来商业成功的前景，就帮助了化学公司。

金融类股票也表现良好，这是由投资者对投资信托股票的狂热推动的。随着许多信托公司的资产价值大幅溢价，并运用杠杆提高回报率，该行业在牛市中获得良好回报并不令人感到意外。

大宗商品行业在 20 世纪 20 年代的表现落后了。其上一次繁荣发展是在 1917 ～ 1919 年。此时通货膨胀总体上被控制住了，许多商品的价格实际上下降了。那些在 1919 ～ 1921 年熊市期间仍持有石油股的投资者将得不到回报——石油是 20 世纪 20 年代表现最差的行业之一。

表 2-13 所示的跌幅，是在批发价格指数同期下跌 33% 的背景下考虑的。除了这种抵消作用外，大多数公司在整个期间都设法维持某种形式的股息支付。考尔斯基金会（Cowles Foundation）的数据显示，1929 ～ 1932 年，股利支付下降了 48%。

表 2-13　核心产业的表现——1929 年 9 月至 1932 年 6 月

烟草	（38%）	汽车	（88%）
通信	（70%）	道琼斯工业平均指数	（89%）
制衣	（75%）	交通	（90%）
煤炭	（74%）	金融	（91%）
石油	（74%）	电子设备	（91%）
食品	（72%）	钢铁	（92%）
公用事业	（82%）	游戏	（93%）
化工	（85%）	批发	（94%）
啤酒	（86%）		

注：所有收益用于再投资。

资料来源：Kenneth R. French, 'Industry Portfolil Data'.

市场上防御性的板块，如公用事业和食品股票，对投资者没有提供多少保护。这在一定程度上是由于到 1929 年 9 月所有股票估值过高，但也由于经济衰退的规模，导致电力和包装食品等基础产品的产量下降。包装食品是一个相对较新的增长概念，因此有足够的下降空间。到了 1932 年，美国 85% 的面包都是在家烤的。烟草行业是唯一一个躲过 1929 ～ 1932 年股灾的板块，因为烟草产量增加，原材料价格暴跌，但销售价格却仍然上升。

1932 年的债券市场

> 莫伊兰神父怎么说？他告诉我们银行家们在做些什么。把美国的钱借给欧洲。如果他们把美国的钱留在美国，就不会有什么萧条了。
>
> ——詹姆斯·法雷尔，《审判日》

截至 1932 年 6 月 1 日，纽约证交所共发行债券 1 587 只，面值为 551.93 亿美元，而纽约证交所的市值为 368.56 亿美元，按市值计算，纽交所上市债券市场由以下关键部门组成（如表 2-14 所示）。

表 2-14   1932 年 6 月 1 日纽约证交所债券市场组成

	百分比（%）	市场价值（百万美元）
美国政府	40.5	14 929
外国政府	30.5	11 242
铁路	13.4	4 953
公用事业	7.7	2 811
工业	4.9	1 812
外国公司	3.0	1 109
合计	100.0	36 856

资料来源：*Wall Street Journal*, 11 July 1932.

在纽约证交所上市的债券中，政府债券只发行了 11 只，但其占了很大比例。这段时间，债券市场的平均每日成交量约为 1 000 万美元，其中约 40% 是美国政府债券。其余 1 576 只股票的每日交易总值约为 600 万美元。在债券涨势开始前一个月的 1932 年 5 月，纽约证券交易所债券的总成交额为 1.69 亿美元，这是 5 月份债券成交量跌幅最低的一个月，跌幅没有股票那么大。1929 年 9 月 1 日，在纽约证交所上市的债券总价值为 467.41 亿美元，在股票熊市过程中，市场价值仅下降了 21%。

然而，市场总值和发行数量的这一相对较小的下降是具有欺骗性的，因为在此期间，美国国债价格稳定，但其他分类债券的价格下降了。1929

年 9 月 1 日，有 1 543 只非美国政府债券发行，市值大约为 338.09 亿美元，到 1932 年 6 月 1 日，有 1 574 只债券，而市值仅为 219.27 亿美元。急剧下跌是通货紧缩造成企业资产负债表普遍恶化的结果。尽管许多企业的资产负债表陷入了困境，但也确实有许多企业通过长期的经济收缩得到了显著增强。1932 年有一家名叫"美国力量"的公用事业公司，它发行股票被认为从事投机，但是其资产负债表，今天看来似乎高度保守。

> 尽管这显然是一个投机，但美国力量公司发行的普通股对那些商人来说，仍然具有一定的吸引力。该公司没有固定债务，到 1931 年年底，仅持有的美国政府债券就超过 2 665 万美元。[⊖]

即使公司调整资产负债表，也无法减轻经济恶化对其债券价值的影响。表 2-15 显示了 1929 年 9 月和 1932 年 6 月两个关键部门的收益率，为这一时期债券市场的变化提供了一些提示。

表 2-15　1929 年 9 月至 1932 年 6 月主要债券收益　　　　　（%）

	政府	工业	铁路	公用事业
1929 年 9 月	3.70	4.10	5.38	5.16
1932 年 6 月	3.70	6.80	9.14	7.21

资料来源：Federal Reserve, *Banking and Monetary Statistics*.

未偿还债券的市值轻微下跌，是因为政府债券价格在这段时间大致维持不变。美国财政部的三次债券发行（1931 年度为 20 亿美元）也提振了债券的总市场价值，这是三年来的第一次。人们原本以为，政府债券价格会在通缩时期反弹，至少在最初是这样的。政府债券的牛市从 1929 年 9 月持续到 1931 年 6 月的第二次银行危机，当时收益率达到 3.13%。随着 1931 年年底货币贬值恐慌的增加，这个时候政府债券的价格也下降了。然而实际数据显示，政府债券价格在 1929 ~ 1932 年基本可以保持不变。

⊖　Wall *Street Journal*. 9 June 1932.

　　对于其他类别的债券来说，情况就大不相同了。起初经济衰退仍在可控范围内，债券价格反弹。从 1929 年 9 月到 1930 年 9 月的峰值，工业债券收益率下降了 33 个基点。然而在 1930 年 9 月，一切都发生了变化——随着第一次银行业危机，工业债券价格大幅下跌。此时，工业债券价格就已经低于 1929 年的水平。

　　铁路和公用事业债券也是如此，从 1929 年 9 月至 1930 年间出现了普遍的反弹，随后出现了戏剧性的抛售。10 月份股市崩盘后 11 个月的公司债券价格上涨，表明股市崩盘本身并不像人们认为的那样直接导致经济萧条。

　　1929 年 1 月至 1933 年 1 月美国政府债券的月收益如图 2-3 所示。

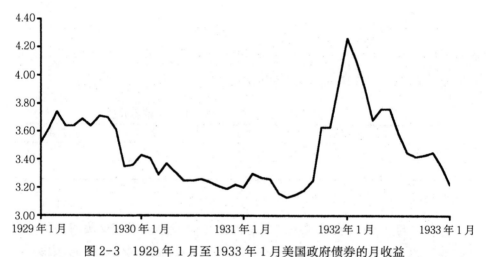

图 2-3　1929 年 1 月至 1933 年 1 月美国政府债券的月收益

资料来源：Federal Reserve, *Banking and Monetary Statistics*.

　　1929 年 1 月至 1933 年 1 月信用等级为 Baa 的公司债券的收益如图 2-4 所示。

　　虽然债券的价格可能一直在下降，但它们的表现大大优于股票，甚至在股票市场触底时，投资经理仍在大量购进债券。《华尔街日报》1932 年 7 月 11 日刊载了以下新闻。

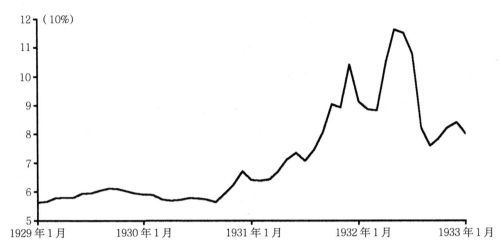

图 2-4　1929 年 1 月至 1933 年 1 月信用等级为 Baa 的公司债券的收益

资料来源: Federal Reserve, Banking and Monetary Statistics.

　　6 月 30 日，富达基金公司的经理安德森·克伦威尔公布的有价证券投资组合如下：债券，65%；股票，28.6%；现金及坏账准备，6.4%。

　　此外必须单独提到外国政府债券。令大多数现代投资者感到惊讶的是，这些债券的市场价值在 1932 年 6 月超过了国内商业债券。尽管在纽约证交所上市的国内企业债券数量要多得多，但外国政府的发行规模往往要大得多。20 世纪 20 年代，当英国还处在从战争中复苏阶段的时候，美国成为全球资本的主要提供者。这一重要性的上升体现在在纽约证券交易所筹集资金的外国政府数量急剧增加。截至 1926 年年底，共有 116 只外国政府债券在纽约证交所上市，总市值为 30.24 亿美元。到 1929 年 9 月股票市场达到顶峰时，总共发行了 202 只此类债券，总市值为 160.12 亿美元，占在纽约证交所上市的所有债券总价值的三分之一。除了英国、法国和加拿大等主要国家的债券外，美国投资者还可以在债券组合中增加巴伐利亚、玻利维亚、波尔多、布里斯班、布达佩斯、哥斯达黎加、古巴、海地、纽伦堡、奥斯陆、巴拿马、鹿特丹、华沙、维也纳或横滨的政府债券。到 1932年 6 月 1 日，在纽约证券交易所上市的外国政府债券的市场价值已经下降到仅 112.42 亿美元，比 1929 年 9 月下降了 30%，发行数量略有增加，达到 214 只。通过观察 1929 年高位和 1932 年低位的价格，我们就能分析盈利范围。

如表 2-16 所示，通缩对大多数主权信贷的价格造成了严重破坏。各国政府最初试图履行对金本位的承诺，偿还美元债务。然而，随着失业率上升、金融体系崩溃或接近崩溃，这种要求的内部通缩在政治上变得不可能。到了 1932 年，尽管美国仍然是金本位制国家，其他国家却被迫贬值，如玻利维亚、保加利亚、加拿大、捷克斯洛伐克⊖、丹麦、埃及、爱沙尼亚、芬兰、德国、希腊、匈牙利、印度、日本、墨西哥、新西兰、尼加拉瓜、挪威、葡萄牙、萨尔瓦多、瑞典、英国、委内瑞拉、南斯拉夫⊖。

表 2-16　纽约证交所外国政府债券——1929 年 9 月 3 日价格，1932 年波谷价格

	1929 年 9 月 3 日价格	1932 年波谷价格		1929 年 9 月 3 日价格	1932 年波谷价格
澳大利亚 5 年期外部债券	$94\frac{3}{8}$	$46\frac{1}{2}$	巴西 6 年半期债券	$88\frac{1}{8}$	14
澳大利亚 4 年半期债券	$85\frac{1}{2}$	41	布里斯班城市 5 年期债券	90	32
玻利维亚 7 年期外部债券	$84\frac{1}{2}$	2	加拿大 4 年半期债券	$97\frac{1}{4}$	86
波尔多 6 年期债券	100	$98\frac{1}{4}$	加拿大 5 年期债券	$101\frac{1}{8}$	87
哥伦比亚 6 年期债券	$77\frac{7}{8}$	$13\frac{1}{2}$	挪威 5 年期债券	$94\frac{1}{8}$	$63\frac{1}{4}$
丹麦 6 年期外部债券	$103\frac{1}{4}$	$47\frac{1}{2}$	纽伦堡城市债券	83	15

　⊖　已独立为两个国家。

　⊜　已解体。

（续）

	1929 年 9 月 3 日价格	1932 年波谷价格		1929 年 9 月 3 日价格	1932 年波谷价格
芬兰 6 年半期外部债券	85	40	波兰 5 年期外部债券	$94\frac{3}{3}$	$43\frac{1}{2}$
法国 7 年期外部债券	109	109	罗马 6 年半期债券	$86\frac{1}{2}$	62
德国 7 年期外部债券	$105\frac{1}{4}$	$41\frac{1}{4}$	圣保罗 6 年期债券	$83\frac{1}{8}$	7
意大利 7 年期外部债券	$95\frac{3}{8}$	$82\frac{1}{2}$	瑞典 5 年期外部债券	$103\frac{1}{4}$	75
日本 6 年半期外部债券	100	$52\frac{1}{2}$	东京 5 年半期外部债券	$84\frac{1}{2}$	36
米兰 6 年半期债券	$84\frac{1}{2}$	$57\frac{1}{2}$	英国 5 年半期债券	102	93
新南威尔士债券	92	$30\frac{1}{2}$	横滨债券	91	40

资料来源：*Wall Street Journal*.

毫不奇怪，那些对黄金和美元贬值的国家偿还美元债务的能力大幅下降。在此期间表现最好的主权信贷是法兰西共和国，它在 1928 年以低估的货币进行了金本位制，得以维持其对黄金的承诺直到 1936 年。当然，与黄金挂钩的终结并不一定会导致主权信贷价格的崩溃。英国和加拿大在 1932 年年底前退出了金本位制，但其货币政策相当稳健，债券价格高于意大利，意大利要到 1936 年才正式放弃金本位制。

熊市见底：1932 年夏季

在我最近的白宫之行中，我发现官员们也存在着同样的希望，所以我认为，我们所有人都必须支持我们的总统，推动下一个繁荣时期的到来。

——詹姆斯·法雷尔，《审判日》

1932 年夏天的股票投资领域相当混乱。但在我们讨论具体战术之前，我们需要从战略角度看一看投资者称之为"长期"的战场。

与 20 世纪其他主要熊市见底对比，1932 年有许多不同之处。最重要的区别在于股市从高估转向低估的速度。

如我们看到的那样，股票在 1921 年变得非常便宜，主要是因为股票价格一直在横向震荡，而经济和公司收益一直在增长。在 1919～1921 年熊市之前的峰值时期，道琼斯工业平均指数达到 119.6 点。由于美国经济在过去 20 年里蓬勃发展，道琼斯工业平均指数并不比 1909 年 11 月的 100.5 或早在 1906 年 1 月的 102.7 高多少。然而，在 1929～1932 年熊市前夕，情况却大不相同，道指在 1929 年 9 月 3 日达到 381.2 点，比 1921 的低点上涨了近 500%。股市没有缓慢价值回归，而是在不到三年的时间里将股票从高估变成低估。

现在我们追踪一下 20 年来美国经济的增长。1921 年道琼斯工业平均指数几乎没有变化。这种比较有助于显示美国经济在股票价格实际上毫无进展的情况下取得的巨大进步。在股市经历了长时间的牛市之后，1929 年的情况又有很大不同，道指比前一个牛市峰值（1919 年 11 月）高出近 220%。在股票价格大幅上涨的情况下，1929～1932 年的下跌不会是最后一轮下跌。在 20 世纪 20 年代，股票的估值从很低的水平一路走高。然后，在 20 世纪 20 年代末到 30 年代末，股市从被高估到被低估。股市的大幅震荡与其他熊市价格的缓慢下跌形成了鲜明的对比。1929～1932 年熊市在投资者心理上形成了浓重的阴影，这一点和其他熊市一样。然而，就股票市场的价值发展而言，这次熊市在很大程度上是一个例外。

20 世纪 20 年代股市牛市的一个关键推动因素是，股票投资者终于开始充分参与美国经济的增长。表 2-17 中的数字显示了从 1921 年熊市结束到 1929 年牛市结束的经济发展速度。

表 2-17　1920 ～ 1929 年年底美国经济的变化

	1920	1929
人口（百万）	107	122
年均移民人数	430 001	279 678
预期寿命（年）	54.1	57.1
医生数量	114 977	152 503
平均每小时工资（制造业）(美分)	56	57
工会成员数	5 034 000	3 625 000
批发价格指数	154.4	95.3
名义 GDP（10 亿美元）	87	104
实际 GDP（10 亿美元，以 2000 年币值计算）	607	865
入学人数（千）	23 277	27 810
农场数量（千）	6 518	6 512
农场牲畜量（千）	66 640	58 877
矿产品价值（百万美元）	6 084	4 908
矿产品物理容量指数	51	73
原油开采量（千桶）	442 929	1 007 323
新建筑许可价值（指数）	88	187
居民住宅量（千）	247	509
卷烟产量（百万）	48 091	122 822
钢锭和钢模总量（千长吨）	42 132	56 433
铁路运营英里长度	406 580	429 054
汽车注册数量（千）	9 239	26704
电话数量（千）	13 329	20 068
大型水电站发电量（百万千瓦）	56 559	116 747
出口（百万美元）	8 664	5 441
进口（百万美元）	5 784	4 755
货物和服务价值（百万美元）	3 523	1 148
人均实际私营国内产品量（1929 年 =100）	78	100
银行总资产（百万美元）	53 094	72 315
总存款和现金（百万美元）	39 555	54 790
纽约证交所股票交易量（百万 / 年）	227	1 215
人寿保险（百万美元）	40 540	102 086
联邦政府支出（百万美元）	6 403	3 298
公共负债（百万美元）	24 299	16 931
现役军人总数	343 302	255 031

资料来源：US Bureau of the Census.

整体 GDP 数据帮助我们了解 20 世纪 20 年代通货紧缩的重要趋势。实际 GDP 在这段时间上升 43%，而名义生产总值的增长则为 20%。通货紧缩主要发生在 1921 年的商品价格崩盘中，但是 1929 年的 GDP 缩减指数略低于 1921 年年底的水平。如表 2-17 所示，10 年间，除了农业部门外的经济增长特别高。然而，表 2-17 所涵盖的经济指标的增速都比不上同一时期的股票市场。这与我们已经看到的过去几十年形成了鲜明对比，当时经济繁荣并没有导致股价上涨。那么，是什么导致了宏观经济增长与股票价格之间关系的突然转变呢？企业盈利增长是否超过了经济增长，能否证明道琼斯工业平均指数在 1921 ~ 1929 年上涨近 500% 是合理的？投资者的高回报在多大程度上仅仅是股票估值上升的产物？

关于这一时期收入增长的最佳数据是考尔斯基金会（Cowles Foundation）汇编的数据。在量化 20 世纪 20 年代的利润增长时，由于 1921 年度利润的暴跌，选择一个开始日期对结果有重大影响。表 2-18 提供了 1916 ~ 1929 年的一系列收益，并显示了这一期间收益的波动性。

表 2-18 标准普尔总和指数收益（1929 年 =100）

1916	95	1923	61
1917	80	1924	58
1918	62	1925	78
1919	58	1926	77
1920	50	1927	69
1921	18	1928	88
1922	43	1929	100

资料来源：Robert J. Shiller, *Market Volatility*.

数据显示，在 20 世纪 20 年代，很难评估上市公司利润增长水平。并且，巨大的战争利润年（1916 年）和通缩年（1921 年）并不是与 1929 年进行比较的好起点。为了应对本书中的这些问题，我们将周期性调整后的收益作为上市公司潜在盈利能力的最佳指南。罗伯特·希勒教授在他的著作《非理性繁荣》(*Irrational Exuberance*) 中推荐使用周期性变动调整计算 10 年期移动平均收益。然而，即使这种方法在这一特定时期也是复杂的，因为 1915 ～ 1917 年的利润水平特别高。这些战时利润甚至抬高了 1921 年的 10 年平均数字，表明经周期调整后的收益从 1921 年到 1929 年增长了 11%。估计利润增长的一种更简单但显然更主观的方法是，看看经济从 1922 年和 1923 年的衰退中复苏到 1929 年的市场顶峰之后的收益增长。利用这一方法和表 2-18 中的数字，我们可以说在 20 世纪 20 年代的大牛市中上市公司的利润翻了一番，这是一个很好的经验法则。重要的是，1920 ～ 1929 年，报表盈利增长快于经济增长，与 1871 ～ 1921 年形成了鲜明对比，当时的情况正好相反。总体来说，美国经济在 1920 年至 1929 年间增长了 43%，而收益则翻了一番。然而，股市比上一次最高水平上涨了 220%，比 1921 年 8 月的低点高出近五倍。20 世纪 20 年代预示着股市进入一个新时代。报表收益增长最终达到并超过了经济增长，在此背景下，股票估值上涨或许并不令人意外。最后，一些证据表明，股东将直接参与美国的经济崛起，仅这一点就可以为大幅提高股票估值提供理由。

投资者参与经济增长的信心日益增强，将股票估值推到了极高的水平。与本书其他部分一样，我们参照周期性调整的市盈率和 q 值对股票估值进行评估。利用 10 年平均滚动收益数据进行周期性调整，标准普尔综合指数的市盈率从 1921 年 8 月的 7.4 倍上升到 1929 年 9 月的 31.6 倍（峰值）。但从 1881 年 1 月到 1929 年 9 月，经周期调整的平均市盈率仅为 15.3 倍，而之前的峰值是 1901 年 6 月的 26.5 倍。

显然，1929 年的股票估值表明，未来盈利增长的"新时代"已经到来。q 值显示，由于到 1929 年 12 月 31 日股票市场已经大幅下跌，数据并没有记录该比率的 9 月峰值。然而即使使用年终数据，这一比率仍比 1905 年的以往高点高出 20%，比 1900 ～ 1929 年的平均水平高出 80%。

在1929～1932年熊市前夕，股票价格高昂，与1919年的情况形成鲜明对比。

标准普尔总和收益率如图2-5所示。

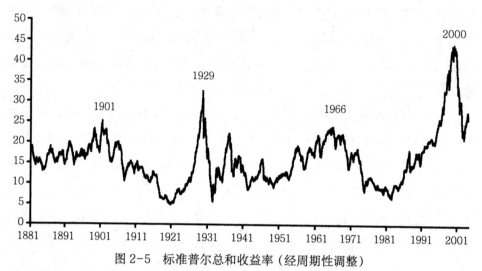

图2-5 标准普尔总和收益率（经周期性调整）

资料来源：www.econ.yale.edu/~shiller/data.htm.

> **q值**的内在逻辑很简单，它比较了对美国公司的两种不同估值。第一种是华尔街所说的公司的实际价值，第二种是它们的基本价值。就整个股票市场而言，基本价值是今天重置所有上市公司所有资产的成本。要计算它们的基本价值，我们需要计算出它们的成本是多少。因此，它们的总价值是这些公司的有形资产和金融资产减去负债后的余额。这一估计通常称为净资产。为了找出q值，我们比较了公司的净资产和公司股票的市值。两者之比为q。
>
> ——安德鲁·史密瑟斯和斯蒂芬·赖特《华尔街价值投资》

1919年11月市场见顶，在1919～1921年的熊市前夕，经周期调整的市盈率仅为10.6倍，比1881～1919年的平均水平低33%。正如我们将在第三部分和第四部分中看到的那样，1919～1921 年的经历，即估值急剧下跌，最终以大幅下跌告终，这更常见于估值过高和估值过低之间的快速变化。在大众记忆中，1929～1932 年被视为典型的熊市，价格的迅速下跌会导致估值偏低。在某种程度上，这导致了一个经验法则，即股票在价格大幅下跌后变得便宜。1921 年的例子更为典型，价值从高估转向低估花了 20 多年的时间。在熊市中，三年的价格下跌使估值过高的股票变得便宜，这是个例外，而不是常态。

1929 年 9 月至 1932 年 7 月间估值的下降仅仅是一个方面。1929～1932 年的熊市中，道琼斯工业平均指数下降了 89%，而收益的下降是另一个方面。标准普尔综合指数在 1929～1932 年下跌了 68%。价值和收益的下降使得 1932 年 7 月 8 日，道琼斯指数降至 41.2，略高于 1896 年 5 月 26 日推出实质价值指数时的 40.9。从 7 月份公布的实际报表收益来看，该指数低于 1873 年 10 月的水平，而以名义价值计算，则下降到 1880 年 12 月的水平。

收入的下降超过了经济活动下降的幅度。名义 GDP 下降至约 1917 年的水平，实际 GDP 恢复至 1922 年左右的水平，较 1929 年度分别收缩 43% 及 26%。1929～1932 年熊市的主要特征是，市场从接近历史最高水平直线下降，并且收益的下降超过了经济的收缩速度。对于 1932 年夏季的投资者来说，最重要的问题是股市现在的价格是否低于 "公允价值"。

由于上市公司的盈利到 1932 年夏季已降至 1880 年水平，因此，无法评估价格收益比。争论的焦点是普通收益的合适标准，到 1932 年，评估这一水平变得越来越困难。一些投资者认为，罗斯福政府的左翼政策将导致企业盈利能力的结构性下降。早在 1932 年 5 月，甚至在被提名为民主党候选人之前，富兰克林·罗斯福曾说过，在未来，资本必须满足于相对于劳动力的较小回报。人们不能对未来期待和过去一样的利润水平。难道 68% 的市场收入下降预示着微薄利润时代的来临？

这种对基础收益水平的混淆，解释了 1932 年 7 月熊市底部前后估值参数的巨大差异。

尽管公布的盈利已回到 1880 年的水平，但市场在 1932 年 7 月的市盈率仍仅为 10.2 倍，比 1871 ～ 1932 年的平均市盈率低 26%。

然而在一年后，市盈率攀升到 26.3 倍。此前只有 1894 年 12 月的市盈率，此后只有 1998 年 3 月的市盈率更高。这是年度市盈率波动最激烈的阶段，其原因是 1932 年 7 月市场见底后指数上涨，而盈利却下降了 13%。

1933 年市盈率的大幅上升通常被认为是股票价格高昂的表现——但事实不是这样，股票仍然非常便宜。市盈率在 1932 年 7 月达到 10.2 倍，但不能依此认为股票价格高昂，因为 1881 年市场就达到这个水平了。只有那些胆战心惊的共和党人才会相信，"新政"将美国企业的盈利能力降低到了如此永久性的低水平。在接近历史高点之际，到 1933 年，整体市盈率成为一个非常容易误导人的价值指标，但股市的牛市仍有很长的路要走。在公布的收益报告中，市盈率显示，与长期平均市盈率相比，1932 年 7 月股票被低估了 26% 左右。对于很多经过调整后的收益而言，他们的交易甚至更低于公允价值。

以 10 年滚动平均收益计算，1932 年 7 月份的市盈率比 1881 ～ 1932 的平均水平低了近 70%。q 值也表明股市非常便宜。在 1932 年的市场底部，q 值可能已经降到了 0.3 倍以下。与 1921 年 8 月一样，股票现在的交易价格比其资产的重置价值折让了 70% 以上。

对于 1932 年夏天被套牢的投资者来说，好消息是，除非有人相信罗斯福有意摧毁美国的资本主义，否则股票是非常便宜的。坏消息是，以周期性调整后的市盈率作为价值衡量标准，股市自 1931 年中期以来一直低于其长期平均估值。此后，道指降了近 70%。

股市也突破了以往所有公认的账面价值限制。令人欣慰的是，1932 年 5 月 18 日《华尔街日报》提供了一个表格，比较了道琼斯工业平均指数 30

只股票中的 21 只股票的市净率，并与 1921 年的低价进行比较。

简单地说，表 2-19 中的数字显示 21 只工业股票的市净率达到了 0.66，低于 1921 年底部的 0.82。当然，5 月 18 日不是市场的底部，道指在触底前将再下跌 22%，届时工业股市场的市净率约为 0.52 倍。

表 2-19　道指主要股票——价格与账面价值相比，价格与流动资产相比

	与账面价值相比下降（%）		与流动资产相比下降（%）	
	1932	1921	1932	1921
联合化学	56	61	114	425
美国罐头公司	61	12	—	—
美国炼铁公司	15	22	—	—
波利钢铁	9	16	—	—
伊士曼柯达	67	144	158	151
通用电气	100	73	252	150
通用汽车	60	81	512	—
固特异轮胎	33	108	—	—
万国收割机公司	26	41	47	69
国际镍业公司	48	37	—	804
丽吉特迈尔斯公司	123	242	138	922
麦克公司	19	85	34	708
西尔斯－雄鹿公司	39	75	80	140
加州标准石油	39	115	273	728
新泽西标准石油	41	71	508	238
德州仪器	256	77	263	203
德州海湾硫黄公司	126	124	269	206
联合碳业	68	82	275	241
联合钢铁公司	13	28	—	—
西屋电气公司	25	51	58	122
伍尔沃斯公司	154	184	507	583

注：1932 年和 1921 年 21 种股票的价格通过减去无形资产价值和流动证券票面价值而获得账面价值。

资料来源：*Wall Street Journal*, 19 May 192.

如果投资者认为 1921 年 0.82 的收益率使得股价与账面价值在 1932 年跌至谷底，那么他们将再次目睹股票价格进一步下跌27%。

投资者对价值构成的看法的这种转变，很可能是对市场权重股票的价值持一种怀疑态度。

> 在牛市的轰鸣声中，缺乏有关一家公司的全面信息，使其证券具有一定的"神秘"价值。而长期的经济萧条在很大程度上消除了其"神秘"价值，还原了其本来面目。⊖

在 1929 年夏末，投资者对"神秘"价值给予了溢价，但到了 1932 年的夏天，他们会要求对硬资产给予 50% 的折扣。

正面消息和熊市

> "我知道，好吧。我告诉你，我知道情况正在好转，这绝不是在猜测。"
>
> "给胡佛发一封电报，让他知道这个秘密。"斯塔兹说。
>
> ——詹姆斯·法雷尔，《审判日》

到了 1932 年夏季，人们对整个金融体系的信心随着股市的崩溃而崩溃了。当查理·卓别林（Charlie Chaplin）从世界巡演归来时，他对媒体说："据说我是一名喜剧演员，但在看到世界的金融状况后，我发现我也可以成为经济学家，就像经济学家可以成为喜剧演员一样。这可能没什么好笑的。"⊜

似乎是为了概括总体情绪，《华尔街日报》在 1932 年 5 月 12 日一篇文章的标题中提到了"灵感枯竭"（inspiration shuts down）。但新闻的内容是一家叫灵感（Inspiration）的铜业公司关闭了亚利桑那州的一座铜矿，

⊖ *Wall Street Journal*, 15 June 1932.

⊜ 同上。

而不是该国普遍的萧条。仍有一些人在等待周期性经济反弹，尽管这需要很长的时间。自 1854 年以来，经济衰退从高峰到低谷的平均持续时间只有 20 个月。到 1932 年 7 月，这个国家已经进入了第 35 个月的经济衰退时期。股市 1921 年触底正值经济触底——国家经济研究署也认为见底的时间是 1921 年 7 月。但是，对于 1932 年来说，情况就不那么明朗了。国家经济研究署认为经济衰退底部的参考日期是 1933 年 3 月。股市似乎比经济早 9 个月触底。

经济复苏始于 1932 年夏天，但第三次银行业危机使经济复苏偏离了轨道，这一次是在上一年 11 月罗斯福当选总统之后。第三次危机导致的经济收缩使经济活动减少到比 1932 年夏天更低的水平。事实上，即将上任的美联储主席亚瑟·伯恩斯在与卫斯理·米切尔合著的一本书中，描述了这两个时期，即 1932 年夏季和 1933 年 3 月，代表着经济的"双底"。⊖

1932 年 5 月至 9 月道琼斯工业平均指数如图 2-6 所示。

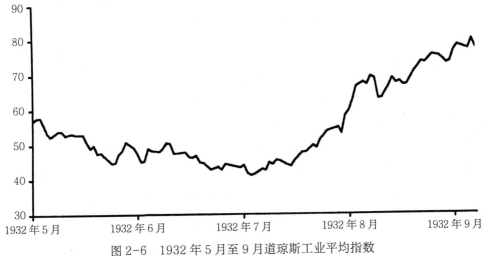

图 2-6 1932 年 5 月至 9 月道琼斯工业平均指数

资料来源：Dow Jones & Co.

⊖ Arthur F. Burns and Wesley C. Mitchell, *Measuring Business Cycles*.

从技术上讲，股市引领了经济复苏。同时，市场和经济的触底是同时发生的。

对于那些在1932年夏季被套牢的人来说，他们看到的希望可能是虚幻的。到了1932年11月，经济复苏的势头已经减弱，到了1933年3月，经济指标几乎又回到了1932年6月开始的时候。然而，第三次银行危机并没有使道指恢复到1932年的低点。该指数从1932年7月8日至1932年9月7日上涨94%，尽管1933年2月27日跌至当年低点，但仍比7月8日的熊市底部高出22%。仍有争议的是，到底是股市主导了经济复苏，还是股市复苏与经济复苏只是巧合地同时出现。但是市场信心显然高于1932年7月的水平。

本书的第一部分提到，人们在1921年从许多来源听到了好消息，股票市场到达熊市的底部，但投资者似乎关注于负面新闻。而1932年的情况就完全不同了。到了7月，股市已经下跌89%，出现了两次银行业危机，批发价格下跌了40%，工业生产减少了一半。令人惊讶的银行倒闭和随之而来的后果超出了大多数投资者的预期。即使是1907年的大熊市和尼克博克信托公司（Knickerbocker Trust Company）的破产都没有对投资者造成如此大的震惊。（1907年10月21日，国家商业银行拒绝兑现尼克博克信托公司的支票，并在纽约的信托公司引发了挤兑。⊖）到了1932年7月，熊市和经济萎缩已经有34个月的时间了，市场上几乎没有什么乐观的迹象了。1921年报纸上充斥着大量的好消息，而在1932年，好消息屈指可数。

然而，应该强调的是，即使在美国资本主义最黑暗的时刻，也不是每条新闻都是坏消息，也不是每一位评论员都看跌。

在本书中，我们将重点放在熊市底部的前后两个月期间，试图去获得对那个时代的市场的看法。

⊖ Robert Sobel, *Panic on Wall Street: A History of America's Financial Disasters.*

话说，在市场底部没有好消息。如果这样的断言有可能是真的，那么至少人们认为它是正确的，因为投资者正与大萧条做斗争。然而，《华尔街日报》1932 年夏季的版面上还是有大量正面的经济新闻。

5 月 9 日：4 月份新乘用车销量增长超过了正常的季节性增长。来自 7 个州的报告显示，3 月份的增长率超过了 60%。而过去 7 年以来同期的平均增长率为 30.5%。

5 月 10 日：福特汽车公司诺福克工厂 4 年来第一次在星期六生产。

5 月 16 日：落基山脉以东 37 个州 4 月份建筑合同总额比 3 月份增加了 8%。而 1931 年同期为下降 9%。在公共工程方面，4 月较 3 月增加了 93%。

5 月 16 日：那些有能力买得起新车，但一直没有买车的人，现在正在进入市场。

5 月 16 日：新罕布什尔州各地的工业逐步复苏。

5 月 17 日：4 月份美国 568 个城镇办理的建筑许可证比 3 月份增加了 19.7%，而往年同期平均减少 3.3%。然而，1932 年 4 月份的总数比 1931 年 4 月低 30%。

5 月 21 日：16 个主要工业组织中有 8 个报告就业人数增加。

5 月 22 日：福特产量逐步提高，这将对接下来几个季度产生显著的影响。

5 月 24 日：纽约资本家威廉·古根海姆在宾夕法尼亚大学的校友聚会演讲中表示，"一丝希望之光正从工业混乱和黑暗中显现出来。经济调整将结束。"

5 月 24 日：斯图茨汽车公司有许多新订单在手，并将按每周 6 天的时间表立即开始运作。

5 月 25 日：库存处于低谷，很多重要商品在货架上都没有库存。

5 月 30 日：圣保罗公司总裁斯坎德雷特说，公路两旁的农田从未像现在这样高产，如果继续这样下去，就会出现谷物运输的早期迹象。

6 月 11 日：雪佛兰汽车销售曲线上升。

6 月 13 日：底特律——汽车销售持续增长。

6 月 15 日：在匹兹堡举行的美

国全国零售干货年会上，协会主席P.A.奥康内尔说，消费品供应接近枯竭，预示着可能出现价格上涨和商业复苏。

6月17日：托莱多一家五金店的负责人宣布，最近当地经销商的需求明显增加，他们正在增加库存。

他宣称，在严重萧条时期之后五金行业恢复的速度明显快于其他行业。他倾向于认为这是一个重要的转折点。

6月18日：卡特彼勒拖拉机公司在第一季度亏损后，4月份业务好转，5月份的净利润为573 826美元，相当于每股4美分。

6月20日：与4月份相比，5月份就业率下降3.2%，工资开支下降3.9%。在16类就业部门中，就业和收入均减少的有10类。汽车工业的就业人数增加了1.5%，工资开支增加了13.5%。

6月21日：费雪的商品价格指数又一次跌至新低，但全国化肥协会的批发价格指数出现两个月来的首次上涨，从59.6上升到60。在过去几个月中，大宗商品价格的上涨幅度超过了任何一周。价格较高的商品包括棉花、麻布、猪油、面粉、糖、玉米、小麦、牛、猪、锡和汽油。

6月25日：目前的迹象表明，芝加哥市场季节性商品的零售和批发销售都在改善。

7月3日：根据欧文·费雪教授关于该国批发商品价格的每周指数，一周前开始的商品价格上涨趋势在过去一周内继续存在。截至7月1日的一周，该指数上涨0.1，至59.6，高于6月17日创下的纪录低点59.3。这至少标志着该指数自上年3月以来的下跌态势得到了遏制。

7月6日：在短暂的"欧根尼"帽子热潮之后，丹伯里的帽子行业突然苏醒过来，两家最大的工厂纷纷全面投产。

7月6日：托马斯·A.爱迪生之子、爱迪生工业公司总裁查尔斯·爱迪生在进行了6周的全国环游后，表示相信商业萧条已经触底。

7月7日：全国化肥协会批发价格指数连续第三周上涨。

7月7日：自5月以来马萨诸塞

州奇科皮市阿斯诺夫父子羊毛制衣公司已经关闭工厂，但是现在它宣布本周全面恢复生产，并提供 750 个工作岗位。

7 月 8 日：糖价创新高。

7 月 8 日：道琼斯工业平均指数触底。

7 月 9 日：世界大宗商品市场对在洛桑达成的赔偿协议做出了反应，海外商品市场活跃了起来，并在其中几个国家引起剧烈涨价，其中以猪和糖为首，创下了价格上涨的新纪录。

7 月 11 日：据《美国银行家》报道，过去一周银行暂停营业的次数从前一周的 41 次降至 24 次。

7 月 14 日：据负责交通事务的副总裁亨利·W.拜尔斯说，芝加哥地区和西北部地区的作物这一季的表现良好，可能会有创纪录的丰收，而且粮食价格也可能上扬。

7 月 14 日：在过去的 10 天里，皮货价格比不久前的低点上涨了 35%，这对美国皮革公司应该是好消息。

7 月 16 日：胡佛总统减薪 20%，内阁成员减薪 15%。

7 月 21 日：中西部地区的水泥价格从每桶 40 美分上涨到 50 美分，这是自 1929 年以来价格首次上扬。上年 5 月发生了最后一次削减，使得价格处于 15 年来的最低点。

7 月 21 日：虽然目前应该是广播业每年最平静的季度，但许多经销商仍然惊叹于他们的销售量。

7 月 22 日：富斯特公司的巴内特认为，"20 世纪的经济危机都以商品和债券价格坚挺而告终。这些迹象今天都可见。"

7 月 26 日：一份调查显示，超过 15 000 名新英格兰人返回原来的工作岗位或者找到新工作，因为在过去几周内商业重新繁荣起来。

8 月 1 日：汽车制造商派遣销售代表对全国各地的情况有了第一手的了解，发现商业普遍稳固，公众的心态更加乐观。

8 月 1 日：钢铁价格比大萧条开始以来的任何时候都要稳定。

8 月 1 日：贸然对近期的现象做出结论可能会令人尴尬。现在下结论还为时尚早，因为与明确的迹象相比，它们并没有多少实践意义，而且无法表明经济正在逐渐恢复。

8月2日：以二手车库存为代表的富余交通运输量正在迅速消耗。在6月，美国的二手车库存减少了10%，在7月的头20天里又减少了16%。

8月2日：威利斯奥弗兰公司的7月生产计划增加了20%以上，由于新的流线型系列的需求上升，与上年7月上旬相比，今年的增幅为23%。

8月3日：商务部公布的当前商业调查显示，尽管商业活动在6月份和7月初继续减少，但出现了一些建设性的变化，最近的一些事态发展有助于改善人们的情绪。

8月3日：根据达拉斯联邦储备银行的月度报告，在过去几个月中，贸易和一般业务出现了许多积极的因素。

8月3日：货架空空如也，制造商、中间商和零售商表示，任何贸易好转都会使替代业务的需求增加，在许多行业，这种需求可能难以满足。

8月3日：截至8月1日，布拉德斯托特批发价格商品指数连续第二个月上涨，增加了1.0%。在以前的所有商业周期中，布拉德斯托特发现，改进

首先发生在非常敏感的原材料上，然后逐渐地影响半成品和成品。这似乎是目前商品价格的走势。

8月6日：新任商务部长罗伊·D. 查宾表示，毫无疑问，"萧条已经结束了，"他说，"现在的工作是释放购买力。"

8月8日：工业中心需要改善工业低迷的现象，有关的新闻报道也充满了很高的希望。

8月8日：伦敦经济学家表示相信美国已经度过了危机，其发现信贷扩张政策是有益的，公众心理变得更加稳定。

8月9日：芝加哥——企业、街道、邻里及外围干货店的经营者一致表示，他们的业务有根本的改善。主导产品价格还在进一步上涨。

8月13日：圣路易斯——过去几天，干货订单明显激增，单位数量超过了今年迄今任何类似时期的预订量，比一年前的销售情况要好。

8月15日：汽车业感受到了弥漫在商业零售销售中的情绪改善的影响，对价格较高的汽车的购买兴趣正变得更加积极，而且据报道，销售增加了。

8月17日：美国食品杂货业的前景非常光明。杂货制造商协会主席保罗·威利斯说，他发现公众正关注商品质量而不是价格。

8月19日：西屋电气制造公司总裁 F.A. 梅里克说："经济的自然力量已经开始发挥作用，证据越来越明显，对此我深感欣慰。商品和证券价格的上涨以及小企业经营的好转，必须先于整个商业世界的全面恢复。"

8月19日：所有行业的商业情绪稳步改善，有力地反映在更多的购买运动中。前景比过去六个月中的任何时候都要光明，某些部门的前景也比过去两年中的任何时候都要好。

8月19日：尽管批发价格上涨已经持续了两个多月，但零售价格的上涨一直滞后。如果批发价格水平保持现状，零售业将很快开始普遍上涨。

8月20日："在过去两周内……出现了明显的复苏迹象。18个月来，我们一直有意避免做出预测。现在，我们觉得有足够的证据让我们变得乐观。"[道奇公司销售总监范德纪（A. Vanderzee）]

8月22日：钢铁贸易周报的基调更加令人鼓舞。虽然最近一周的业务仅增长了 1%，但有明确的迹象表明，对钢铁特别是对轻钢的需求出现了增长。

8月22日：在过去一周芝加哥的许多行业中，信心的恢复、活动的增加以及情绪的明显改善都是显而易见的。

8月22日：底特律几家制造企业的报告显示，整体业务有所改善。

8月22日：美国劳工部 7 月份见证了今年以来第一次真正显著的工业活动扩张。

8月23日：最近的大宗商品价格上涨抓住了许多零售商的"空头"，迫使它们争先恐后地补充已降至极限的库存。

8月29日：克劳斯－海因茨公司电器制造商副总裁海因兹表示，复苏首先出现在新英格兰，这是经济好转的最明显迹象之一。由于其工业中心的地位，新英格兰始终引领着全国走出商业衰退。

8月29日：在一些行业，特别是人造丝和纺织业，出现了明显的好转。

8月29日：由于整个工业的改

善，卡车销售已经开始回升，特别是轻
型卡车。汽车行业的卡车部门通常会感
受到工业复苏的最初影响。由于经久耐
用，所以它的需求通常首先上升。

8月30日：随着生猪价格的稳步
上升，艾奥瓦州的商业情绪有所改善。
到昨天，生猪价格连续第17次上涨。

9月2日：收到在该地区生产的
产品的信息后，芝加哥商业协会发现，
在过去3周内产量上升了35%以上。

9月3日：到目前为止，消费者

购买行为的最显著趋势是对更好商品的
偏好。这带来了工业生产的加速，许多
已经闲置数月的工厂又开始运转，因为
它们预计，更换破旧生活必需品的必要
性，以及大量闲置资金，会导致采购潮
不断膨胀。

9月5日：沃尔特·莱顿爵士编
辑的《伦敦经济学家》认为，美国经济
有可能大幅复苏，"由于目前正在实施
的受控制的通货膨胀的刺激，经济可能
自然而然地复苏。"

上面的证据似乎证明是时候购买股票了。但是，回顾一下这些数据，任
何投资者都必须重新考虑，在市场触底之前，是不是所有的消息都是负面
的。即使在1932年最黑暗的日子里，在情况如此糟糕的时候，胡佛总统也
拒绝为士兵减薪，以防他需要他们来平息一场革命。但仍有许多正面新闻。

和1921年一样，1932年的投资者忽视好消息，而只关注负面消息，
这恰恰是熊市即将结束的特征。

在1921年和1932年，汽车工业是复苏的先锋，来自新英格兰的进步
的消息特别引人注目。在这两个时期，尽管其他商品价格普遍下跌，但人
们对高质量、高价格的商品的需求反而有所上升。然而，这两个时期最显
著的相似之处是，一旦初级商品市场的价格趋于稳定，一系列积极的事件
就开始了。正是这些头条新闻表现出来的价格趋势，提供了最准确的指标，
表明股市的熊市即将结束。

价格稳定与熊市

"看，比尔，快看那条漂亮的黑色丝纱，只要12美元。衣服现

在便宜得不得了。"

——詹姆斯·法雷尔,《审判日》

1932 年和 1921 年一样,价格稳定的迹象,在熊市的底部出现。与1921 年一样,商品价格的日益稳定扩大到更多的商品,最终批发价格也日趋稳定。

在第一部分我们讨论了价格调整对金本位制度下商业周期运作的重要性。1932 年,美国是少数几个仍在实行金本位制的国家之一,大宗商品价格的稳定似乎起到了一定的作用。无论其他货币的自由浮动对金本位制带来了什么影响,展望金本位,大宗商品价格的稳定似乎仍然是决定经济周期何时接近底部的重要因素。自 1929 年 9 月开始的大熊市中,大宗商品和批发价格指数首次出现回升迹象,股市企稳并走高。

1929 年 9 月至 1933 年 9 月美国批发价格如图 2-7 所示。

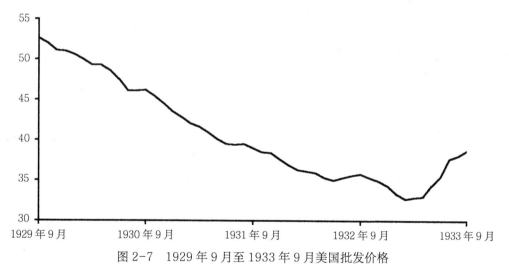

图 2-7　1929 年 9 月至 1933 年 9 月美国批发价格

资料来源:National Bureau of Economic Research.

1932 年 7 月和 1921 年 8 月之间的关键区别是,1932 年的批发价格的增长没有持续下去。1932 年 11 月左右，经济增长开始停滞，到 1933 年 3 月，经济活动甚至略低于 1932 年 7 月的水平。批发价格也出现了类似的趋势，不同之处在于价格明显低于 1932 年 7 月。美国劳工部的批发价格指数在 1932 年 6 月达到了 1932 年的低点，但是到 1933 年 2 月，在 11 月结束的反弹之后，该指数比 1932 年 6 月低了 6.6%。然而，即使在 1933 年的低点，股价仍比 1932 年 7 月达到的水平高出 20%。批发价格的持续上涨始于 1933 年 2 月，这与股市牛市中最剧烈的升值同时发生，牛市将持续到 1937 年。

投资者从 1921 年和 1932 年得到的教训是，大宗商品和批发价格的日益稳定是股市接近底部的一个重要指标。在 1921 年，这种稳定是可持续的，这是因为生产者不愿意进一步销售他们的产品，而且全国的库存水平非常低。正如《华尔街日报》所指明的那样，1932 年的夏季也出现了同样的情况。1932 年 5 月 15 日，《华尔街日报》在"反通缩力量增强"的标题下列出了更大范围的影响因素，表明大宗商品价格将企稳。这些因素是：

- 美联储购买政府债券。
- 纽约资本回报率过低。
- 在不久的将来，纽约可能下调再贴现率。
- 英国央行表示愿意合作。
- 英国央行连续下调利率，从 6% 降至 2.5%。
- 3 月份以来英国财政部积累了价值 1 350 万英镑的黄金。
- 巴黎、瑞士和其他"中立"国家的闲置资本堆积。
- 几十个国家暂停金本位制和货币贬值。
- 来自印度的黄金持续流入。

与 1921 年一样，观察这些改善迹象要比事先确定价格调整的幅度容易得多。1921 年，许多人预测通货紧缩将不得不使物价回到战前的水平。但这并没有发生，价格和股票市场早在这种调整之前就已经触底。同样，在 1932 年，几乎不可能预先判断价格调整是在什么水平上完成的。批发价格指数跌破 1921 年的周期性低点，低于 1913 年的战前水平，并持续下降，直至达到 1907 年的水平。在这一下降的影响下，一些生产者不得不应付更严重的调整。1932 年 6 月初，宝洁公司降低象牙香皂的价格。糖的价格回到了 1895 年的水平，铜、铅和锌达到了 50 年来的最低点。棉花市场的情况甚至更糟，棉花市场跌至 1848 年的水平。⊖ 在这种环境下，观察价格企稳的关键迹象，要比预测商业车轮再次开始转向的"正确"价格容易得多。

有迹象表明，这种通缩将在 1932 年夏季结束。这也是股市的一个非常乐观的指标。和往常一样，一些评论员显得有先见之明。7 月 8 日出生的幸运儿约翰·D. 洛克菲勒（John D. Rockefeller）在向全国宣布这一消息时，听起来相当乐观。他的声明是在股市触底的当天发布的。"这是许多人灰心丧气的日子"，他说，"在我 93 年的生命中，消沉来来去去。繁荣总是会回来的，而且还会再来。现在，在我生日这天，我想重申我对这个国家赖以建立的基本原则的信念——自由，无私地致力于公益事业，以及对上帝的信仰。"⊜

他敦促美国人谦卑地承认自己的错误：铺张浪费、自私和对其他人漠不关心，让我们怀着对上帝、对自己和对人类的信念，勇敢地向前迈进，在建设一个更美好的世界中发挥我们应有的作用。按照今天的标准衡量，洛克菲勒已经积累了超过 2 000 亿美元的财富，比比尔·盖茨和沃伦·巴菲特的总和还要多。毫无疑问，当美国人民听到他说"致力于公益事业是使他们渡过难关的关键原则之一"时，都被他逗乐了。也许他们还记得当时 90 岁的洛克菲勒在 1929 年 10 月 30 日星期三发表的一份声明中的告诫。

⊖ *Wall Street Journal*, 10 June 1932.

⊜ *Wall Street Journal*, 8 July 1932.

我相信这个国家的基本状况是健全的，现存的商业环境是不容挑战的。我和我的儿子几天来一直在购买业绩优良的普通股。⊖

流动性与熊市

如果他把钱放在家里，可能会被抢劫。如果他把钱存在银行里，银行可能会破产。如果他买股票，市场可能崩溃。天哪，这真是个疯狂的世界。

——詹姆斯·法雷尔，《审判日》

寻求股市熊市终结的投资者往往会从美联储的行动和流动性的改善中寻找迹象。在第一部分中，我们看到预测新的弹性货币的波动是多么困难。评估流动性的变化已经够困难的了，即使金本位制的运行具有可预见性，但随着1914年美联储体系的诞生，流动性预测业务已经变得非常复杂。1918～1920年，随着联邦储备委员会支持政府的战争融资活动，弹性货币的规模远远超出了几乎所有人的预期。不幸的是，对美联储观察人士来说，弹性货币的紧缩在1921年夏天股市和经济触底之后很长一段时间内仍在继续。

1924年，在股市触底三年之后，仍然有人在等待美联储信贷稳定市场。评论员过去未能预测美联储的活动及其对流动性的影响，这可能是1932年夏天媒体对流动性缺乏正面评价的原因。在上文提到的对美国经济前景的所有正面评论中，只有伦敦的经济学家提到流动性的改善是一个重要因素。当人们认为美联储在1932年4月股市触底前夕开始向金融体系注入大量流动性时，人们普遍不将流动性放松作为股市的风向标，这一点尤其令人感兴趣。⊜

⊖ Maury Klein, *Rainbow's End: The Crash of 1929*.
⊜ *Wall Street Journal*, 5 September 1932.

《华尔街日报》试图向读者解释，美联储的新政策应该如何与购买政府债券，并为此发行支票的措施紧密结合并发挥作用。

这些债券的支票将存入银行，然后汇回储备银行，以支付过去的再贴现或成员银行准备金账户中的贷项，其中信贷将作为可能扩大成员银行贷款或投资的储备基础，至少是金额的 10 倍。[○]

这道理听起来很简单，大概也是财政部长安德鲁·梅隆（Andrew Mellon）认为美联储体系是商业周期解药的原因。然而，如何预测美联储何时会使用解药呢？到 1932 年年初，那些投资于股票、依靠提供解药来治愈经济萧条的人失去了大部分资本。对于通过购买政府证券或票据将货币投入流通的影响，美联储内部一直存在长期争论。比较著名的一个例子是，纽约联邦储备银行在 1929 年 10 月底进入市场，购买 1.6 亿美元的政府债券，尽管只有美联储授权购买的限额上限是 2 500 万美元。美联储强烈反对这一购买行为。人们普遍认为，这种行动将推迟必要的清算，并助长投机活动。从 1929 年 11 月开始，纽约联邦储备银行继续游说，要求将弹性货币延伸到 1931 年 9 月，此时英镑大幅贬值引发了美元挤兑。然而，由于长期任职纽约联邦储备银行行长的本杰明·斯特朗（Benjamin Strong）于 1928 年去世，纽约机构的影响力受到了削弱。美联储无视纽约方面要求提供解药的呼吁，因此，如果投资者想要找到 1929 ～ 1932 年的流动性的变化，就必须参与并了解这场辩论，并意识到美联储将战胜纽约联邦储备银行。

联邦储备系统的建立是为了将国家从目前正在发展的那种国家金融紧急状况中拯救出来。这些机构相对不采取行动，鉴于其自 1914 年创建以来的普遍行动主义，是一个特别难以理解和预测的因素。美联储将继续占纽约联邦储备银行的上风，联邦储备银行的信贷额直到 1931 年夏末才有增加

[○] *Wall Street Journal*, 7 May 1932.

的迹象。然后从 1931 年 8 月到 1931 年 10 月，联邦储备银行持有的票据和证券总额从 9.3 亿美元增加到 20.62 亿美元。然而，随着英镑的贬值，这一政策很快就被迫结束了。即使纽约联邦储备银行接受了宽松的公开市场政策，但随着美国黄金的外流，它现在也不能继续下去了。直到 1932 年 1 月，纽约联邦储备银行才再次游说美联储启动公开市场购买计划。4 月份，美联储再次批准了大规模证券采购，这在很大程度上是因为担心国会采取立法行动促使其这样做，而不是承认纽约联邦储备银行的论点是正确的。证据在于，当国会于 7 月 16 日休会时，美联储信贷的扩张基本上停止了。

表 2-20 显示了 1931 年 7 月美联储在向系统提供流动性方面的不作为。但在 1931 年 8 月至 10 月流动性注入期间，股市没有对其做出反应，大概是因为这些公开市场购买的同时，国际形势正在恶化，英镑也脱离了金本位。当美联储在 1932 年 4 月尝试类似政策时，投资者对此持怀疑态度，因为市场未能在秋季做出积极反应。另一个原因是，美联储的行动仅仅是为了抵消黄金外流的影响。在美联储采取这些行动的同时，芝加哥发生了一系列重大银行破产事件，导致银行系统的存款逃离危机。从 6 月 8 日至 7 月 6 日，由于公众从银行系统提取更多资金，流通货币增加了 3 200 万美元。对支票征收 2 美分的税似乎也在说服公众持有更多现金而不是存款。公开市场购买的新政策，即使能抵消这些负面因素，也未能达到其初始目的。该政策被准确地判断为受短期政治权宜之计的推动，商业银行家在使用新资金时非常谨慎。

表 2-20 联邦储备票据和政权贴现额度波峰与波谷 （单位：百万美元）

1920 年 10 月波峰	3 358
1924 年 7 月波谷	827
1928 年 12 月波峰	1 766
1931 年 7 月波谷	906
1931 年 10 月波峰	2 062
1932 年 3 月波谷	1 635
1932 年 3 月至 1933 年 3 月高点	2 407

很明显，现在银行不愿意使用美联储提供给它们的剩余资金，除非它们对税收和预算有更清晰的认识。⊖

银行家们争先恐后地为自己的不作为进行辩护。担保信托公司 6 月 1 日的一份报告解释说，银行将乐于提供更多的商业贷款，并向有资格的企业提供信贷额度，并预测当国内消费回升时会出现这种情况。

随后将很快恢复公众的正常采购，扩大美国银行贷款规模。两者必须遵循这样的前后因果关系。

这种推理可能是正确的。《华尔街日报》6 月 16 日报道，就连典当行也对流动性感兴趣。

纽约市典当行报告说，由于人们不愿在当前条件下负债，以及不愿看到自己的质押物品贬值，生意急剧下滑。他们的大部分钱都闲置着。

到 1932 年 6 月，美联储成员银行准备金的增加额度是第二次银行业危机爆发以来减少额度的一半。商业银行金融状况的改善对它们发放贷款的意愿没有明显影响，市场很快意识到，这"非常清楚地表明，尽管美联储采取了控制信贷扩张的政策，但严重通缩仍在持续"。⊜

事实证明，这种对信贷政策的即时评估是正确的。几周之内情况有所改善，并引起市场一定程度的兴奋，但每月的贷款额继续下降，一直持续到 1933 年 4 月。这种传输机制失败了。然而，正是在萧条的这个阶段，当商品价格开始上涨，经济开始复苏时，确实发生了一些积极的事情。

投资者很难将大宗商品价格的上升直接与美联储的公开市场购买联系起来，因为这些行动未能成功创造信贷。然而，可能有间接的影响，值得注意的是，公众持有的货币数量在 1932 年 7 月达到高峰，存款货币比率在这一年的剩余时间略有改善。银行系统开始对保持存款数量感兴趣，这可能是因为美联储采取了创造流动性的行动。公众恐惧程度的降低可能帮助

⊖ *Wall Street Journal*, 30 May 1932.

⊜ *Wall Street Journal*, 12 July 1932.

稳定大宗商品价格，并在 1932 年夏季带来了经济复苏。对投资者而言，最重要的教训是，仅凭美联储放松流动性的举措来判断市场的走势是很危险的行为。人们可以推测，美联储的行动在稳定大宗商品价格和推动经济活动方面发挥了间接作用，但没有证据表明，通过促进信贷增长就能对经济产生预期的直接影响。

如果投资者押注美联储的新政策将通过间接稳定消费者信心发挥作用，那将面临风险，1931 年 8 月至 10 月采取的类似政策并没有导致经济复苏。假设一位投资者在 1931 年 8 月美联储首次采取这一政策时进入股市，他将看到道指进一步下跌 69%。也许这位勇敢的投资者不动声色，在 1932 年 4 月第二次公开市场采购行动启动时投入市场。但从 4 月到 7 月，当美联储的公开市场操作表明，从 1931 年 8 月至 1932 年 7 月流动性变得更加宽松时，该投资者将再次损失三分之一的投资。

在第一部分中，我们分析了广义货币增长和信贷增长的变化，以寻找熊市底部的指标。1921 年同样的搜寻几乎没有收获，1932 年的收获甚至更少。1935 年，美国商业银行体系贷款总额触底并恢复信贷增长。对广义货币供应增长的关注也未能指出 1932 年 7 月购买股票的触发点。如果以名义或实际价值来衡量，要到 1933 年第一季度末才能说广义货币出现了改善。

也许现在还不是期望货币分析得到所有答案的时候。人们如何才能分析货币统计数据，以评估大众心理问题的转机？南卡罗来纳州的情况说明了公众信心的彻底丧失，在那里，工厂工人同意接受布匹作为一个星期的工资，附近的商人和农民"尽可能地"同意接受布匹以换取货物。[⊖]在整个文明世界，对黄金的渴望从未像现在这样强烈。

在巴黎，25% 的场外交易都是以双鹰美元硬币的方式进行的。

在没有硬币的情况下，就用薄金条的方式支付。[⊜]

⊖ *Wall Street Journal*, 30 May 1932.

⊜ *Wall Street Journal*, 7 June 1932.

在这种极端情况下，为了寻找金融稳定的证据，分析货币统计数据可能不是最好的方法。

牛市和熊市

他想了想，他的股票现在跌到了 10 英镑，他必须决定是持有还是卖出。从 2 000 美元降到 800 美元，这也许就是艾克·杜根说过的波动。下一次他遇到斯图兹·罗尼根时肯定会发表同样的言论。

——詹姆斯·法雷尔，《审判日》

1932 年和 1921 年一样，人们对股票市场的走向有许多预测。那些认为价格回归稳定将标志市场转折点的投资者被证明是正确的。和 1921 年一样，试图用流动性分析来判断股市底部也遇到了很多问题。不过，在投资领域里，评估市场进展的策略往往比战略更多，1921 年和 1932 年也有许多类似的地方。

1932 年 5 月 8 日至 10 月 8 日道琼斯工业平均指数如图 2-8 所示。

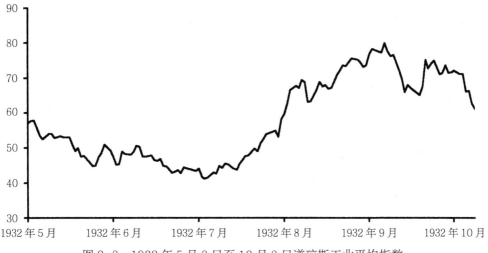

图 2-8　1932 年 5 月 8 日至 10 月 8 日道琼斯工业平均指数

资料来源：Dow Jones & Co.

以下来自《华尔街日报》的摘要显示了1932年夏天投资者的观点。

5月9日： 市场失去上涨的动力，主要是因为短线收益明显降低以及缺乏大幅进仓的机会。

5月9日： 几个月来最大的上扬趋势。胡佛要求平衡预算是主要原因。

5月12日： 在回顾过去一个月的市场时，当交易量超过平均水平，价格就会上涨；而交易量下降，价格就会下跌。市场逐渐见底导致股市交易一蹶不振。

5月13日： 如果政府的计划如最后概述的那样，考虑一项明确的通货膨胀政策，那么股票价格无疑会上升。

5月17日： 参议院民主党领导人采取行动，欢迎共和党人加入敦促尽快通过税收法案的行动，以便鼓舞市场。

5月21日： 隔夜宣布成立一个由12名银行家和实业家组成的委员会，帮助美联储开展信贷扩张政策并运作注入市场的巨额资金，这给证券市场注入了新的希望。尽管人们对于新成立的委员会的计划还会有一些疑问，但是这种努力和决心已经在债券市场产生影响，其效果很可能首先反映在债券市场上。其他事态发展可能也会暂时提振证券市场，但在华盛顿提出更具建设性的政策之前，很难看到任何反弹能够取得进展。

5月25日： 表现最差的是食品公司和烟草公司。在许多季度，人们抛售垃圾股，因为它们阻碍绩优股的成长，从而影响他们的账户。食品公司的股票屡次创下新低。

5月26日： 昨日成交量大幅上升，显示市场可能接近顶点。

5月27日： 美国电话电报公司股价陷入新低。

5月28日： 由于通用电气季度股息下降60%，假日前股市极度低迷。

5月28日： 股票市场在早上的表现乏善可陈。

6月2日： 据称政府将成立新的稳定市场的专门机构。美联储的信贷控制政策使得最重要的银行机构能够积累大量的超额准备金。至少，这些储备可以用来购买特定公司的债券。昨天早些时候，在参议院最终通过税收法案的刺激下，股市突然上涨。如果拟议的刺激经济计划能够得到执行，那么就会平衡国家预算。自3月8日以来，道指，以及工业、铁路和公用事业类股指下跌了50% ～ 60%。下降的深度似乎表明市场已接近拐点。

6 月 6 日：复苏情况与去年长期通缩期间市场出现的其他迅速逆转情况相似。每次反弹都给投资者带来了希望，但随后这些希望破灭了。

6 月 11 日：在股市方面，当天出现了一些大幅上涨，但大部分是以牺牲短线收益为代价的。奥本工业集团就是这种例子，一开始，奥本以 5% 的隔夜涨幅稳步推进，后来上涨了 20 多点。其他一些股票则出现了突然的上涨，尤其是 J.J.Case、哥伦比亚碳业公司和IBM。

6 月 11 日：并不是所有的消息都是好消息，但是市场对坏消息视而不见。

6 月 13 日：总的来说，欧洲似乎在本地市场购买美国证券，从而遏制了来自海外的清算浪潮，改变了过去几周纽约市场疲软的现象。

6 月 15 日：股票价格普遍较高，市场释放出表示上扬的趋势。毫无疑问，美元相对于外币的强劲走强推动了股票价格的上扬，而这一走势在本交易日占据了主导地位。

6 月 16 日：在市场萧条期间，交易量下降，但随着股市的上涨，成交量有所上升。此外，绩优股表现最好，投资者纷纷购买此类股票，这也是值得注意的。

6 月 17 日：华尔街从债券市场中吸取了教训，因为交易部门意识到，如果债券无任何建树，那么股票将很难保持长期性的增长。

6 月 21 日：在整整 5 个小时的交易中，股价交易量跌至大约只有 40万，这是自 1924 年 6 月 2 日以来全天交易中的最低水平，与 1929 年 10 月29 日股市暴跌时创下的 1 641 万股的纪录形成鲜明对比。那时，通用汽车股票的成交量达到了 971 300 股（是单一股票最高成交量纪录），是周一总成交量的两倍。

6 月 23 日：虽然一些绩优股创下了新的低点，但其他股票在这些下降的情况下仍然保持稳定。

6 月 24 日：清算的压力再次显现在个股上，特别是美国罐头公司和美国电话公司。前者刚创下了新低，后者在最低纪录附近徘徊，但在下午大幅回升，并为当天带来了一定的收益。

6月25日：股票价格紧缩，这是一个温和的词，意味着50%的股票的交易价格不到10美元。在周四的交易中，只有422只股票进行了交易。其中有226只股票的交易价格等于或低于10美元，没有一只普通股以100美元或更高的价格成交。

6月28日：工业平均指数的突破性增长在股市引起不安。单独来看，这并不是一个决定性的信号，但如果铁路股票也具有此类特征，根据道指理论，它将清楚地表明，长期通缩尚未结束（道琼斯工业平均指数跌穿5个月新低）。

6月29日：通用食品公司的股票没有受到季度股息减少到50美分的影响。此前的股息是75美分。美国钢铁、可口可乐、通用汽车、国家饼干、西尔斯·罗巴克、联合太平洋和AT&T的股票都创下了新低。

6月30日：今天白天，民主党在芝加哥的会议公布的消息对股市没有任何影响。在晚上的新闻中，来自路易斯安那的报道说明会议没有对解决欧洲的经济危机问题达成任何共识。

7月2日：有些公司当前财务实力和基本面仍然健全，并且拥有良好的经营前景，即使在目前的情况下仍有一定的盈利能力，投资者完全可以按照当前的价格长期持有。以下是我们心目中的这类股票的简短清单：美国电话电报公司，联合天然气公司，美国联合煤气改进公司，太平洋电气公司，切萨皮克和俄亥俄公司，美国烟草，美国联合烟草，宝洁公司，美国家居用品公司，大陆罐头公司，杜邦公司，威廉莱格利，美国口香糖公司，博登公司，美国玉米制品公司。

7月3日：6月27日工业股指数收于42.93点，较5月创下的44.74点还要低。基于道氏理论，工业平均指数的暴跌是一个警告，但不是一个明确的信号。因为铁路股票还没暴跌，6月1日铁路指数跌至14.10，6月27日该指数跌至13.76点，到目前为止，人们显然拒绝出售铁路股票。即使面对5月份糟糕透顶的财报，铁路股票依然站稳了脚跟。根据道氏理论，铁路股票所获得的市场支持以及道指保持低位运行的能力是两个关键的因素。

7月8日：道琼斯工业平均指数见底。

7月11日：尽管《华尔街日报》

仍聚焦于不利消息，而不是关注具有巨大潜力或长期改善的具体行动，但无论是在国内还是国外，都出现了投资购买行为。

7 月 11 日：本周晚些时候，包括美国电话公司、可口可乐公司、伊士曼柯达公司、联合太平洋公司、新泽西州公共服务公司、国际鞋业公司和国际商业机器公司在内的几家主要公司股票跌破了之前的最低纪录。

7 月 11 日：可口可乐普通股出现大量交易。因为很多交易员只要所得的收益能够买一瓶啤酒，他们就心满意足了。蒙特利尔已经允许在特定时候销售含酒精饮料。可口可乐公司总裁罗伯特·伍德拉夫指出，美国人均可口可乐的销售量已经翻了一番。

7 月 12 日：1931 年 12 月 31 日，美国无线电的股东人数为 103 851 人。1930 年 6 月 30 日，股东人数为 93 000 人，而 1928 年 6 月 30 日，仅 25 000 名股票持有者。

7 月 12 日：尽管在周二（7 月 5 日）股市收盘时，所有道琼斯指数都在今年最低点附近徘徊，但在纽约证券交易所上市的一长串股票和债券中，仍

然有很多股票和债券上涨了 50% 或更多（名单显示 67 只股票的价格比 1932 年 7 月 8 日触底之日的价格高 50% 以上）。

7 月 14 日：英法两国决定在影响欧洲福利的政治和金融问题上建立统一战线，这引起投资者的极大兴趣。据一些消息人士透露，在过去的几天里，外国对美国股票的购买量有所增加。而从 3 月初到 6 月底的几个月里，除了偶尔卖空，市场上的海外交易相对来说微不足道。

7 月 15 日：股市在面对相当多不利消息的时候仍然表现良好，对此投资者深受鼓舞。毫无疑问，近期国会休会可能会刺激股市反弹（国会第二天休会）。

7 月 20 日：公司很快就要发布中期财报了。人们普遍认为多数公司的财务状况不容乐观，但显而易见的是，大多数上市公司的证券表现还是出人预料的好。

7 月 22 日：在周四的收盘价上，铝业股价较今年低点每股 22 美元高出 80%。海湾公司股价比 22 美元的低点高出 39%。道琼斯工业平均指数从

1932 年的低点上涨了 13%。

7 月 22 日: 美国电话电报公司的股票出现小幅上涨,奥本、杜邦、纳什、国家饼干公司、奥的斯电梯公司、加州联合石油公司和联合水果公司等公司的报告显示未能达到预定的盈利目标,但在过去的一天或两天内它们的股票出现较大幅度的上涨。

7 月 25 日: ITT 的股东总数达到 100 745。1929 年 12 月 31 日,它只有 53 594 人。而在 1921 年 12 月 31 日其首次对外公布年度报告,其股东人数为 846 人。

7 月 25 日: 市场下跌幅度逐渐减小,市场巩固了近期的涨幅,但是指数并没有出现实质性的突破。

7 月 25 日: 最近债券开始反弹,并对股票产生直接影响。在许多情况下,债券用于抵押目的,并只存在于少数账户内。而债券的任何大幅上涨都会赋予这些账户更大的购买力。

7 月 26 日: 在价格略为下跌的迟疑期,交易活动大幅减少。而随着价格上涨,交易量会急剧上涨。市场的表现与 3 月初至 6 月初的长期下跌形成鲜明对比,当时即使在反弹时期,成交量都已枯竭,而在疲软时期则有所上升。

7 月 26 日: 虽然怀疑论者认为目前的价格上涨很大程度上是被操纵的,所以无须过度关注,但那些认为当前股价很便宜的人正在购买大量股票,即使那些公司的业务不会立竿见影地改善。

7 月 30 日: 1929 年 9 月开始的趋势线终于被打破,在我们看来,这提供了确凿的技术证据,证明大熊市之后不是小规模的复苏,而是一个大牛市。

8 月 1 日: 很久以来人们都在期待股市上涨,但每次希望都没有实现,而现在股市出现了复苏,导致很多投资者急于高价出售股票,导致部分股票停牌。

从去年早春开始美元开始短期下滑,而熊市的到来进一步导致美元汇率下跌。由于当时人们认为美国的发展前景不容乐观,所以美元下滑的趋势无法遏制。但以前认为美国正走向经济混乱的预言并没有成真,而现在看到价格上涨,所以人们开始相信资本投资和升值的契机又一次来临了。

8 月 5 日: 尽管有证据表明,华尔街的许多人仍在卖空和获利回吐,但多数股票仍然创下了自 1931 年 10 月以来的新高。

8月6日：虽然价格在下午有所回落，但显然在下降过程中遇到了巨大阻力，投资者的反应不是很强烈。

8月8日：华尔街认为许多股票的空头头寸仍然和一个月前一样大。交易所截至8月份的短期卖空比例数据证明了这一点。

8月9日：在过去的一周里，欧洲各国在我们股票上进行的交易量可能比在一整年内进行的交易都要多。这是自1929年崩盘以来的交易量纪录。

8月12日：自萧条开始，证券价值总量创下了月最大增幅，7月份已知证券贷款总额减少了1.12亿美元，降至有记录以来的最低水平。与1929年9月30日达到的132.05亿美元的峰值对比，已经减少了85.18亿美元。

8月13日：股票市场对糟糕的商业数据无动于衷，指数反而表明秋季会有回暖……此前很长一段时间，市场对不利消息立即做出反应。

8月16日：杜邦的季度股息从75美分降至50美分。但市场未出现任何反应。到目前为止，还没有任何证据显示商业将发生重要变化，但债券和原材料商品价格在接下来的两个月里已经相对稳定。

8月16日：随着战争贷款整体置换提议的宣布和国会休会，英国重燃对华尔街的兴趣。据信，大约一个月前，伦敦在华尔街股市上涨中起到了推动作用。7月26日公布的一份伦敦经纪商的通告列出了15只美国和英国工业蓝筹股，并显示美国股票的平均收益率为10.4%。

8月17日：纽约证券交易所的一个席位易手，价格为15万美元，比上一次出售的价格高出25%。此前最低价格为6.8万美元。

对投资者而言，1932年夏天似乎是黑暗的，但也有很多希望存在的迹象。从上述评论中可以明显看出的一个关键变化是，当坏消息公布时，整个市场，特别是特定证券，停止了对价格的负面反应。在这段时间里，市场参与者似乎震惊于市场并未对正面或负面新闻做出任何反应，这就说明整个市场已经出现了微妙的变化。

尽管总体市场仍在下跌，显然忽视了越来越多的好消息，但某些股票已经开始对正面新闻做出反应而开始上涨。在市场 7 月 8 日触底的那一天，有 67 只股票在 1932 年夏初的交易量，比 1932 年早些时候的低点高出 50% 以上，整体交易的债券不到 450 只。所以可以肯定地说，所有这些股票的走势都是真实的。这些股票都不是道指成分股，很难描述它们的特征。然而，一个共同的特点是，它们将受益于更高的商品价格，特别是糖的价格。这些股票在市场指数见底之前就开始反弹，这就说明了购买力正在形成。

在熊市临近尾声时，各种评论员特别指出，美国电话电报公司股票低迷，这是市场中持仓最广的股票，而一天的大幅下跌本身就足以成为头条新闻。即便是这只股票，也有能力打到这样的"空口袋"，这或许是一个信号，表明那些一直坚守市场的小投资者现在已经认输了。美国电话电报公司的股票大幅下跌是否意味着上一次牛市已经变成了熊市？同样值得注意的是，在熊市接近尾声，很多股票大幅上涨，但市场上，原本安全的烟草和食品部门出现了严重的崩盘。5 月份食品股票和烟草股票的平均加权价格分别下跌了 23.2% 和 21.3%。而在熊市的 33 个月中，这两个部门的月平均下跌分别仅为 3.4% 和 1.3%。然而，不能孤立地把这些"安全"部门的价格崩溃视为市场正在触底的指标。回顾 1930 年 9 月，食品板块下跌 27.9%，烟草板块下跌 21.3%。如果自以为是的投资者这个时候入场，到 1932 年 7 月，他们将损失一半的资金。如果所谓的安全板块的急剧下降确实是熊市正在结束的一个指标，那么它必须与其他因素综合考量。

1921 年的一个发现是，在市场疲软的情况下，成交量往往会下降，而随着市场的上涨，成交量会增加。早在 1932 年 6 月，这一特征就再一次显现出来，与之前的情况形成鲜明对比的是，人们认为，下跌市场上的低成交量表明，准备平仓的投资者越来越少。在不断上涨的市场中，成交量的上升归因于所谓的"巨大的建设性利益集团"的到来。

在 1921 年，成交量的增加也部分归因于空头在上涨的市场中补仓。虽然这确实也发生在 1932 年夏天，但这次并不是主要原因。1921 年，空头迅速补仓，但从 1932 年 7 月 8 日的市场底部到 7 月 27 日，卖空行为仍在继续。直到 8 月 3 日，空头头寸才低于 7 月 8 日的水平。在这段时间里，道指上涨了 29%，所以空头们在接受投降之前必须忍受相当大的痛苦。

7 月份空头未能平仓，这是一个积极的迹象，表明股市的这种特别上涨很可能持续到 7 月份以后。空头不愿投降或者借贷投机，是一个积极的信号，表明股票价格刚开始的复苏是可以持续的。

我们在第一部分研究过的一句股市格言是，熊市以股市停牌事件结束。人们普遍认为，随着最后一批多头抛售，这类事件将导致市场最终大幅下跌。1921 年，我们看到市场的最终下跌是在成交量较低的情况下发生的。1932 年也出现了类似的情况。

如图 2-9 所示，在股市下跌的最后几个月里，交易量一直在下降。在市场底部，两周的日均成交量仅不到 65 万股。截至 7 月 23 日，两周移动平均成交量仍不到 75 万股。从 7 月 25 日起连续 4 天，每日成交量超过 100 万股，这是自 1932 年 5 月初以来从未见过的大交易量。

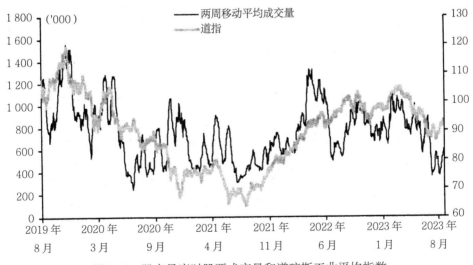

图 2-9　股市见底时股票成交量和道琼斯工业平均指数

资料来源：Dow Jones & Co.

证据表明，最终的市场下滑发生在成交量不断萎缩的情况下，只有在市场回暖之后，交易量才会上升。这一模式在 1921 年也很明显，这才是熊市底部的特征，而不是之前普遍认为的大量停牌事件。

如果投资者希望自己重返股市之前，股票收益就开始上升，那么他们就将错过 1932 年 7 月市场的底部。考尔斯基金会数据显示，1932 年 12 月盈利触底。考虑到收益报告的延迟，早在 1933 年第二季度的某个时候，对当代投资者来说，收益就已经明显改善了。

不过即使在 1933 年，也很难保证盈利增长是可持续的。根据以往的经验，随着经济复苏，投资者本应预期收益会强劲增长。然而，1933 年公布的盈利仅比 1932 年的水平高出 7%。因此，等待盈利改善的投资者会一直坚持到 1933 年夏初，但他们更有可能一直坚持到 1935 年。因为 1934 年的收入增长仅为 11%，令人失望，直到 1935 年，当收益增长了 55%，等待的投资者才能看到一个明确的信号，显示收益正在大幅增加。

在股市低迷时，很多上市公司都没有报告出现亏损。然而，从总体上看，包括非上市公司在内的美国所有公司的情况完全不同。

表 2-21 中的数据显示，美国所有公司在 1932 年报告亏损，而同期的标准普尔的数据显示上市公司的利润比 1929 年低 75%。通过观察盈利公司的数据，我们就能发现所有公司扭亏为盈的时间点。

表 2-21　美国所有公司净利润　　　　（单位：百万美元）

3Q 1929	1 696
4Q 1929	1 406
1Q 1930	984
2Q 1930	727
3Q 1930	357
4Q 1930	132
1Q 1931	84
2Q 1931	（34）
3Q 1931	（185）

（续）

4Q 1931	（407）
1Q 1932	（361）
2Q 1932	（569）
3Q 1932	（677）
4Q 1932	（662）
1Q 1933	（604）
2Q 1933	（142）
3Q 1933	370

资料来源：Harold Borger, *Outlay and Income in the United States 1921-1938.*

等待盈利复苏的迹象时，投资者没有在 1932 年 7 月股市的底部进入股市。即便是最老到的投资者，也不可能预知在 1933 年第二季度之前会出现可持续的盈利复苏，而且，鉴于上市行业的盈利复苏乏力，很可能要到 1935 年这些投资者才会押注可持续性的复苏。1932 年 7 月 8 日道指见底，报 41.22 点。1933 年初夏的股票是 1932 年 7 月的两倍。然而，直到 1935 年 3 月左右才会有大批投资者购买股票。从 1935 年 3 月到 1937 年 2 月的第二波股票购买量又继续翻了一番。只把目光放在盈利增长的投资者很可能仅仅参与了这轮反弹的第二波。他们虽然能获得两倍的收益，但是如果他们选择在 1932 年 7 月投资的话，就可以获得四倍的收益。

在 1921 年和 1932 年，市场开始监测上市公司的股东数量。如果股东人数达到新高，这被视为一个重要的看涨信号。人们预计，在公众兴趣减弱的熊市中，股东人数会减少。反之亦然。1932 年 5 月，在 R.G.Dun 公司监测的 346 家公司中，股东人数自 1930 年 5 月以来增加了 42%。这一趋势，尤其是绩优股的趋势，是众所周知的，数十年来，很多人根据美国钢铁公司的股东人数变化来投资。

盈利公司所占比例如表 2-22 所示。

表 2-22　盈利公司所占比例　　　　　　　　(%)

3Q 1929	94.3
4Q 1929	89.8
1Q 1930	84.1
2Q 1930	83.0
3Q 1930	71.6
4Q 1930	65.2
1Q 1931	67.2
2Q 1931	63.1
3Q 1931	53.3
4Q 1931	50.9
1Q 1932	45.7
2Q 1932	40.2
3Q 1932	39.5
4Q 1932	41.8
1Q 1933	38.6
2Q 1933	52.3
3Q 1933	70.0

资料来源：G.H. Moore, *Business Cycle Indicators*.

人们曾经设计了一张精心挑选基数的图表，当美国钢铁价格跌至股东人数以下时，市场就会发出买入信号，这张图表曾在1903年、1914年、1920年和1923年产生过准确的买入信号。在1921～1929年的牛市中，持有美国钢铁股份的人数没有变化。而1929～1932年，股东人数几乎翻了一番。这大概代表了投资者从投机返回到安全地持有美国最大企业之一的时间段。美国钢铁行业图表上的下一个买入信号（股东人数相对于股价）出现在1931年年初，但当时股市仍有很长一段下跌。这使得这种分析方法声名狼藉。不过，根据R.G.Dun的数据，1932年美国公司的股东人数比1929年有所增加，再加上三分之一的纽交所上市股票在1932年有交易量，表明当时人们对市场的兴趣比一般普遍认为的要高。然而那些对股市完全不信任的人，在1932年市场触底时仍在等待。

有趣的是，20 世纪 20 年代繁荣时期的主要股票美国无线电公司，在 1929 ～ 1932 年的熊市中，其股东人数反而大幅增加，在两次熊市当中，将股票从华尔街转移到公众手中。这就是当时所谓的"巨大的建设性利益"。1921 年，专业买家、股票经纪人和富有的资本家的回归预示着股市已经见底。随后，随着牛市的发展，股票从公众回到了专业人士手中。1932 年和 1921 年一样，股票开始集中在大公司手中，这表明牛市的回归，而不是公众热情的回归。

当时的投资者普遍犯了一个重大错误，那就是把注意力集中在不断恶化的财政状况上。《华尔街日报》经常提到财政前景的变化以及对股市的积极或消极影响。《华尔街日报》的文章指出，导致股价最终暴跌的罪魁祸首是预算失衡。在 1932 年 3 月至 7 月的 4 个月里，道指缩水了一半。以任何熊市的标准来衡量，这都是一次恶性而迅速的下跌，其幅度超过了 1929 年 10 月以及两次银行业危机时候的跌幅。毫无疑问，正如《华尔街日报》以下摘录所揭示的那样，政府的行动正在破坏公众的信心：

> 尽管新泽西州议会对激进的立法者塞隆·麦克坎贝尔不断喝倒彩、唱歌和关灯来尽力阻止他，但他仍然坚持读完一篇 1 500 字的演讲稿，主题是"新泽西州议会是一个蠢材的避难所吗？"宣布休庭是最后的手段，但他仍然读完演讲稿。
>
> ——1932 年 5 月 25 日《华尔街日报》
>
> "我们还有政府吗？"这当然是一个重要的问题。现在华盛顿怎么会有这样一群无耻而平庸的政客？再暗杀他们一次只会带来更严重的后果，你想得太简单了。
>
> ——纽约长岛查尔斯·汤姆森先生的来信，
> 1932 年 5 月 17 日《华尔街日报》

在股市或债市出现任何改善之前，人们会一直呼吁平衡预算。如果在

1932 年投资者据此做出投资判断，那么就会犯错。

1931 年，预算赤字仅为 GDP 的 0.60%，国会中有许多支持财政扩张的游说团体，他们在 1932 年年初提出了一些扩张性法案，暗示财政状况将进一步恶化。现在认为国会的行为造成了最后的股市崩溃。当国会于 1932 年 7 月 16 日休会时，这些法案不断地失败，而胡佛总统的平衡预算声明被认为是股市的好消息。财政从崩溃的深渊倒退了一步，股市开始好转。

> 当政府支出超过政府收入时，就会出现**财政赤字**。虽然出售政府资产是另一种选择，但收入的赤字通常通过发行债券的方式来解决。金融从业人员将财政赤字视为一个负面因素。不过，至少自废除金本位以来，几乎没有证据表明，不断恶化的财政状况可能导致或加剧股市的熊市。

7 月民主党推选出他们的总统候选人罗斯福。令人惊讶的是，罗斯福为平衡预算大声疾呼，如果这是 1932 年 7 月开始的股票市场复苏的部分原因，随后的事件表明它是被误导的。在 20 世纪 30 年代之前，美国已经习惯了和平时期的联邦盈余。1837 年，可能是美国最大规模的经济收缩，财政赤字仅占 GDP 的 0.68%。在这种背景下，1931 年和平时期 0.60% 的预算赤字足以让 1932 年的投资界大为震惊。然而，1932 年赤字将上升到 GDP 的 4.6%，1933 年为 4.61%，1934 年达到峰值 5.50%。在这种无与伦比的财政恶化之际，似乎不太可能有人预见到美国股市即将出现历史上最大的牛市之一。那些呼吁平衡预算，将其作为股市复苏的重要先兆的人，错得不能再错了。因此，全球各地政府对平衡预算的企图都是徒劳无功的，而且可能会使摩拉维亚的养鸟人深受其害。

> 为了筹集资金以支付市政开支，摩拉维亚的希亨施塔特市决定对所有宠物鸟征税，夜莺每年 2.97 美元，金丝雀和画眉等税稍低。⊖

⊖ *Wall Street Journal*, 10 June 1932.

在 1932 ～ 1937 年财政瘫痪的年代，证券仍然有上涨的能力表明，1932 年 3 月至 7 月市场的崩盘并不是出于对财政状况的担忧。当时，美国黄金储备出现了严重的外流，这显然抑制了股市，但也有其他潜在的催化剂导致了这种黄金外流。《华尔街日报》的一些评论员将股市下跌归因于华盛顿不断恶化的政治局势，导致黄金储备枯竭和市场崩溃。杜鲁门总统形容《华尔街日报》为"共和党圣经"，其担心股民信心降低会导致民主党赢得总统的可能性越来越大。然而，美国黄金外流还有一个更根本的原因：几乎美国所有主要贸易伙伴的货币大幅贬值。1932 年年初，这些汇率变化对贸易地位的影响变得明显起来，当时英国在 1928 年头四个月只进口了 396 辆汽车，而整个 1928 年的进口量为 5 188 辆。[⊖]同期英国出口总计 8 771 辆汽车，比 1928 年同期增长了约 50%。美国贸易顺差从 1930 年到 1931 年已经减少了一半。

日益恶化的贸易，以及对美国金本位制承诺的担心导致资本逃离美国。事后看来，美联储 1932 年 4 月货币政策的变化很可能也是导致黄金外流的因素之一。在政治压力下，提高流动性的举措必须成为放弃金本位制的前奏。这尤其使外国投资者相信，持有以美元计价的资产的风险越来越大。从 1932 年 1 月至 7 月，货币黄金库存减少了 12%，至 36.5 亿美元。几乎就在同一时间，美联储结束了公开市场购买计划和国会休会。当时的观点认为，平衡预算是稳定股市所必需的，但是这种观点是错误的，而将市场最终的可怕衰退归咎于华盛顿的政治事件也可能是错误的。贸易状况恶化和美联储启动流动性注入相结合，是让许多人相信美国即将脱离金本位的关键因素。正是在这种环境下，股票价格在短短几个月内下跌了一半。

有些人对美联储行动寄予希望，但市场的负面反应给了他们沉重一击。尽管包括纽约联邦储备委员会在内的许多机构多年来一直主张向该体系注

⊖　*Wall Street Journal*, 23 May 1932.

入流动性，但有证据表明，在金本位制里注入资金，可能导致资本外逃，实际上抵消了它的积极影响。在经济收缩的早些时候，当美国的贸易顺差更大，在其他国家货币贬值之前，这些行动可能产生了积极而非消极的反应。然而，到 1932 年 4 月，对黄金承诺的信心已经动摇，美联储的行动进一步削弱了这种信心，加剧了股市的下跌。

投资者面临的关键问题是：是什么最终在 1932 年 7 月阻止了这场崩盘？事后看来，也许是一件 1932 年特有的事件帮忙缓解了黄金流失，提振了股市。这是在洛桑达成的关于德国战争赔偿的国际协议。从当时的新闻报道来看，人们显然没有对这些谈判取得突破寄予希望。

德国自凡尔赛条约签署以来一直主张降低赔款。其他国家，特别是法国，则反对任何此类削减。这是一个长期的分歧，市场习惯于外交妥协和混乱的局面。1921 年的协议就德国赔偿问题达成一致，但德国拒绝赔款，并获得了一年的暂停期。在禁令到期之前，比利时和法国占领了鲁尔工业区，此后不久，高通胀席卷了德国。1924 年的"道斯计划"重新安排了德国的债务，德国继续通过美国借款来支付赔款。从 1921 年 10 月到 1930 年 7 月，德国在美国发行了 135 种美元债券，以面值计价略低于 10 亿美元。尽管债务问题得以解决，但 1929 年德国期望进一步减轻负担，于是"杨计划"得以实施。然而，大萧条时期的经济紧缩负担加剧了德国的经济问题，1931 年夏天，胡佛总统宣布德国可以暂停向盟国支付一年的战争赔偿。当一年即将到期时，有关各方在洛桑会面，并达成了废除德国债务的协议，这让所有人都感到意外。这项协议实际上减少了德国大约 90% 的财政负担。法国长期以来对减少赔偿的抗议神秘地消失了（未公开的是美国将取消其欧洲盟友所欠的未偿战争债务的非正式协议，但美国国会随后未批准该协议）。

当这一取消赔偿消息宣布时，商品市场产生了积极的影响。投资者认为，国际金融僵局已经被打破，来自德国和债务国的消费可能会上升。《华尔街日报》6 月 24 日报道了该协议产生的积极后果：

> 现在只有法国与荷兰和瑞士允许黄金流通。世界经济复苏至少在一定程度上取决于将这种黄金集中地从这些国家转移到债务国和出口国。如果政治领导人能够为目前的政府间债务问题找到某种解决办法，就可以加快这一进程。⊖

洛桑协议预示着全球经济复苏将进一步加快。特别是，该协议帮助稳定商品价格，而正如我们所看到的那样，商品价格又是稳定股票市场的一个重要因素。当时，瑞士法郎在达成协议后面临的下行压力被认为是全球金融市场的一个非常重要的积极指标。由于瑞士完全由黄金担保货币，所以资本被吸引来。瑞士货币在洛桑协议之后的疲软被认为是国际游资正在重新转移到世界其他地方。

德国的国际前景出现了进一步改善：随着国家社会党步履蹒跚，人们对在美国持有的德国政府债券的前景越来越乐观。1932 年 4 月，阿道夫·希特勒在总统选举中被保罗·冯·辛登堡总统击败。尽管一些评论员认为希特勒对商业有好处，但《华尔街日报》在这段时间里毫不犹豫地称他为"名不副实的领袖"。华尔街乐于接受纳粹党在 7 月 31 日议会选举中失利的情况，认为这将增加德国这一个被内乱打乱的国家恢复"秩序"的机会。《华尔街日报》对希特勒的未来前景做出了悲观的评估：

> 然而，越来越多的人认为，希特勒运动已经在德国达到了顶峰，而对于那些寻求有序政府的人来说，纳粹党将继续是一个棘手的因素，希特勒将无法控制政府。⊜

对全世界来说都很不幸的是，虽然希特勒未能通过民主进程取得进展，

⊖ *Wall Street Journal*, 24 June 1932.

⊜ *Wall Street Journal*, 29 August 1932.

但这并没有阻挡其前进的脚步。

和 1921 年一样，道氏理论在 1932 年取得了显著的成功。市场继续小幅震荡，但《华尔街日报》的道指专家明确表示，这可能是一个非常乐观的牛市信号。

> 虽然最近铁路和工业指数同时进入新低区域，可被视为主要市场下跌持续下去的特征，但根据道氏理论，这一结论取决于进一步的市场证实。通常情况下，先前的低点或高点并不是确定的信号。虽然也许证明了某些预期在同一方向的进一步运动，但也有可能被解释为双层底或双层顶，其意义将与股市真正突破大不相同。⊖

很快市场两次见底。《华尔街日报》对道氏理论的分析再次表明，熊市见底迫在眉睫。威廉·彼得·汉密尔顿于 1929 年去世，但作为道指理论家领袖的指挥棒并没有传递给该报的下一任编辑。相反，研究《华尔街日报》道琼斯理论社论的独立评论员罗伯特·瑞亚成为新的大师。瑞亚认为，1932 年 7 月 21 日大熊市出现底部证明道氏理论的分析再次成功。

愤世嫉俗者可能会注意到，纽约州共和党顾问委员会曾敦促立法，禁止保险公司购买普通股。这份报告发表后，股市在两周内触底。恐慌开始蔓延，但值得记住的是，1932 年夏天，并非所有人都关心普通股的未来。

> 詹姆斯·斯蒂尔曼 20 岁的儿子，阿历克斯·斯蒂尔曼，宣布他计划明年飞行大西洋。他解释说："市场崩盘后，我爸爸只剩下大约 6 500 万美元，因此我可能得去上班了。"⊜

⊖ *Wall Street Journal*, 12 July 1932.

⊜ *Wall Street Journal*, 2 September 1932.

债券与熊市

> "我仍然记得 1907 年和 1893 年的恐慌,当时情况很糟糕。但
> 也不像现在这么糟。我不知道市场上到底有多少人。"
>
> "那些年的萧条是怎么结束的?"
>
> "嗯,它们结束了。因为人们采取了行动,然后再次行动,接
> 着又是行动。有上涨自然有回落,而有回落自然有上涨。"
>
> ——詹姆斯·法雷尔,《审判日》

在这场通缩的大萧条中,发生了一些奇怪的事情:美国国债价格下跌。1932 年 1 月,长期政府债券的日平均收益率为 4.26%,而 1929 年 9 月为 3.70%。同期,批发价格指数下跌 31%。考虑到一般价格水平的下降和其他与政府债券相关的投资信贷风险的上升,多数投资者希望经济紧缩时政府债券能够稳步增长。事实上,这是 1929 年 9 月至 1931 年 6 月的趋势,当时收益率从 3.70% 降至 3.15%。但 1931 年 6 月,政府债券达到高点,随着美国第二次银行业危机的爆发和危机的国际化,债券价格下跌。尽管从 1931 年 6 月到 8 月,价格有所回落,但政府债券价格的真正暴跌是由于英国政府放弃金本位制。

英镑脱离金本位制,促使外国央行变现美元资产,美国黄金库存下降。此时正值美国国内储户因商业银行破产的新浪潮感到震惊,纷纷提取美元现金而存款大幅降低,而美联储坚决捍卫金本位制,这加剧了美国商业银行清算资产的压力。10 月 16 日,纽约联邦储备银行将其再贴现率从 1.5% 升至 3.5%。利率的上升给债券价格带来了更大的压力。

在 1931 年 9 月之前,银行一直在清算质量较低的公司债券,这些工具的收益率自 1930 年第三季度以来一直在上升。到 1931 年 9 月,公司债券和美国政府债券都被抛售,这两种债券的收益率现在都上升了。直到 1932

年 2 月，政府债券价格才明显企稳。尽管对更大财政赤字的担忧可能在压低政府债券价格方面起到了一定作用，但这一因素可能微不足道，因为市场在 1932 年 2 月出现反弹，而在那之前的几年里，财政还没有回归正轨的迹象。然而，值得注意的是，政府债券市场的稳定确实与 1932 年 1 月政府背景的复兴银行的成立相吻合。政府支持的复兴银行有 15 亿美元的借款权力（1932 年 7 月 21 日增加到 33 亿美元），它负责向银行和其他机构提供贷款。在稳定政府债券市场方面，新信贷的提供似乎比财政状况的任何变化都更为重要，这减缓了银行清算政府债券的步伐。债券价格的另一个利好因素是美联储于 1932 年 4 月开始购买政府债券，目的是向该体系注入流动性。

美国政府长期证券收益如图 2-10 所示。

图 2-10　美国政府长期证券收益——1929 年 9 月至 1932 年 9 月

资料来源：National Bureau of Economic Research.

政府债券价格暴跌速度很快，但复苏却是渐进的。直到 1934 年 4 月，政府债券收益率才恢复到 1931 年 6 月的水平。这场崩溃必须放在 1920 年 8 月以来债券市场长期牛市的背景下来考虑。在这一长期牛市中，收益率从

1920 年 8 月的 5.67% 跌到 1946 年 6 月的 2.16%。在这种背景下，1931 年 6 月至 1932 年 1 月的挫折（当时收益率从 3.13% 升至 4.11%）可能看上去微不足道。然而，在历史高位通缩期间，政府债券价格的暴跌，肯定大大打乱了投资者对金融资产"公允价值"的看法。在价格和收益下降但无风险利率上升的时期，对金融资产估值的影响尤其负面。因此，即使在最糟糕的通缩时期，政府债券价格崩溃也是有可能的。金融市场还会有什么其他意想不到的反应呢？

企业债券市场的投资者也对熊市的规模感到震惊。这一市场的表现表明投资者预期在 1929 年 10 月崩盘后经济将出现收缩。评级为 Baa 的公司债券（信用质量最低的市场部门）的收益率实际上从 1929 年 9 月到 1930 年的大部分时间都在下降。直到 1930 年第三季度第一次银行业危机的爆发，才开始了评级为 Baa 的公司债券价格的首次下跌。1929 年 9 月，Baa 公司债券的月平均收益率为 6.12%，到 1930 年 9 月，收益率已降至 5.65%。尽管在 1929 年 10 月崩盘之后，人们对这一资产的信心已经维持了将近一年，但这种信念很快就被摧毁了。到 1930 年 11 月，Baa 收益率已经超过 1929 年 9 月的水平。到 1930 年 12 月，平均超过 6.7%，直到 1931 年 4 月都保持在这一水平上。就在那时，随着第二次银行业危机和危机的国际化，公司债券的大熊市开始了。1931 年 4 月至 12 月，Baa 平均收益率从 6.72% 跃升至 10.42%。

1932 年第一季度，政府债券市场和 Baa 公司债券市场都稳定下来。然而，尽管这种稳定标志着新一轮政府债券牛市的开始，但公司债券市场又一次崩盘。Baa 公司债券市场于 1932 年 6 月见底，当时该公司债券的日平均收益率为 11.52%。AAA 公司债券市场的价格趋势与 Baa 市场非常相似，尽管变化幅度较小。

虽然熊市可能使政府债券价格回到 1924 年的水平，但公司债券的熊市要大得多。按发行人划分的债券收益率的历史数据有限，但 Baa 公司债券

11.52% 的收益率比 1919 年数据公布时的最高纪录还要高出 1/3。1932 年
6 月，AAA 公司债券的平均收益率为 5.41%，为 1921 年 12 月以来的最高
水平。自 1914 年以来开始公布的 40 种公司债券指数跌至新低。

　　Baa 等级公司债券的收益如图 2-11 所示。

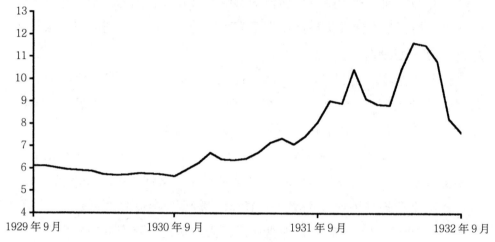

图 2-11　Baa 等级公司债券的收益——1929 年 9 月至 1932 年 9 月
资料来源：National Bureau of Economic Research.

　　AAA 等级公司债券的收益如图 2-12 所示。

　　无论 1932 年 1 月和 2 月的政府债券市场是如何稳定的，复兴银行的出
现并没有对公司债券市场产生同样的积极影响。直到 1932 年 6 月，AAA
和 Baa 公司债券市场才见底。

　　到 1932 年夏天，《华尔街日报》的文章中充满了公司债券抛售可能结
束的迹象。与 1921 年一样，经济中完全缺乏信贷增长导致商业银行成为越
来越大的债券买家。它们最初的购买行为也许能够保护政府债券，而投资
工具的价格上涨增加了公司债券的吸引力。公司债券价格急剧下跌，道琼
斯公司二级铁路债券平均价格较 1931 年的高点下跌了 49%。商业银行也加
入了企业债券购买狂潮，因为它们受到了这样一个事实的诱惑，即有些债

券的面值可能缩水 50%。

图 2-12 AAA 等级公司债券的收益——1929 年 9 月至 1932 年 9 月

资料来源：National Bureau of Economic Research.

最广为人知的债券新买家是美国证券投资公司，该公司由美国最大的商业银行组成。其想法是，通过合资购买债券，从而在紧张的银行家中分散风险。当合资公司建立的消息宣布后，市场强劲上涨，但只有当价格超过 1932 年的底价时，它才会购进债券。在通过购买债券挽救市场的进程中，复兴银行的作用是非常重要的。当然，投资者倾向于低估政府改变市场的能力，但毫无疑问，复兴银行向陷入困境的银行和铁路公司提供融资，缓解了公司债券市场的抛售压力。

这一时期，许多评论员提议借入廉价的短期资金购买最优质的公司债券。在 1932 年，不像 1921 年，抑制债券价格的一个关键因素是不断恶化的财政状况。1932 年，真正的威胁是国会将支持所谓的"加纳计划"，该计划"要求发行 10 亿美元债券，为公共建设筹集资金"。债券市场担心债券供应的增加会对价格产生影响。"加纳计划"不是要使其成为法律，但在未来几年，财政赤字的增加没有造成债券市场的任何重大抛售。债券投资者对财政持续恶化的负面影响的担心是错误的，而且不管《华尔街日报》在文章中表达了怎样的担忧，事实是债券发行越来越多地被超额认购。

显然，洛桑会议取消德国赔偿，对商品市场和债券市场产生了明显的影响。人们普遍认为，解除德国的这一负担，并为盟国缓解其美国债务，将消除国际贸易和需求的僵局。德国债券在洛桑宣布交易后几天内跃升了10 个百分点。在达成协议的同时，美国债券市场也出现了新的活力，债券价格大幅上扬。

道琼斯工业债券平均指数如表 2-23 所示。

表 2-23　道琼斯工业债券平均指数

	周六收盘点数	从低点增长
10 种一级铁路债券	88.47	17.10
10 种二等铁路债券	70.14	22.42
10 种公用事业债券	91.49	8.99
10 种工业债券	77.29	17.67
40 种其他债券	81.85	16.07

资料来源：*Wall Street Journal*, 22 August 1932.

尽管政府债券市场曾在 1932 年 1 月到过低点，但直到 6 月 1 日公司债券才见底，比股市早了大约 5 周。

然而，财政恶化将达到 1932 年 6 月未曾预料到的水平，而当时开始的债券牛市将持续到 1949 年。虽然债券投资者可能认为国会休会是 1932 年的一个重要牛市因素，但国会将拿出更大的支出提案和更大的赤字，而债市牛市仍在继续。6 月初企业债券市场触底还有其他原因，大宗商品价格企稳和上涨在 5 月底已明显显现。

《华尔街日报》早在 5 月 24 日就报道说，一些大宗商品"显示出保持目前水平的趋势"。截至本月底，大宗商品价格普遍上涨，费雪批发价格指数在 7 月中旬连续三周上涨。到 8 月底，人们普遍相信价格上涨是可持续的，因为批发价格的上涨已经持续了两个多月。

企业债券市场触底之际，正值一些大宗商品价格开始好转：两周前，批发价格的广泛指标显示价格有所改善。通货紧缩过程对公司偿还固定债务的能力造成了严重破坏，因此一般物价水平的上升对投资者是有利的。到本月中旬，来自洛桑的消息暗示了全球金融体系的根本变化，这将进一步支撑大宗商品价格。⊖

在稳定债券价格方面，有几个一次性事件也发挥了作用，其中最值得注意的是合资经营债券和复兴银行的建立。公司债券市场的底部与美国证券投资公司成立的传言同时出现。美联储购买政府债券未能创造信贷增长，合资经营债券的成立是为了汇集商业银行家的资金，利用美联储创造的流动性购买债券组合，同时分散买家的风险。成立这样一个组织的消息足以引发债券价格大幅上涨，在公司尚未购买任何债券的情况下就实现了。在债券价格低廉、经济状况改善和商品价格上涨的适当时候，这种支持市场行动为价格提供了上行动力。如果说 1932 年私人支持业务在稳定金融市场方面发挥了作用，那么公共支持业务则发挥了更大的作用。虽然在金融市场上总是很难消除因果关系，但复兴银行的成立不仅有助于银行流动性和稳定政府债券价格，而且提高了商业领域的信贷质量，特别是改善了铁路部门的信用等级。除了这些支持行动之外，还有一些迹象表明，将英国的 22 亿英镑战争贷款由 5% 的利率改成 3.5%，也对稳定美国债券价格产生了影响。7 月 2 日，在美国公司债券市场触底大约一个月后，《华尔街日报》报道：

> 伦敦证券交易所今天见证了 1928 年繁荣时期过后从未发生过的兴奋和活跃的疯狂场面。与本周早些时候预期的小规模证券兑换业务不同，经销商面对的是有史以来规模最大的可兑换证券。交

⊖ *Wall Street Journal*, 19 August 1932.

易开始于上午 10 点 30 分左右，当时英国基金价格飙升，前所未有的上涨。金边证券通常一次只能移动几个点，但在今天上午开盘时，利率为 4% 的英国政府债券上升了 8 个百分点，达到 110 英镑。此外，工业、矿山和石油行业中的主要普通股也加入了总体大幅上涨的行列。

从 1932 年夏季的《华尔街日报》上可以明显看出，在英国投资者兑换债券之后，评论人士更多地提到了所有美国证券的外国购买行为。由于利率下调，这种兑换肯定有可能向海外输送资金，而伦敦方面对这种兑换的兴奋就发生在美国股市触底前几天。因此，在 1932 年初夏，这些重要因素影响了公司债券市场。然而，与 1921 年一样，稳定债券市场的关键动机是稳定商品价格和一般批发价格。

罗斯福和熊市

"但是回到政治上来，孩子们，今年春天只会是 1932 年总统选举的预演。然后我们就会发现从白官到街道清洁工都是民主党人。当然好日子就要来了。"瑞德得意地说道。

——詹姆斯·法雷尔，《审判日》

分析 1932 年夏天影响金融市场的因素时，不能不讨论入主白宫的竞争。难道仅仅是巧合吗？股票市场在民主党选择罗斯福作为他们的总统候选人仅仅几天之后就触底了。1932 年 6 月，共和党和民主党都举行了全国代表大会来选择各自的候选人。共和党人肯定会支持他们的现任总统赫伯特·胡佛。对他们来说，有争议的问题是他们是否将修改禁酒令。当时民众公开违反法律，酒类行业的有组织犯罪不断增加，因此，采取更宽容的立场显然会有助于该党的选举。在民主党全国代表大会上，富兰克林·罗斯福是赢得提名的热门人选。然而，他的竞选活动管理不善，虽然民主党大会于 6 月 27 日开始，但到了 7 月 1 日结果仍不确定。《华尔街日报》7 月 2 日报道了民主党大会的僵局，以及市场投资者的兴奋：

> 由于前三次投票几乎陷入僵局，人们对能达成妥协的候选人抱有很高的期望，商界对这位候选人充满信心。后来有消息称，由于竞选需要大笔经费，罗斯福州长逐渐失去优势。

根据《华尔街日报》，罗斯福当选总统后，总体上会压制，而不是抬高股票市场的价格。尽管市场支持可能的妥协候选人，但这种兴奋是短暂的，因为罗斯福在第二天受到了提名，并发表了他的提名接受演说。因此，从 7 月 2 日起，罗斯福成为下一任总统的可能性越来越大。公众对经济萧条的不满很可能会导致政府的更迭。罗斯福的总统竞选伙伴约翰·南斯·加纳公开表示，如果民主党能够遵循"静坐不动"的政策，其将赢得总统选举。当然，共和党人可能希望公众不会将大萧条的责任归咎于现任政府，对此《华尔街日报》的分析无济于事。

> 7 月 14 日：1932 年的总统竞选是自 1916 年以来最不确定的一次。有些党派费尽心思分析各种可能性，但仍无法得出像样的结论。然而，任何与选民交谈过的人都会发现，他们对民主党众议院的愤怒可能大于对胡佛的愤怒。这个国家正在考虑尝试新的人和新的措施。然而，那些决定性的因素似乎不希望这一变化使他们走向激进主义，或者是更高级的自由主义，而这正是罗斯福州长及其同像努力的方向。

然而，同一份报纸所报道的事实驳斥了以上这种乐观的想法。

> 6 月 15 日：巴布森统计组织对全国政治立场调查显示，现在全国 60% 的人支持民主党，40% 的人支持共和党，但这股潮流最近

已经逆转，正朝着支持胡佛总统的方向发展。

8月23日：过去几周，胡佛总统连任的机会明显增加。然而，目前还不能说胡佛先生比他的民主党对手富兰克林·罗斯福有优势。

8月30日：洛杉矶共和党俱乐部放弃了晚餐和集会的计划，此前对成员进行的民意调查显示，70%的成员支持罗斯福州长竞选总统。

9月1日：罗斯福可能获胜。

在大选结果确定之前四个多月的时间里，所有事情都是不确定的。然而，到1932年夏天，罗斯福极有可能成为下一任美国总统。历史记录表明，罗斯福被提名和罗斯福当选总统与美国股市见底同时发生。在他被提名之前，政府债券价格、批发价格和公司债券市场的上涨一直在进行，此后继续强劲。市场对7月1日罗斯福将失败的消息做出了积极反应，这表明，金融市场刚开始复苏，与罗斯福获胜的可能性越来越大完全吻合。1932年夏天，人们还不清楚罗斯福对商业意味着什么。在他竞选期间，罗斯福阵营发出了两种截然不同的信息。一方面，他和他的妻子都发出了结构变革的激进信息，《华尔街日报》进行了相关报道。

5月23日：在佐治亚州亚特兰大奥格尔索普大学的毕业典礼上，罗斯福州长要求进行大胆的试验，以实现国民收入的再分配。他说，未来的资本必须满足于较小的回报，如果现代制度要生存，工人的报酬必须按比例增加。

7月9日：总统提名人的妻子富兰克林·罗斯福夫人在纽约州的乔托夸发表的讲话中指出，大企业的过度垄断是经济萧条的一个因素，这表明了农业、城市工业和贸易以及世界贸易中的所有国家相互依存的关系。

另一方面，罗斯福也明确承诺平衡预算，批评胡佛支出过高，并于10

月 19 日在匹兹堡承诺将政府开支削减 25%。因此，罗斯福赞成国民收入的再分配，但不知何故，他希望在削减政府开支的同时实现这一目标。1932 年 5 月罗斯福支持了一项"大胆试验和国民收入再分配"的政策后，竞选期间提出的政策似乎保守得多。

> 1932 年竞选活动的矛盾之处在于，罗斯福直言不讳地反对支出，反对不平衡的预算和臃肿的官僚机构，而胡佛则为赤字支出和试验性措施辩护——所有的言论开始混淆了。[⊖]

市场真的期望罗斯福当选总统后会出台伟大的自由主义和激进主义政策吗？在民主党大会前夕，保诚信托公司向客户提交的一份报告表示，"总统选举仍是一个令人不安的因素，主要是想象中的因素，因为它的实际经济影响并不重要。"从当时的评论来看，罗斯福的当选似乎降低了人们的信心，或者说，根据信托公司的报告，罗斯福的当选对金融市场没有实质性的影响。

尽管在金融市场上总是很难区分因果关系，但有充分的证据表明，罗斯福可能当选并不是 1932 年 7 月股市牛市开始的关键原因。事实上，牛市的第一次挫折始于罗斯福 11 月的选举，一直持续到他 3 月份的就职典礼。在这一时期，罗斯福的总体政策，特别是他对金本位的承诺，存在着很大的不确定性。正如我们将在第三部分看到的那样，市场发现罗斯福采取了一些非常激进的政策，但这并没有阻止美国历史上最大的股市牛市之一出现。

从来没有过像 1929 年至 1932 年熊市那样的熊市。股市下跌了 89%，远远超过了 1857 年和 1907 年恐慌时期 45% 的跌幅。和 1921 年一样，股票价格直到达到重置成本的 30% 才停止下跌。与 1921 年夏市场见底相比，1932 年 7 月股市的底部有一些显著的差异。这一次，美联储第一次下调贴

⊖ Ted Morgan, *FDR*.

现率是在熊市开始时，而不是在熊市结束时。另一个主要差异是 1932 年的经济和价格反弹未能持久。但是道琼斯指数仍高于 1932 年 7 月的低点，投资者在接下来的 5 年里取得了惊人的回报。尽管导致 1921 年和 1932 年的事件有着令人难以置信的差异，但我们的熊市底部指标再次表明，熊市的过去以及牛市的诞生。到下次市场见底时，罗斯福新政已经改变了美国经济结构，金本位制已经被放弃了。在这种环境下，同样的指标能否再次预示熊市向牛市的转变？

第三部分
1949年6月

他与一个矮胖的客人一起坐在旅馆里，他们有一句没一句地聊天。

"市场怎么样？"胖子问，决定不看报纸。

"市场表现不错，应该会上涨。"

"太好了。我有一点钱，干脆投进去吧。不过，我想把它投进安全的地方。你知道什么风险比较小的股票吗？比如说看涨的股票。"

"嗯，这不好说啊，糖业股票看起来不错。"罗伯特·霍尔顿说。对于这种提问，他的回答通常只有这一种。没人在乎他说了什么。他们会向熟人重复这句话，说他们在华尔街的一个朋友曾建议他们买糖业股票，但他们觉得这个时候买糖业股票不是一件划算的事。

"你以前当过兵吗？"胖子突然问道。

罗伯特·霍尔顿点点头。

"退役很久了吧？"

"一年多了。"

——戈尔·维达尔，《在黄树林里》

当我们把股市最赚钱的四个时期罗列出来，1949 年 6 月在我们的榜单上排在第二位，仅次于 1932 年，但远远超过 1942 年，虽然当时道指的水平更低。这是因为，假设一位投资者的投资年限是 40 年，那么 1949 年 6 月就是他购买股票的最佳时机，因为他可以在 1982 年至 1989 年的牛市中获益。这并不是说应该忽视 1942 年 4 月的熊市底部。这个谷底是非常罕见的 q 值低于 0.3 倍的时机之一。因此其值得被纳入更广泛的研究。20 世纪 40 年代是对大萧条的回应，投资者完全被打垮了。在整整 10 年里，股价一直大幅低于公允价值。那么，人们是如何认定，1949 年后股市会开始美国股市历史上最长的牛市的？正如我们在 1921 年和 1932 年熊市的底部总结的许多经验教训，熊市见底暗示股价和估值会回升。

通往 1949 年 6 月的道路

1949 年的世界与 1932 年完全不同。希特勒试图成为德国总统的努力在 1932 年失败了，但到 1945 年他死的时候，世界上已有 5 500 万人死于那场战争。美利坚合众国的常备军事力量从 1932 年的 25 万增加到 1945 年的 1 200 多万。大约 30 万人没有活着回来。

到 1949 年，已经有 1 000 多万美国退伍军人在寻找就业机会。在金融方面，关键的变化是，政府在经济活动中所占的比例要大得多，而大众投资者再次成为政府债券的主要持有者。

股票市场在战后一潭死水。纽约证券交易所的每日股票成交额通常不到 50 万美元，而公众的投机热情却集中在房地产市场上。

到 1949 年夏天，还有另一个因素抑制了人们对华尔街的兴趣——创纪录的夏日热浪。1949 年 6 月 13 日，也就是道指达到战后最低点的那一天，《纽约时报》的一篇头条文章宣称："纽约市海滩上有 150 万人在避暑；气温达到 89.1 华氏度，仅比最高纪录低 0.7 华氏度。"就在三天后，在底特律的世界中量级拳击比赛中，纽约的杰克·拉莫塔获得了冠军。与此同时，在曼哈顿，吉恩·凯利和弗兰克·西纳特拉正在小镇上拍摄电影。

始于 1932 年 7 月的大牛市直到 1937 年 3 月才结束。道指从 41.22 点升至峰值 194.15 点。就 1932 年至 1949 年的总资本回报而言，1937 年以后的资本收益率再也没有上升。直到 1945 年 12 月，道指才超过 1937 年的高点，从 1937 年 3 月 6 日的高点到 1949 年熊市的底部，有 32 周的时间维持在 1937 年的高点之上。1946 年 5 月市场达到 212.5 点的峰值，比

1937 年的高点高出不到 10%，随后进入熊市阶段，到 1949 年 6 月 13 日道指在 161.6 点触底时结束。平均每月市场成交量是这一时期的股票市场上一个很好的衡量投资者兴趣的指标（如图 3-1 所示）。

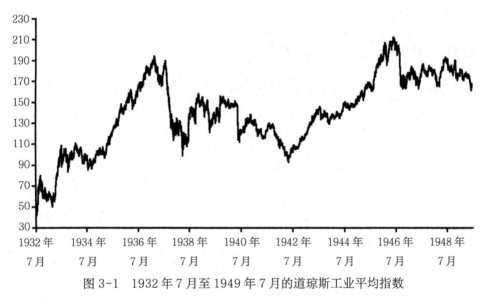

图 3-1　1932 年 7 月至 1949 年 7 月的道琼斯工业平均指数
资料来源：Dow Jones & Co.

　　随着交易量的不断减少，表明投资者参与这一游戏的意愿急剧下降。从 1929 年创纪录的交易日到 1942 年的低点，纽约证券交易所的交易量下降了 99%。1942 年的交易总值比上一次熊市已经触底的 1932 年低了 70%。1942 年纽约证券交易所的股票交易量甚至低于 1901 年的水平。虽然成交量的部分跌幅是由市值下跌所致，但投资者兴趣的下跌进一步影响了成交量的下跌。1929 年股票交易总量是纽约证券交易所发行股票数的 119%。直到 1937 年，这一市场周转率仍高达 30%。然而，到 1942 年，市场周转率低到让人吃惊的 9%，而到 1949 年，这一比例仅上升到 13%。在前两个熊市年份（1921 年和 1932 年），这一比率分别为 59% 和 32%。因此，以市场周转率指标来衡量，1949 年的投资者冷漠程度甚至高于大萧条最严重时期的水平。尽管 1949 年纽约证交所上市股票的市值超过了 1929 年年底的水平，但几乎没有人愿意参与进来。

1937 年至 1949 年纽约证交所股票交易的月均值如图 3-2 所示。

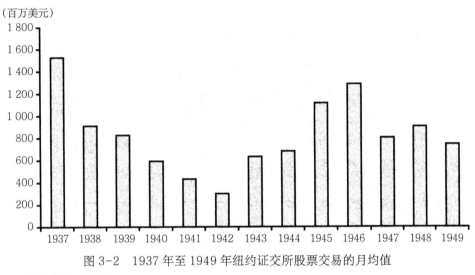

（百万美元）

图 3-2 1937 年至 1949 年纽约证交所股票交易的月均值

资料来源：NYSE.

糟糕的长期回报，市场和经济出现的令人不安的虚假繁荣带来的恐慌是股市信心危机的根本原因。尽管投资者的热情在 1932 年至 1937 年的牛市中得到了重建，但经济和市场无力产生正常的周期性复苏，削弱了人们对股市长期前景的信心。不足为奇的是，第二次世界大战期间交易量严重削减，在 1942 年最糟糕的交易日里，只有 206 680 美元的股票易手。从 1945 年 8 月 15 日至 1946 年，随着日本投降，投资者对股票重新产生兴趣。但随着熊市的回归，成交量再次下滑。

投资者对市场热情降低的另一个表现在于，纽约证券交易所会员资格价格的下跌，这一点尤为明显。具体如表 3-1 所示。

虽然道琼斯工业平均指数在 1932 年触底，但这只是纽约证交所熊市的开始而已。从 1929 年的高点到 1932 年的低点，会费的价格下跌了大约

90%——几乎与市场下跌的幅度一样。然而，从 1932 年到 1942 年，当道
指翻番时，纽约证券交易所的一个席位价格又下跌了 75%。从 1929 年价值
49.5 万美元，到 1942 年跌至 1.7 万美元，1942 年至 1946 年价格有所回
升，然后在 1949 年价格再次滑入谷底。而这种情形一直持续到经济萧条期
结束。纽约证交所席位的价格进一步证明，在大萧条最糟糕时期结束后很
长一段时间里，投资者对股市的冷漠情绪仍在增长。

表 3-1　1932 ～ 1949 年纽约证交所的会费　　（单位：美元）

年份	最高会费	最低会费
1932	185 000	68 000
1933	250 000	90 000
1934	190 000	70 000
1935	140 000	65 000
1936	174 000	89 000
1937	134 000	61 000
1938	85 000	51 000
1939	70 000	51 000
1940	60 000	33 000
1941	35 000	19 000
1942	30 000	17 000
1943	48 000	27 000
1944	75 000	40 000
1945	95 000	49 000
1946	97 000	61 000
1947	70 000	50 000
1948	68 000	46 000
1949	49 000	35 000

资料来源：NYSE.

　　从历史记录来看，投资者对股票长期资本回报的担忧似乎是有道理的。
到 1949 年，道指达到了它在 1926 年 2 月的高点。在 1949 年 6 月 13 日触
底时，道琼斯指数仍比 1929 年 9 月创下的近 20 年前的历史高点低 57%。

从 1932 年到 1949 年的谷底，在这长达 17 年的时间里，出现了两次截然不同的牛市和两次截然不同的熊市。

为什么我们要跟踪 1942 年至 1946 年的牛市和 1946 年至 1949 年的熊市，而 1949 年的指数并没有回到 1942 年的水平以下？这不意味着牛市始于 1942 年吗？从某些方面来看，情况很可能是这样，1942 年 4 月，是少数几个 q 值降至 0.3 倍以下的时点。然而，我们主要是基于估值参数，尤其是相对于随后的回报的比率来确定是否是一个熊市见底的时点。1949 年之后的长期回报显著超过了 1942 年之后的水平，而 q 值在 1949 年 6 月也回到了 0.3 倍的水平之下。 因此对于长线投资者来说，1949 年是比 1942 年更好的投资时机。

道指的历程：1932 ～ 1937 年

1932 年 7 月至 1937 年 3 月是美国历史上最大的股市牛市之一。道指上涨了 370%，而同期国内生产总值平减指数只不过上涨了 11%。此外，1932 年 7 月在底部买入的一位投资者，根据 1932 年实际支付的股息，获得了 10% 的股息收益率。这比 1937 年的投资者多了 60%。1932 ～ 1937 年牛市的基础是 1933 年以后金融体系偿付能力的增加。这种从近乎破产的边缘稳定的金融体系，将股票估值推回到了更正常的水平。国家从破产边缘的回归归因于经济和公司收益的改善。以实质计算，从 1933 年的经济低谷至 1937 年的高峰，国民生产总值净额每年增长 12%。这样的经济增长率，在美国，之前或之后都没有记录，而股票盈利增长甚至更有活力。从 1932 年的低点开始至 1937 年，标准普尔综合指数的收益增长 176%，增长速度几乎是名义 GDP 的 3 倍。

1932 年 7 月至 1937 年 7 月道琼斯工业平均指数如图 3-3 所示。

尽管经济增长出现了反弹，但整个体系的大量过剩产能导致了低通胀，利率在这一空前的经济扩张过程中一直在下降。因此，股价出现了强劲的正向组合——利润飙升、股息飙升、利率下降。

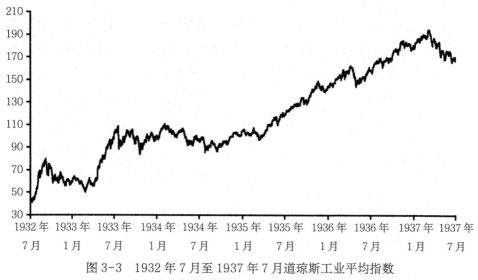

图 3-3 1932 年 7 月至 1937 年 7 月道琼斯工业平均指数

资料来源：Dow Jones & Co.

盈利和股息的复苏是惊人的，但还不足以将两者都推至新高。尽管 1932～1937 年的收益增长了 176%，但标准普尔的数据显示，1937 年的市场收益仍低于 1929 年、1928 年、1926 年和 1925 年以及 1917 年和 1916 年的水平。1937 年顶峰时期的市场收益仍比 1929 年的峰值低 30%，股息也比 1929 年的峰值低 49%。在 1937 年 3 月的巅峰时期，该市场仍比 1929 年 8 月的历史高点低 49%。

因此，尽管这可能是美国历史上最强劲的五年牛市，但只有那些在 1928 年 3 月之前或 1930 年 10 月之后买入股票的人，才有资本收益。那些有幸在 1932 年 7 月触底买入的投资者，看到道指在不到 5 年的时间里上涨了 376%。股票价格从 1932 年的被严重低估的水平大幅上涨，在这种利润激增和利率下降的支持下，这似乎并不令人意外。然而，必须记住的是，这些强大的动力压倒了美国资本主义的发展。

　　尽管道指 1932 年 7 月触底，但经济复苏在同年 9 月逐渐消失。当时，投资者主要将此归因于与富兰克林·罗斯福总统有关的不确定性增加，这在 1932 年 9 月似乎是肯定的，并于 11 月 8 日得到确认。在美国历史上的那个阶段，就职典礼直到 3 月 4 日才开始。罗斯福政府有很长一段时间是"跛脚鸭"，人们对其政策有很多猜测。特别是，人们越来越相信，罗斯福将把美元与黄金脱钩，而这位总统当时却拒绝否认这种谣言。在大萧条时期，美国公众第一次卖出美元来购买黄金，导致流动性进一步收紧。

　　在此期间，经济复苏、商品价格稳定和债券价格复苏均告结束。在此期间还发生了第三次银行业危机，从 1932 年 11 月持续到 1933 年 3 月。内华达州宣布 1932 年 10 月为银行休假，爱荷华州 1 月份为银行休假，路易斯安那州和密歇根州 2 月份为银行休假。到 1933 年 3 月 3 日，联邦的一半州被迫暂停业务。

　　尽管这是大萧条时期最严重的经济瘫痪，但道琼斯指数跌至 50 点仍比 1932 年 7 月的低点高出近 10 个点。无论市场对罗斯福的政策有何担忧，此时的股价仍然高于 1932 年 7 月的最低点。根据国家经济研究署的数据，经济在 1933 年 3 月达到了最低点，仅略低于 1932 年 6 月的水平，这一阶段为股市牛市的真正开始做好了准备。

　　美国股市的大牛市恰逢革命性的"新政"。在 1933 年 3 月的就职典礼上，几乎没有人会怀疑，罗斯福计划对美国的金融机构和金融市场进行重大改革。在 1933 年 3 月的就职演说中，罗斯福宣布"货币兑换商已经逃离了我们的文明圣殿。而我们现在要用古老的真理来恢复那座神圣的庙宇"。几周之内，罗斯福对华尔街的第一次立法行动——1933 年的《证券法》，在国会获得通过，随后很快又通过了 1933 年的《格拉斯—斯蒂格尔法案》、1934 年的《证券交易法》、1935 年的《银行法》和 1935 年的《公共设施控股公司法》。在这种法律法规不断通过的背景下，牛市进入了如火如荼的阶段。

股市牛市是在对美国货币基石（金本位制）进行重大改革的背景下发生的。早在他上任的第二天，罗斯福就颁布了一个临时的"黄金出口禁令"。有证据表明，此举确实是暂时的，因为一些银行在 3 月和 4 月获得了黄金出口许可证。然而，在 4 月 19 日罗斯福向全世界宣布，将核准"农业调整法"的托马斯修正案，该修正案授权总统酌情发行无担保货币。当美国最终放弃了金本位制后，国家预算局局长刘易斯·道格拉斯，总结了美国许多人的观点，他私下说："这是西方文明的终结。"罗斯福随后将私人囤积黄金定为刑事犯罪，并废除了承诺以黄金支付的政府合同。直到 1934 年 1 月中旬，总统才发表国情咨文，美国将回到金本位。⊖当月底，在适当的授权立法通过后，美元终于企稳。1933 年 3 月，美国财政部以每 20.67 美元兑换一盎司⊖黄金，但到 1933 年 1 月，购买同样数量的黄金需要 35 美元。自1879 年以来，主要货币一直锚定金融系统，现在主要货币发生了这样的变化，而且多数专家发出了警告，但股市的牛市仍在继续。

伴随着立法可以使金融市场更安全、更稳定的新信念，公众为大萧条的开始寻找替罪羊。几乎就在股市触底之际，胡佛总统要求国会对证券交易所进行调查。参议院银行委员会的听证会，后来被称为"佩科拉"听证会，委员会首席顾问费迪南德·佩科拉的听证会于 1932 年 4 月开始，持续到 1934 年 5 月，引发了两年多的耸人听闻的头条新闻。一路走来，有充分的证据表明华尔街有不端行为，公众怒吼不已。在 20 世纪 30 年代，许多华尔街经营者都上过刑事法庭。一些定罪直到 20 世纪 40 年代才被确认——许多涉嫌导致股市崩盘和大萧条的人没有受到惩罚。尽管有这样的宣传，但股市的牛市仍在继续。

从 1932 年到 1937 年，美国有少数人直言不讳地指出，这个国家正在走向社会主义，对金融市场的"攻击"本质上是意识形态性的。有充分的证

⊖　John Brooks, *Once In Golconda - A True Drama of Wall Street 1920 - 1938*.

⊖　1 盎司 =0.000 029 6 立方米。

据表明这种趋势。在加强对银行和金融市场的监管的同时，政府设立了国家机构，提供它认为私营部门无法提供的服务。

随着 1932 年联邦住房贷款银行、1933 年房屋所有人贷款公司、1933 年田纳西流域管理局和 1934 年联邦农场抵押贷款公司等的成立，州政府对私营部门进行了迅速的蚕食。由胡佛创立、罗斯福大规模扩张的重建金融公司成为世界上最大的公司。罗斯福实行了全国最低工资，随着社会保障税和其他政府措施的实行，劳动力成本进一步上升。在罗斯福政府执政之前，政府对经济的不断干预导致公共赤字不断增加，1837 年美国政府报告的最大财政赤字为 GDP 的 0.7%，与战争融资无关。然而 1932 年赤字为 4.7%，并在 1934 年上升到占 GDP 5.5% 的峰值。

无论罗斯福的政策在理论上或实践上对美国的自由市场体系造成了什么样的损害，股票市场都一如既往。他们认为，所有其他的东西都不如金融体系稳定，企业盈利和股息的大幅复苏更为重要。如果说美国经济体系的效率受到了结构性损害，那么股市的反应并不大，与强劲的周期性经济复苏相比，所有其他因素的重要性都要小得多。

道指的走势：1937 ～ 1942 年

在 1937 年强劲的经济复苏中，实际国内生产总值略高于 1929 年的水平，但人口的迅速增长意味着人均国内生产总值没有恢复到 1929 年的峰值。即使在 1937 年经济复苏的巅峰时期，失业率仍为 14.3%，比 1900 年至 1930 年的上一次高点高出一半。虽然经济的正常复苏似乎还处于萌芽阶段，但随后进入了逆转阶段。经济复苏过早的中断，动摇了投资者对商业周期的信心。

目前还不清楚 1937 年经济复苏的突然结束是出于财政原因还是货币原因。显而易见的是，这一下降是在美联储从 1936 年 8 月开始上调存款准备金率之后出现的。

　　美联储利用《银行法》赋予的新权力，把购买证券的保证金从 25% 提高到 50%。鉴于商业银行体系中的超额准备金水平如此之高，加上放贷陷入困境，人们认为，提高存款准备金率将是美联储试图重新控制货币政策的最佳途径。到 1937 年，批发价格强劲上涨，股市上涨引起人们对投机活动的担忧，美联储希望能够有效地收紧货币政策。

　　1937 年 3 月至 1942 年 5 月道琼斯工业平均指数如图 3-4 所示。

图 3-4　1937 年 3 月至 1942 年 5 月道琼斯工业平均指数

资料来源：Dow Jones & Co.

　　考虑到金融体系的疲软，人们并不认为美联储的举措会对经济活动产生负面影响。美联储将随之而来的紧缩归咎于新的财政。财政政策可能确实是一个因素：联邦赤字占 GDP 的比例从 1936 年的 4.2% 降至 1937 年的 2.8%。另一个因素可能是 1937 年年初企业盈利能力的急剧下降，这与总体成本的上升，特别是劳动力成本的上升有关。在华尔街，人们认为还有其他的罪魁祸首：华盛顿对企业实施令人窒息的监管，抑制了周期性的复苏。无论美联储是否判断错误，工业生产从 1937 年的峰值下降了 1/3，至 1938 年的低点，标准普尔综合指数的收益下降了近 50%。

不管经济衰退的原因是什么，经济的艰难发生在 1938 年 6 月，而这仅仅在美联储首次下调存款准备金率之后 2 个月。在经济复苏对就业产生任何有意义的影响之前，这种急剧的经济收缩是不太正常的，对于那些预计经济将继续扩张，直到出现产能限制和通胀迹象的人来说，这是一个特别的情况。从 1937 年 3 月 31 日起的 12 个月里，道指下降了 49%，回到了 1933 年中期的水平。股市成交量表明，这次出人意料的经济衰退在引起投资者消极反应的方面，发挥了比大萧条本身更大的作用。

当经济从 1938 年 6 月开始复苏时，股市的熊市并没有消退。股价并没有随着公司盈利的反弹而反弹。这表明人们对美国经济恢复 1929 年前正常状态的能力丧失了信心。从 1938 年的低点开始，到 1941 年 12 月，标准普尔综合指数的收益翻了一番，但道琼斯指数没有变化。在对经济前景信心减弱的时代，即便是最强劲的盈利复苏，股价也可能无法回升。

也许更重要的是，欧洲日益增长的战争前景在决定金融前景方面发挥着重要作用。这并不是说，股市必然受到战争前景的打击。在英国向德国宣战的那一天，华尔街并没有出现恐慌性抛售——1939 年 9 月的前 8 个交易日正好相反，随着德国席卷波兰，道指上涨了 15%。投资者记得美国在第一次世界大战中的中立直到 1917 年，当时外逃资本流入美国，美国公司从欧洲的订单中获得显著的收益。这一次，这些有利因素的综合作用会持续多久？随着德国的胜利似乎越来越不可避免，从战败的欧洲获得物资订单的可能性也越来越小，市场开始下滑。

希特勒于 1940 年 5 月 10 日发动了对西欧的闪电战，这一战术在几天内就取得了成功。5 月 10 日至 25 日，随着荷兰和比利时投降，英国军队撤离敦刻尔克，道指下降了 23%。随着德国锁定欧洲资本，外逃资本减少，而美国的战争订单现在似乎只可能来自英国，尽管人们普遍预计，英国将以信用质量可疑的借条支付。到了 5 月底，很明显，曾促成 1915 年、1916 年牛市的两个积极因素不太可能再次出现。

闪电战改变了一切，熊市的步伐加快了。与第一次世界大战一样，从
1940 年中期到 1941 年 3 月，英国最初以现金、黄金和证券的形式支付物
资，因此，与欧洲战争有关的资本流入美国的速度加快。随着美国继续实
行金本位制，这些资本流动加速了货币增长。

在整个夏季的不列颠空战中，股票市场有所恢复，因为获得了来自英
国的资金流入，但到了 1940 年 9 月，美国将 50 艘废弃驱逐舰租借给英国，
显示美国将更多地参与这场战争。从这一阶段开始，现金支付将被借据取
代的担忧加剧了。在 1940 年 12 月 16 日的一次广播讲话中，罗斯福说，美
国将"借给"英国物资，美国将以这种新形式参战变得更加清晰。

租借计划始于 1941 年 3 月。为了换取物资，美国政府从盟国那里获
得信贷或服务，而不是现金或黄金。股票市场对这条消息很敏感，1940 年
9 月至 1941 年 12 月 6 日，股价下降了 14%，因为美国增加了贷款租赁计
划。这场战争也给美国带来了直接的通胀压力，这是另一个负面因素。从
1939 年 8 月到 1941 年 11 月，随着原材料需求的激增，批发价格上涨了
23%，包括美国在内的全球正在备战。尽管美国仍保持中立，但这场战争迫
使美国修改了立法，这有可能进一步削弱企业的盈利能力。

1941 年 9 月 1 日，美联储对通货膨胀采取了行动，并在"W 条例"中
对消费信贷实施了控制，该条例规定了某些上市物品的最低首付额和最高
信贷期限。1941 年 11 月 1 日，美联储提升准备金率为 25%。道指现在回
到了 1938 年的水平，但更糟糕的情况还在后头。12 月 7 日对珍珠港的袭
击结束了人们对美国可以不卷入这场战争的幻想。与 1917 年一样，军事直
接介入的可能性增加，压低了股票价格。

然而，偷袭珍珠港事件对市场的直接影响不如英国向德国宣战或希特勒
闪电战的成功所造成的影响大。市场延续了 1940 年 9 月以来逐渐下跌的趋
势，并花了近 5 个月的时间进一步下跌 20%，至 1942 年 4 月 28 日触底。

然而，这并不是 20 世纪 40 年代购买股票的最佳时机，投资者不得不

继续期待下一轮牛市和熊市。不过，如果投资者以 q 值作为极端低估的指引，就会注意到，1942 年 4 月，股票的交易价格比其重置价值有 70% 以上的折让。这是在 1921 年和 1932 年才记录到的低估水平。从 1942 年开始了 1932～1949 年的第二次牛市，截至 1946 年 5 月，道指上涨了 128%。

道指的历程：1942～1946 年

1942 年 4 月股市熊市触底之际，美国金融结构发生重大变化，而此时美国在菲律宾战役中惨败。

1942 年 4 月至 1946 年 5 月道琼斯工业平均指数如图 3-5 所示。

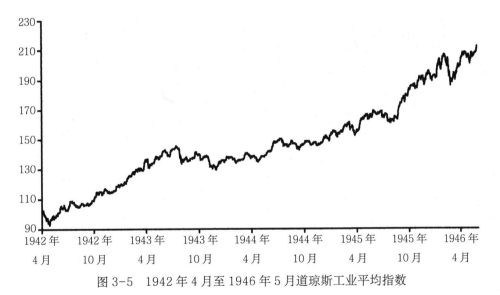

图 3-5　1942 年 4 月至 1946 年 5 月道琼斯工业平均指数
资料来源：Dow Jones & Co.

与 1917 年一样，美联储放弃了所有其他金融目标，以进一步提高政府为战争提供资金的能力为首要任务。1942 年 4 月，美联储宣布，它将通过干预市场，将美国国债的利率固定在 3.8%。在战争期间，这个利率将是固定的。事实上，某种形式的干预政策一直有效到 1951 年 3 月。尽管其只承诺干预国债市场，但在实践中，美联储的行动已经造成了联邦债券收益率直线下滑。美联储采取这些行动的理由是，这将鼓励那些本来不会在高利率时期投机的投资者购买战争债券，从而降低战争融资的成本，事实上，最长期限政府债券的最高允许收益率为 2.5%。因此设置利率上限一定会使收益率曲线向下倾斜，这是市场在 1942 年 4 月之前的表现。毫无疑问，投资大众和商业银行蜂拥到长期市场，在战争期间资本损失的风险已被消除，而美国国债市场的所有权越来越多地转移到美联储手中。用当时的美联储主席马林纳·埃克尔斯的话说，美联储"只是执行财政部的决定"。[⊖]

第二次世界大战期间政府国库券的实际收益如表 3-2 所示。

表 3-2 第二次世界大战期间政府国库券的实际收益　（%）

短期国库券	0.375
一年期公债	0.875
短期债券	2.000
长期债券	2.250
25～30 年债券	2.500

资料来源：Sidney Homer and Richard Sylla, A Histroy of Interest Rates.

与第一次世界大战一样，美联储提供了无限的货币供给，用于为政府债券销售提供资金，并通过直接购买债券来支撑债券价格，增加了商业银行的准备金。与第一次世界大战不同的是，商业银行利用增加的准备金直接购买政府债券，而不是向他人发放贷款进行购买。1941～1945 年，财政部发行了七次战争债券，融资的大幅增加并没有导致收益率飙升，这主要是因为这些债券被分配给了合规的商业银行。由于美联储干预了国债市场，所以通常与巨额财政赤字和强劲经济增长相关的利率上升并未随之发生。国债市场的低收益率抑制了其他收益率。从 1942 年 4 月起，每月平均

⊖　Marriner Eccles, *Beckoning Frontiers – Public and Personal Recollections.*

一级企业债券收益率为 2.63% 以下，1942 年至 1946 年之间的平均利率为 2.55%。

当时从 1939 年到 1941 年通胀已经急剧上升，债券收益率固定在较低水平，而 1942 年股票收益率超过 11%，这给投资者带来了更好的机遇。虽然债券能提供长远的固定收入，但投资者更多地把注意力投向了股市。

固定利率债券的低收益率和不断上升的整体数据让许多投资者相信，股票将是一种更好的长期投资。然而，大家还是低估了 1942 年股票市场的强劲动力。从 1941 年 11 月至 1945 年 8 月的平均年通货膨胀率只有 4%，这一总体通货膨胀率是通过价格控制和对部分商品实行配给来实现的。如果没有价格管制（1942 年 1 月开始实行），通货膨胀无疑会更高。对于那些在"黑市"上购买商品的人来说，通货膨胀比报告的水平要高得多，固定利率债券的吸引力要低一些，股票的相对吸引力更大。

尽管因政府操纵债券市场而使股市更加吸引人，但战时金融也产生了其他抵消性负面影响。美国主要是通过发行债券资助它参加了第一次世界大战。然而，由于大萧条，进入第二次世界大战的联邦债务水平比 1917 年高得多。因此这一次，政府选择把战争融资的重担直接放在纳税人身上。税收收入占国民生产总值的百分比从 1941 年的 7% 上升到 1945 年的 21%。对收入等于或者大于 100 万美元的人来说，最高的所得税税率达到 90%，远远超过第一次世界大战时的 66.3%。税率大幅上升给股市上涨造成了困难。

股市面临的另一个问题是，1942 ～ 1946 年，企业利润增长缓慢。尽管美国企业在第二次世界大战期间期望获得丰厚的利润，但事实并非如此。在战时紧急情况下，美国政府采取了许多行政措施来控制价格，这使得它实际上控制了企业的利润率、资源和资本的配置。物资和资金从市场转移到了官僚手中。对战争生产委员会、战争劳工委员会和价格管理局来说，企业的利润率并不受到关心，它只可能被挤压以进一步推动战争供给。当然在第一次世界大战期间，美国政府迫切需要税收收入，因此也大幅提高过企业税率。从 1940 年到 1942 年，公司税的最高税率从 19% 提高到 40%，而超额利得税从 1940 年的 50% 达到 1943 年的 95%。因此，标准普尔综合指数的收益和股息在 1946 年基本保持不变，维持在 1942 年的水平。

从 1942 到 1946 年，在固定利率证券实际收益率较低的背景下，股票估值的不断增长使得牛市进一步深化。

尽管这一估值上升可能部分反映了美国在战争方面的进展，但有证据表明，这种影响是有限的。美国卷入这场战争的最低谷是在 1942 年 4 月 9 日，当时驻菲律宾巴丹的美军投降，5 月 6 日美军又在科雷迪多投降。道指在 4 月 28 日因早期的战争消息而触底，6 月战争开始进入有利阶段，中途岛战役使太平洋战争出现有利的转折。8 月份，美国在瓜达尔卡纳尔岛登陆，发动了进攻。1942 年 11 月，随着盟军在阿拉曼战胜德军和意大利军队，战争形势开始明显好转。同月，苏联在伏尔加格勒反攻包围了希特勒的第 6 军。

1942 ～ 1946 年的牛市第一段一直持续到 1943 年 7 月。然而，尽管战争的消息越来越积极，道指却并没有稳步上涨。1943 年 7 月至 1944 年 12 月底，盟军解放了西西里、罗马尼亚、巴黎、布鲁塞尔、安特卫普、雅典、威克岛、塞班岛、关岛和莱特岛。1944 年 12 月，盟军从西面进入德国，苏联在东普鲁士作战，但道指与前一年相比没有变化，当时苏军离柏林只有 1 000 英里，其他盟国在多佛集结。

尽管取得了这些胜利，但直到 1945 年年初，牛市才重新开始奔跑。即便在那时，市场也只是在 1945 年 2 月以来的一次小规模经济收缩中举步维艰，而保证金的增加（1945 年 2 月从 40% 提高到 50%，7 月份增加到 75%）也阻碍了股票上涨。尽管经济收缩一直持续到 10 月份，但从 8 月 15 日日本投降开始，股票价格开始加速上涨。

由于当局察觉到有过度投机的可能性，因此 1946 年 1 月，股票的保证金规定由 75% 增至 100%。1946 年 1 月 2 日，潘恩·韦伯和杰克逊 & 柯蒂斯证券公司的哈瑞·科默总结了对美国股市前景持乐观态度的理由。

> 由于消除了超额利润税，工业公司的净利润比 1945 年高出 30% 左右。股息总额应随盈利的增加而有所增加。战争期间，对股东的分配是很小的，而 1946 年资产负债表的改善将允许更宽松的股息政策。[⊖]

在这种对收益和股息的乐观情绪的鼓舞下，牛市一直持续到 1946 年 5 月，最终超过了 1937 年的高点，并接近 1928 年 7 月至 1930 年 9 月的最高水平。然而道指仍比 1929 年 9 月的历史高点低 44%。

道琼斯指数：1946 ～ 1949 年

1946 年，美国市场的看涨者认为，消费者需求受到抑制和公司的税率回到正常水平，为股市带来了上涨，经济从 1945 年的衰退中强劲反弹。然而，空头们记得，在 1918 年停战后的 12 个月里，战后的欢欣鼓舞导致通胀飙升，随之而来的是美国历史上最严重的年度通缩，同时股市也出现了一轮恶性熊市。那些怀揣着更长记忆的投资者还记得在美国内战结束后的通缩调整。正如我们所看到的，始于 1942 年最黑暗日子的牛市持续到日本投降。然而，到 1946 年夏末，空头又重新控制住了局面（如图 3-6 所示）。

1946 年 8 月底和 9 月初，道琼斯指数下跌了 17%，这是自 1940 年 5 月闪电战以来最大幅度的下跌。《华尔街日报》于 1946 年 8 月 30 日详细阐述了这一事件的背后原因。

⊖ *Wall Street Journal*, 2 January 1946.

刘易斯公司的罗伯特·拜菲尔德列举了导致股价下跌的以下因素：①立法机关与物价局之间的立法斗争，②市场无法立即消化新发行的证券，③利率已经达到了最低点并开始保持不变。

图 3-6　1946 年 5 月至 1949 年 7 月道琼斯工业平均指数

资料来源：Dow Jones & Co.

在 8 月和 9 月间，投资者担心杜鲁门总统会因为经济收缩而延长战时价格管制，该管制由价格管理局实施，原定于 1946 年 6 月失效。这将继续挤压企业的利润率。最终，杜鲁门没有成功地延长价格管制，在短暂的紧急"延期"之后，管制终于在 1946 年 11 月结束。许多其他因素抑制了市场复苏，薪资上涨是其中一个令人关切的关键问题。许多人认为只有通过类似 1920 年至 1921 年破坏性通货紧缩的重演才能战胜通货膨胀。在 1949 年 1 月 5 日的国情咨文讲话中，甚至杜鲁门也准备承认，艰难时期可能即将来临。杜鲁门对全国人民说："我们不能在战后的繁荣中不停地膨胀，它终将崩溃。"人们担心的战后调整似乎越来越有可能。在《用头脑赚钱》一书中，詹姆斯·格兰特提到 1920 年、1921 年的通货紧缩影响了著名商人蒙哥马利·沃德和休厄尔·艾弗里在 1949 年对经济前景的看法。

当蒙哥马利·沃德公司的一位经济学家递给他一张可追溯到 19 世纪初的商品价格图表时，主席仔细研究了这张图表。物价周而复始地上涨和下跌。在战时的通货膨胀中上升，在战后的通货紧缩中下降。直到 1919 年至 1920 年，这种模式还在重演……对艾弗里来说，战后萧条已成定局。"我凭什么跟历史争论？"他问。⊖

艾弗里对通缩的押注失败了，他囤积了大量的政府债券，而没有投资于自己的企业，结局对他是灾难性的。然而在 1949 年，大多数评论人士认为 1919 年、1920 年的某种形式的重现是非常可能的，战后通货膨胀率越高，价格调整幅度就会越大。在当时评论员提到的各种因素中，事后看来，通胀和利率上升显然是 1944 年至 1949 年熊市成因中最重要的因素。人们担心的不是通胀而是通缩。当时大多数投资者认为，通缩是不可避免的。

1946 ～ 1949 年，通胀压力的累积不断增加。1946 年美国似乎有可能目睹与 1919 年爆发的油价上涨类似的爆炸式上涨。1946 年上半年，工资水平急剧上升，以应对罢工浪潮（1 月和 2 月罢工天数超过了 1943 年和 1944 年所有罢工天数的总和）。毫不令人惊讶的是，在 1946 年后期，当价格管制被解除时，通货膨胀突然猛增。批发价格指数在 1946 年下半年上升了 52%。一些人认为，经济结构的变化将使通货膨胀制度化。经济结构发生了变化，政府部门现在占国内生产总值的 15%，而在 20 世纪 20 年代末，这一比例为 3%。投资者不得不问，这是一次性的价格向上调整，还是结构性变化使通胀成为普遍现象。

除了政府权力的增加外，劳工的权力也有所增加。经济中的这种结构性变化是否也会产生更多根深蒂固的通胀？工会的好战性反映了这样一个事实：到 1949 年，非农业工会成员已达到劳动力的 33%，明显高于 1932

⊖ James Grant, *Money of the Mind: Borrowing and Lending in America From the Civil War to Michael Milken.*

年的 13%。工会甚至要求在新的雇用合同中将罗斯福的生日定为假日。

对一些人来说，从与休厄尔·埃弗里相反的角度来看，这些结构性变化似乎可能导致通胀在战后制度化。尽管大多数人预期战后会出现通缩，股价也会在预期中下跌，但少数人看到了通胀的新时代。通货膨胀率的上升预示着未来形势的一种迹象。1946 年《就业法案》所载的保证 "最大就业" 的承诺表明，战后的通胀前景将与 1919 年大不相同。此外，1946 年没有人试图重建金本位制（被认为是抵御通货膨胀的体制性堡垒）。1944 年 7 月在布雷顿森林会议上讨论的新的国际货币安排，其核心目的是降低通货紧缩的可能性。面对这样的现实，投资者预期在商业周期的整个过程中的通胀率将高于金本位制下的通胀率。尽管进行了这些制度改革，但很多投资者仍预计，战后将经历一段类似第一次世界大战之后的通缩时期。随着利率的上升和似乎不可避免的崩盘即将来临，道指的衰落持续时间在 1949 年年初达到了创纪录的程度。

在 1946 ～ 1949 年股票熊市时期，债券市场出现了一个小的熊市。美联储把政府债券价格维持在预先确定的水平，这种行为阻止了政府债券的持续下滑。早在 1946 年 4 月，通胀担忧还是导致债券整体价格下滑，终于结束了始于 1920 年的债券大牛市。随着战争结束，政府债券价格无法持续上涨。虽然官方利率并未改变，但市场决定的利率（远低于美联储规定的上限）在 1946 年 4 月开始上升。1946 年 4 月，AAA 级公司债券收益率降至 2.46% 的历史低点，之后稳步上升，到 1947 年 12 月达到了 2.86%。

1942 年 1 月至 1949 年 12 月高品质公司债券的收益率如图 3-7 所示。

从 1946 年年末到 1947 年中期，市场利率在上升中停顿了下来，因为政府债券已经上升到了上限水平。1947 年，短期政府证券价格跌到谷底，长期政府证券也在下跌。1947 年 7 月国库券买入利率由 0.375% 提高并逐步上升，到 1948 年年底达到 1.25%。除了市场利率上升的负面影响外，投资者还担心政府对通胀上升的反应。杜鲁门在 1947 年秋天重新试图引入价格、工资和信贷控制。国会否决了他的请求。虽然市场利率自 1946 年 4 月以来一直在上升，但官方利率的第一次上调直到 1948 年 1 月才实现。当月贴现率提高了 25 个基点，1948 年 8 月的又一次相同幅度的上调，使贴现率达到了 1.5%。在 2 月、6 月和 9 月，存款准备金率有不同幅度的提升，8月，国会恢复了美联储实施信贷控制的能力，为期 12 个月。所有这些行动最终开始抑制需求，经济活动在 1948 年 11 月达到顶峰（随后开始下降）。

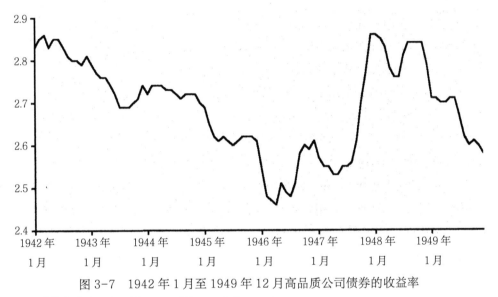

图 3-7　1942 年 1 月至 1949 年 12 月高品质公司债券的收益率

资料来源：National Bureau of Economic Research.

在 1946 年 8 月和 9 月急剧下跌后的两年里，道指的交易区间在 163至 190 之间。1948 年 11 月，随着经济衰退的开始和杜鲁门出人意料地当选为总统，熊市的最后一站开始了。道指从 1948 年 11 月的 190 下降到1949 年 6 月 13 日的 162。

在 1946 年至 1949 年的熊市中，标准普尔综合指数收益增长了近两倍。尽管人们对 1946 年报表收益水平的乐观情绪是错误的，但 1946 年后报表收益水平暴涨。1947 年，公布的报表收益最终超过了 1916 年的水平，之后维持在一个相对稳定的水平。

然而，股息增长明显滞后于盈利增长，因为美国为消费者社会进行的重组需要大量企业投资，两年期间股息仅增长了31%。股市熊市中出现这两种情况，使得投资者对可能出现的通缩感到担忧。

虽然经济因素是1946年至1949年熊市通货膨胀或通货紧缩的主要驱动因素，但这一时期美苏关系的恶化也发挥了重要的作用。

美国与苏联关系的恶化对市场造成了越来越大的压力。早在1946年3月，温斯顿·丘吉尔就曾对密苏里州的一位听众说，"一块横穿欧洲的铁幕已经落下了。"⊖

到1947年3月，杜鲁门主义向那些"武装抵抗的少数民族或不屈于外部征服的自由人民"提供了财政支持。⊜此后不久，美国开始向希腊政府提供资金，以资助该国抵抗北部由苏联支持的共产主义游击队。此后不久马歇尔计划的诞生进一步加剧了美国和苏联之间的紧张关系，因为莫斯科将该计划视为扩大美国在欧洲影响力的尝试。1948年5月，苏联加大了赌注，封锁了西方列强进入柏林的地面通道，促使其他国家向柏林空运物资。紧张局势继续加剧。1949年4月北大西洋公约组织（北约）成立，它被苏联认为是一个"公开侵略"的联盟，它也违反了联合国宪章。《华尔街日报》7月12日援引贝奇公司的经纪人山姆·史密斯的话说，苏联未能对北约的诞生采取行动是1949年夏天新牛市出现萌芽的重要因素。

> 3年多来，对工业业现状的担忧打击了市场情绪，阻碍了正常的市盈率，当这一担忧被解除时，一种积极的心理变化应该会对我们的市场产生补益效应。应该有足够的理由让人高兴：不会有战争了……

⊖ Address at Westminster College, Fulton, Missouri, 5 March 1946.
⊜ President Truman's address to Congree, 12 March 1947.

1949 年 7 月，人们期待已久的通货紧缩终于开始了，但与苏联开战的可能性似乎正在降低，尽管韩国发生了热点事件，一场以军备竞赛为基础的"和平战争"接踵而至。与 1946 年至 1949 年间的第三次全球金融危机相比，这些事件对股票投资者的影响显然不太重要。苏联在 1949 年 8 月 29 日引爆其第一颗原子弹，就证明战争更多地会以对峙的形式而不是直接对抗的形式进行。美国在保持中立的同时重整军备，对投资者来说，这类似于 1915 年至 1916 年繁荣时期市场的积极特点。1949 年夏季，这场滑向"冷"而非"热"的战争在稳定股市方面发挥了重要作用。市场已经为即将到来的持续近 20 年的牛市做好了准备。

1949 年的市场结构

> 房间的一边是办公室的门，另一边则挂满了工厂、轮船和铁路的巨大照片。挂这些照片是戈尔德先生的主意，他想向客户解释他们购买股票的真正含义。戈尔德先生总是希望人们能感觉到股票市场是一种创造性的、有价值的东西。
>
> ——戈尔·维达尔，《在黄叶林中》

1949 年的股票市场

到 1949 年 5 月底，纽约证交所上市股票的总市值为 640 亿美元，尽管市值仍比 1929 年 9 月时低三分之一，但仍是 1932 年熊市谷底时的四倍。与 1932 年一样，在纽约证交所上市的股票占美国上市股票总市值的近 90%。1949 年年底，纽交所上市股票有 1 457 只，仅比 1929 年年底的 1 293 只略有增加。随着 1 043 家公司在交易所上市，一家公司的平均市值为 5 800 万美元。投资管理行业因经济萧条和战争而遭受重创。1949 年 6

月，在美国证券交易委员会注册的投资管理公司只有150家，管理的基金总额为27亿美元。即使该行业完全回避债券投资，全部投资股市，它在美国股市的持股比例也不足5%。

在1949年7月初市场底部，上市的1 500多只股票中平均每天有900多只有交易发生。这与1946年股市顶部交易活动的高峰形成了对比，当时1 300只股票中约有1 000只在交易。1946年1月，纽约证券交易所的股票月成交量达到19.46亿美元，在该年5月股市达到顶峰时却下降到14.32亿美元。当1949年7月道指跌至低点时，每月成交量仅为5.26亿美元。在周六股市休市半天，所以7月的日成交量平均只有2 340万美元。虽然道指较1946年5月的高点下跌了24%，但平均交易量却下降了70%。1929年10月19日，市场的最高成交量为1 640万美元，1949年的最低日成交量为54.136万美元，比20年前的水平低了近97%。自1932年以来的17年里，市场的组成发生了很大的变化。

表3-3显示了在纽约证券交易所上市的十个最大的工业部门在大萧条和战争期间是如何发生变化的。虽然公用事业部门的重要性有所减弱，但1949年的石油比1932年更为重要。1949年石油和化工合计占到了总市值的1/4。石化产品重要性的提高对化工公司特别重要。聚乙烯——一种在战争中诞生的塑料，被发现有新的用途，其日产量和产量在一年内翻了两番，年产量达到5 000万磅〇。〇

表3-3　纽约证券交易所中10大部门的市值占总市值的比例　　（%）

	1932	1949
公用事业	15.5	6.7 (第5名)
石油	10.9	16.0 (第1名)
通信	10.8	6.2 (第7名)

〇　1磅 =0.453 6千克。
〇　*Wall Street Journal*, 6 July 1949.

（续）

（%）	1932	1949
铁路	8.7	5.1（第 9 名）
食品	8.0	6.2（第 8 名）
化工	7.8	9.0（第 2 名）
烟草	5.5	2.3（第 14 名）
零售	5.4	7.9（第 3 名）
汽车	4.3	7.5（第 4 名）
钢铁	3.7	6.4（第 6 名）
电气设备	2.4	3.5（第 10 名）
合计	80.6	74.5

注：所有运输部门包括铁路运输部门。

资料来源：Kenneth R. French, Industry Protfolio Data.

德国化学工业基本上在第二次世界大战中被摧毁，美国化工企业的前景因此尤其光明。制药企业生意也呈爆炸式增长，仅青霉素的出口量就超过了战前该国药物出口量的总和。自 1932 年以来，零售和汽车市场变得更加重要。到了 1949 年，在第二次世界大战期间停工的汽车业，开始重新大量生产汽车来供给排队购买的消费者。相比之下，公用事业、烟草和通信的重要性远不如 1932 年。表 3-4 显示了部门业绩在不断变化的市场结构中的作用。

我们可以引用《马太福音》里的一句话来总结这一时期的行业表现："最后一个将变成第一个，第一个将变成最后一个。"1929 年至 1932 年熊市期间的绩优股（公用事业、烟草和电信等行业）在 1932 年至 1949 年再次跑赢大盘。

1932 年 6 月，随着民主党总统的前景蒸蒸日上，废除禁令的可能性越来越大，禁令终于在 1933 年 12 月被废除。这对啤酒行业产生了重大的积极影响，尽管事前出现了很多警告信号，但投资者仍然通过投资啤酒行业获得了丰厚回报。该部门的业绩说明了 1932 年至 1949 年期间新股发行在改变市场结构方面的重要性。在此期间,上市的股票数量增长了59%,而拥有上市证券的公司数量仅增长了27%。对于化学工业,其重要性的提高既是因为它吸引新资本的能力,也是因为它的股价表现。

表 3-4 从 1932 年 6 月至 1949 年 6 月纽约证券交易所中表现最好和表现最差的工业部门(总销售额)　　　　　　　　　　　　　　　(%)

表现最好的部门	
啤酒	3 993
游戏赌博业	2 606
批发	2 396
汽车	2 201
服务	2 199
表现最差的部门	
公用事业	280
烟草	398
煤	489
家庭	523
通信	527

注:按股息再投资计算。

资料来源:Kenneth R. French, Industry Portfolio Data.

1946 ~ 1949 年的熊市持续时间较长,但跌幅较小。1949 年股票非常便宜,这不是因为熊市的原因,而是因为这一时期的收益率暴涨。在这个温和的熊市中,从 1946 年 5 月到 1949 年 6 月,公用事业部门再次表现了其防御能力。

从 1946 年 5 月到 1949 年 6 月 10 大工业部门的利润率如表 3-5 所示。

表 3-5 从 1946 年 5 月到 1949 年 6 月 10 大工业部门的利润率

石油	+5.8%
化工	−8.06%
公用事业	−9.7%

（续）

零售	−15.5%
食品	−16.2%
通信	−17.7%
钢铁	−17.9%
汽车	−21.5%
电气设备	−27.5%
运输	−33.4%

资料来源：Kenneth R. French, 'Industry Portfolio Data'.

石油行业在熊市中表现特别好，因为从战时生产转移过来最为顺畅。令人惊讶的是，1946 年的石油需求比 1945 年更高，而且与其他行业不同，为了迎合民用而非军事市场，几乎不需要做任何改变。所以，石油工业得益于石油产品需求的增长和价格的上涨。而汽车行业面临着更艰难的过渡，因为随着军方需求的下滑，它需要进行大规模的重组，以重新转向民用生产。运输部门主要由铁路组成，并接受政府的监管，战后很难确保运费上涨，再加上高通胀，这进一步削弱了该行业的利润。

1949 年的债券市场

> 他在办公桌前停了下来，那是一张有些褪色的橄榄色桌子。各种统计资料都整齐地堆在桌角，笔记本和纸张散落在上面，这让他看上去很忙。
>
> ——戈尔·维达尔，《在黄叶林中》

1949 年纽约证交所上市债券的市值已达到 1 280 亿美元，而 1932 年仅为 320 亿美元。同期，政府债券价格指数上涨 16%，企业高等级债券指数上涨 43%。1949 年 7 月，《华尔街日报》解释了纽约证券交易所债券市场的变化。

在 1932 年有 1 600 多只债券挂牌发行。到 1940 年年底，仍有近 1 400 只。而如今只有 912 只，其中 75 只由美国财政部和世界银行发行，这些债券在场外交易市场完全由交易商进行交易。

在纽交所上市的债券数量已降至 1905 年以来的最低。市场规模与发行数量之间的趋势差异，是由联邦政府发行的少数大型债券造成的。公司债券市场多年来一直在萎缩，从 1932 年到 1945 年的每一年，除 1936 年和 1938 年外，公司债券的赎回数量超过了新发行的债券。在此期间，共有 428 亿美元的公司债券净赎回，到 1949 年公司债券的总价值可能还不到 300 亿美元。

纽约证券交易所债券和股票的市值如表 3-6 所示。

表 3-6　纽约证券交易所债券和股票的市值

年份	债券（10 亿美元）	股票（10 亿美元）	股票占比（%）
1928	47.4	67.5	58.75
1929	46.9	64.7	57.97
1930	47.4	49.0	50.83
1931	37.9	26.7	41.33
1932	32.0	22.8	41.61
1933	34.9	33.1	48.68
1934	40.7	33.9	45.44
1935	39.4	46.9	54.35
1936	45.1	59.9	57.05
1937	42.8	38.9	47.61
1938	47.1	47.5	50.21
1939	49.9	46.5	48.24
1940	50.8	41.9	45.20
1941	55.0	35.8	39.43
1942	70.6	38.8	35.47
1943	90.3	47.6	35.52
1944	112.6	55.5	33.02
1945	143.1	73.7	33.99

(续)

年份	债券（10 亿美元）	股票（10 亿美元）	股票占比（%）
1946	140.8	68.6	32.76
1947	136.2	68.3	33.40
1948	131.3	67.1	33.82
1949	128.5	76.3	37.26

资料来源：New York Stock Exchange.

纽交所的统计数据显示，自 1920 年以来的债券牛市是在成交量下降的背景下发生的。纽约证券交易所债券交易高峰年份是 1922 年，当时平均每天交易量超过了 1 500 万美元。而在 20 世纪 20 年代接下来的时间里，股票主导了投资者的兴趣，日均债券交易量降至 1 140 万美元。股票市场的交易量在 1942 年触底，而债券市场的最低交易量一直下降到 1949 年的日均 300 万美元。总体而言，1949 年在纽约证交所交易的债券市值为 1 280 亿美元，而纽交所的债券成交量却低于 10 亿美元，换手率不到 1%。

1924 年，纽约证券交易所债券的年交易量就占上市债券总市值的 14%。就纽约证券交易所的交易量而言，债券仍比这一时期的股票更为重要。只是在 1929 年股票成交量最高的一天股票交易量超过了债券的平均日成交量。到 1949 年，纽约证券交易所平均每天的债券交易量为 300 万美元，而股票交易量在 50 万到 200 万美元之间徘徊。

然而，必须强调的是，对债券市场的分析仅使用了纽交所的数据——就债券交易量而言，这是唯一完整的可用数据。然而美国债券市场再次发生了重大变化。如表 3-7 所示，纽约证交所仍是美国公司债券上市最重要的场所。

表 3-7　美国公司债券的上市情况——占总市值的百分比　　（%）

年份	纽约证券交易所	其他交易所	场所交易市场
1900	60	11	29
1908	51	5	44
1916	56	5	39

（续）

年份	纽约证券交易所	其他交易所	场所交易市场
1924	62	5	33
1932	57	20	23
1940	66	12	22
1944	66	10	24

资料来源：W.Braddock Hickman, Statistical Measures of Corporale Bond Financing Since 1900.

虽然纽交所对公司债券市场仍然很重要，但它对政府债券市场的重要性多年来一直在下降。查尔兹解释政府债券市场在第一次世界大战时是如何在纽约证券交易所之外运作的：

> ……几乎所有政府证券的买卖都是通过专门经营这些债券的交易商进行的。证交所的报价只是被用来评估参考的官方价格，以作评估参考，而非反映大额市场的实际交易价格。在交易所每记录1 000美元交易，就有100万美元的由极少数被称为政府债券交易商的银行在场外进行的未记录交易。[⊖]

政府债券市场只是在第一次世界大战期间政府债务激增之后，才成为个人投资者的一项重要金融资产。自由债券主要在纽约证券交易所交易，1919年，纽约证券交易所76%的债券交易是政府债券。然而，这是个人持有债券比例的一个高潮，而且随着债券转向机构持股，大规模的场外交易再次主宰了市场。

尽管未偿还的联邦债务数量激增，但在纽约证券交易所发生的此类证券交易却越来越少。到1940年，这一数字已经少得可怜，即使在第二次世界大战期间个人持有债券兴起，纽约证券交易所也没有在政府债券市场上占据重要的地位。

因此，纽约证券交易所的数据已经无法准确反映美国政府债券市场的

⊖　C.F.Childs, *Concerning US Government Securities.*

真实情况。随着时间的推移，研究这段时间未偿还政府债务总额的增长才是一个更好的方法。在美国加入第二次世界大战之前，联邦政府的总债务在 1941 年就达到了 489 亿美元，然后在 1946 年达到了 2 694 亿美元的峰值。与第一次世界大战时相比，现在的国债几乎增加了 10 倍。到 1946 年 3 月，仅个人就持有 1 676 亿美元的政府债务。1932 年发行的政府债券的名义价值为 142 亿美元，如果加上汇票和现金的话，总值可以达到 195 亿美元。到 1949 年，政府债券的面值为 1 686 亿美元，其中 563 亿美元是储蓄债券。此时政府债券总共由汇票、特别发行公债以及 822 亿美元的现金组成。联邦债券市场比 1949 年的股票市场大了 3 倍。

在描述 1949 年的美国债券市场时，值得一提的是外国债券市场。20 世纪 20 年代美国公众对股市进行投机，同时外国债券市场也出现了类似的情况。因为第一次世界大战，美国成为世界上主要的债权国。尽管外国主权信用已经渗透到市场上，但在 20 年代，新一轮债券的发行热潮主要是由公众的热情参与造成的。

在 1914 年 6 月 30 日欧洲爆发战争之前，只有两只外国债券——阿根廷和日本的政府债券在纽约证券交易所交易。在 19 世纪 20 年代初，先前的债权国英国第一次向世界发行了外国债券，而这些债券几乎都陷入了无法偿还的境地。此后，在新债券发行期间出现了数次抢购，这也是牛市和熊市会定期出现的原因。在美国，这是一个新市场，市场热情高涨，具有 19 世纪英国外债狂热的所有特征。

截至 1929 年 9 月，在纽约证券交易所定期交易的外国债券有 202 只，占该交易所债券交易量的 1/3。然而一场全球性的萧条和世界大战无疑减少了 1949 年仍在交易的外国债券的数量。当道指在 1949 年 6 月 13 日触底时，只有 46 只外国债券在纽约证券交易所交易。此时只有 20 个主权国家发行的债券在交易所进行交易，其中许多债券的票面价值低于票面价值的一半：智利、哥伦比亚、哥斯达黎加、希腊、意大利、墨西哥、秘鲁、塞尔维亚和南斯拉夫。在所有仍在交易的外国债券中，略高于一半的债券支付了全额利息。1948 年年底，有 10.3 亿美元的欧洲债券没有利息，其中 64% 来自德国。

珍珠港事件发生后，美国证券交易委员会曾禁止交易商报价或交易轴心国发行的 12.5 亿美元面值的债券。这结束了 7 个国家——德国、意大利、奥地利、罗马尼亚、匈牙利、保加利亚和日本的债券交易。到 1949 年，除了意大利以外，这些国家的债券交易还没有重新开放。

1941 年 12 月之前被德国政府回购的德国债券没有被取消。这一事件导致的恐慌是继续停牌的原因之一。现在人们担心这些债券掌握在苏联手中。可以说，美国投资者对外国政府债券的第一波热情是灾难性的，就像 19 世纪 20 年代的英国。本杰明·格雷厄姆以某种不屑的态度写道：外国债券自 1914 年以来给我们带来了一段糟糕的投资历史，而两次世界大战和一次世界萧条使情况变得更糟。

每隔几年，市场条件就足够有利使一些新发行的外国债券价格高于票面价值。这个现象告诉我们很多关于一般投资者的想法——不仅仅是在债券领域。⊖

1949 年夏天熊市见底

> 他说，我们应该很快就会有大堆的工作要做，我正在写报告。其实也不是一份真正的报告：我已经为董事会准备了一些航空股票的统计数据，这是一项很有意义的工作。
>
> ——戈尔·维达尔，《在黄叶林中》

在 1921 年和 1932 年，股票价格都出现了大幅下跌。1949 年夏季结束

⊖ Benjamin Graham, *The Intelligent Investor*.

的熊市却完全不同。从 1946 年 5 月的峰值（16 年来的最高水平）到 1949
年 6 月的最低点，股市仅下跌了 24%。然而，尽管缺乏戏剧性的下跌，但
这次熊市在一个关键方面类似于 1921 年的熊市。1929 ～ 1932 年，股票从
高点狂跌至低点。这种估值过高带来的猛然下挫是非同寻常的。正如我们
在 1921 年所看到的，股票花了很长一段时间寻求更低的估值，直到最终出
现实质性价格下跌。1949 年，最终的股市下跌幅度较小，但估值的长期下
跌与 1921 年之前的经历相呼应。

　　1933 ～ 1949 年标准普尔综合指数成分股的循环性调整市盈率如
图 3-8 所示。

图 3-8　1933 ～ 1949 年标准普尔综合指数成分股的循环性调整市盈率

资料来源：www.econ.yale.edu/ ～ shiller/data.htm.

　　与 1921 年之前一样，股票估值长期下跌的一个关键驱动因素是，企
业利润未能充分受益于经济增长。1929 ～ 1946 年美国经济发展的道路比
1921 年之前更加坎坷。尽管在这种艰难时期又遇到了大萧条，但美国经济
还是有所增长，只是道指又跌到了 1926 年的水平。

虽然股票市场自1926年以来没有起色，但经济却出现了实质性的复苏。到1935年，实际国内生产总值还低于1926年的水平，但整体经济在1935～1949年开始增长。由于人口的持续增长，实际人均GDP无法翻一番，但在1926～1949年仍增长了62%。经济扩张和企业利润增长之间的差距一个可能的原因是政府和劳动力重要性的上升。表3-8说明了政府部门如何成为美国经济中越来越大的一部分。在1926年至1949年期间，政府开支占本地生产总值的百分比，由3%上升至15%。此外，虽说这段时间前半期对劳工来说是雪上加霜，但后半期则有显著改善。从1935年到1949年，消费者价格指数上升了73%，制造业工人的平均小时工资增长了155%。

表3-8 1926年和1949年的经济增长

	1926	1949
人口（百万）	117	149
每年的移民数	304 488	188 317
平均寿命（年）	57	68
医生人数	149 521	201 277
平均时薪（制造业）	55美分	1.43美元
工会会员总人数（千人）	3 502	13 213
批发价格指数	100	155
名义国内生产总值（10亿美元）	97	267
实际国内生产总值（2万亿美元）	794	1 634
在校学生人数（千人）	27 180	28 491
农场数目（千个）	6 462	5 722
农场中牲畜的数目（千头）	60 576	76 830
矿产品市价（百万美元）	5 311	10 580
矿产品实际数量指数	66	92.1
原油生产（千桶）	770 874	1 841 940
重建公共建筑的费用（百万美元）(1947～1949年的价格)	23 752	23 527
住宅区（千个）	849	1 025
香烟（百万支）	92 523	385 046
钢铁铸件的总数（千长吨）	48 293	69 623

（续）

	1926	1949
铁路里程数	421 341	397 232
机动车辆注册数（千辆）	22 250	44 690
电话数量（千个）	17 746	40 079
总电站发电净产量（千瓦时）	94 222	345 066
出口额（百万美元）	5 017	12 160
进口额（百万美元）	4 755	7 467
商品服务差额（百万美元）	826	6 359
人均国内生产总值（1929 年 =100）	94	162.7
银行总资产（百万美元）	65 079	170 810
存款总额（百万美元）	54 416	156 488
纽约证券交易所股票成交额（每年百万美元）	451	271
有效人寿保险（百万美元）	77 642	213 672
联邦政府支出（百万美元）	3 097	39 506
联邦政府文职雇员工资（千美元）	548	2 102
联邦政府的政府债券（百万美元）	19 643	252 770
现役军人	247 396	1 615 360

资料来源：US Bureau of the Census.

虽然政府和劳工工会的作用日益增强，但上市公司公布的利润增长确实略快于 1932 年至 1949 年的名义国内生产总值的增长。然而通过在特定时期内企业利润的增加来衡量企业的盈利能力是不安全的。1932～1949 年，企业利润与名义国内生产总值同步增长的情况可能是令人质疑的，如果考虑到 1932 年利润是多么萎靡不振的话。关于上市公司利润的标准普尔综合指数始于 1871 年，到 1872 年，这些公司的名义和实际利润都已经高于 1932 年。

1932 年的收入非常低迷，但从 1949 年的"正常化"收入的总体估计来看，10 年平均公布的收入数字表现良好。而 1949 年的收益比 1932 年的收益高出 33%。考虑到同期名义国内生产总值的增长，企业的盈利能力显然令人失望。

1932～1949年，上市公司利润的增长有两个非常不同的时期。在这13年期间，2/3的报表收益是在1945～1949年实现的。原因在于1945年废除了超额利得税，这个突如其来的刺激发挥了重要作用。正如我们看到的那样，利润飙升的同时，股票价格跌到了谷底。

这表明，投资者对战后利润激增的可持续性表示怀疑，并将1945年极低的盈利水平视为美国企业盈利能力的真实体现。因此，即便是从1932年到1949年的超常利润增长，也可能被视为上市公司未来盈利能力的超常发挥。这种对盈利水平持续下去缺乏信心的表现，导致了股价估值的下跌。

对许多投资者来说，肯定很难相信股票估值会从1932年的极低水平再次下跌。1932年6月，当道指跌至最低水平时，股市的市盈率适中，仅为当前盈利的9.4倍，而1871～1932年的平均水平为13.7倍。1932年6月，收益率尚未下降，市盈率完全高于预期收益基准。而1932年12月，公布的收益达到了大萧条时期的最低点。这与1932年6月股市11.6倍的市盈率形成鲜明对比。

在如此低迷的盈利水平下（比1872年4月至1876年6月还要低），股价也继续大幅下跌。1932年6月的投资者可能预见到收益的进一步萎缩，但他们可能会从长期来预期，估值可能会上升至1871年至1932年13.7倍的平均水平。然而，到1949年6月，标准普尔综合指数的市盈率进一步下跌至5.8倍。1949年的收益确实有进一步的收缩，但即使考虑到这一点，市场在1949年6月时的市盈率也只有6.4倍（如图3-9所示）。

1932年，投资者在股市触底时买入，预期股市估值至少会上升，但到1949年熊市触底时，这些估值又进一步下降了40%。在此期间收益让人失望，但主要原因是股票估值的再次下降，尤其在1937年。

美国市场的年底 q 值从1932年年底的0.43倍下降到1949年年底的0.36倍。到了1949年，股票变得异常便宜，这也为20世纪最长的牛市奠定了基础。

图 3-9　1929 ~ 1949 年标准普尔综合指数（过去 12 个月的收益）

资料来源：www.econ.yale.edu/~shiller/data.htm.

正面消息和熊市

　　虽然我个人非常尊重你和你的同事们对股市的看法，但是在这件事上，我不同意你的观点，因为我认为股市会上涨并且会继续涨上去。手头上所有的统计数字都支持我的看法。希望能再次收到你的来信。

——戈尔·维达尔，《在黄叶林中》

　　1949 年 6 月的夏天更像是 1921 年而不是 1932 年。到 1949 年中期，投资者还没有遭受灾难性的股价暴跌，尽管经济状况好转，而且自 1945 年以来企业盈利大幅改善，但投资者经历了长期的横盘。人们对战后经济和盈利状况是否会好转还是担忧。战后萧条和通货紧缩引起的恐惧是经济和收益迟迟得不到提升的原因。就像 1921 年发生的那样，政府继续大力介入经济，长期来看，这将扼杀企业的盈利能力。尽管如此，股票还是先于经济出现了复苏。

道指在 1949 年 6 月触底，而美国经济研究署的数据表明衰退结束的日期是 1949 年 10 月。

然而，即使投资者能够预见经济好转，也应该继续保持谨慎。自 1932 年以来，曾有过两次衰退结束和经济扩张重新开始的时期，即 1938 年 6 月和 1945 年 10 月。两次经济复苏都没有带来股票价格的可持续上涨。要想在 1949 年 6 月做好投资准备，投资者必须相信，这一次情况不同。

关于市场，很多人认为，熊市跌至谷底时不会出现正面消息。然而正如我们所看到的那样，1921 年和 1932 年市场触底时的情况并非如此。同样，在 1949 年，市场底部出现了充足的好消息和乐观情绪。

美国经济可能直到 1949 年 10 月才触底，但那个夏天《华尔街日报》的版面上有很多好的经济消息。

4 月 21 日：第一季度的报告好于一般预期。

4 月 22 日：国际收割机公司在去年 11 月 1 日开始的本财政年度中，生产的农业设备比一年前同期增加了至少 30%。

4 月 22 日：贝奇公司的山姆·史密斯说，"一些经济观察家已经得出结论，或正在改变观点，认为调整的经济形势最终将为商业的蓬勃复苏奠定基础。"

4 月 22 日：霍顿基金公司总裁写道，"有许多因素可能会导致业务持续下滑，其中最重要的是信贷供应，这可能会导致联邦储备银行采取进一步行动。如果企业进一步收缩，政府开支可能会增加。此外，还有大量的建筑工作必须完成，特别是在公用事业领域。工业的衰退和劳动效率的提高可能会带来新的需求。整个经济活动的下滑趋势可能会促使国会修改立法。现在的情况与 1907 年和 1920 年的情况非常不同，刚开始经济并未出现剧烈的下滑，但 1949 年出现的或许是剧烈的业务收缩。"

4 月 25 日：美国银行家协会主席小埃文斯·沃伦先生列举了以下几个企业发展的绊脚石——被严重抑制的商品

需求，公众手中的资金，欧洲援助计划。尽管欧洲援助涉及长期的严重问题，但肯定会刺激目前的商业活动，以及对"大西洋公约"中的伙伴的预期军事援助。

4 月 28 日：美国钢铁公司、杜邦公司和通用汽车公司等公司的第一季度报告的预算有了很大的改进，但投资者不关心历史，而是根据未来几个月可能发生的情况进行交易。

4 月 28 日：俄亥俄州标准石油公司今年第一季度的汽油销量同比增长约 8%。

5 月 2 日：197 家企业的盈利达到 6.732 亿美元，比 1948 年高出 21% 以上（《华尔街日报》1949 年第一季度 20 个主要上市行业调查）。

5 月 12 日：美国财政部长斯奈德表示，战后许多行业的"调整"实际上已经完成。

5 月 14 日：废铜价格每磅上涨一美分的公告点燃了华尔街的希望之火。

5 月 21 日：据报道，美国管道和铸造公司注意到第二季度的新订单有所改善，市政当局和其主要客户公用事业公司预计将在一段时间内保持较高的运营速度。

5 月 23 日：大部分迹象表明，经济衰退将是一次轻微的衰退。

6 月 3 日：5 月份私人住宅建设比去年同期下降了 15%。在 1949 年的前 5 个月，住宅建筑比去年下降了 15%。今年头五个月，所有建设项目比去年同期增长了 3%。公共建设取得了更积极的进展。今年头 5 个月的公共建设比去年增长了 40%。

6 月 8 日：波音公司 1949 年的销售额应该是去年的两倍，收益也应该比 1948 年高出很多。

6 月 9 日：美国联邦储备委员会报告称，截至 6 月 1 日的一周内，商业贷款连续第 20 次下降，又减少了 1.52 亿美元。与之相反，6 月 1 日房地产贷款在主要城市银行升至 40.92 亿美元新高。房地产贷款比一年前多 324 美元。

6 月 16 日：大约一年，这是许多商人认为下跌趋势会持续的时间。例如，吉列总裁斯潘表示，经济下滑将在 4 至 6 个月内结束。

6月16日：宾夕法尼亚盐业公司生产化学产品的总裁乔治·贝采尔说，"在过去的几天里，我们注意到某些行业更加活跃。我们公司里的大多数人都觉得到了秋天我们就会重新打起精神。"一家大型油漆公司注意到最近的销售情况有所好转。其解释是，公司生产的产品无法满足库存的需要，但消费者的需求仍然很强烈。消费者抱怨商店存货少得可怜，缺少想要的商品。

6月16日：滚动衰退是一个越来越多地用来描述形势的术语。白宫的一位经济顾问认为，滚动衰退意味着工业股被连续而不是一次性冲击——比如棉花、纺织品、航空公司、冷冻食品、收音机、酿酒厂、奢侈品等，其中很多一年多以前就出了问题。这份清单上有一些可以东山再起，不过，有些行业并没有真正感受到衰退。汽车是一个重要的例子，另一个例子是制药厂。此外，电力销售继续保持一年前的水平。而电话公司也有大量积压的订单。卡车司机们忙得不可开交，部分是以牺牲竞争对手铁路行业为代价的。政府的经济政策专家阐述道：平均而言，每个行业似乎需要一年左右的时间，才能完成从战后高峰时期的业务下滑到平稳发展阶段的过程。

6月16日：尽管今年初商业衰退的势头增强，但美国消费者对此并不太担心。根据为联邦储备委员会收集的数据，他们比以往任何时候都有更多的钱可花，对自己的未来前景相当乐观，并打算购买汽车、房屋和其他耐用品。结果显示，与我们所了解的其他经济状况相比，其中一项看上去有些奇怪。他们指出，家电销售的低迷一直持续到4月份，随后的回升还不算季节性的，但足以表明较低的价格刺激了销售。美国联邦储备银行报告称，那些以降价和广告方式积极追捧客户的交易商会收到成效。

6月22日：希尔森－哈米尔公司的沃尔特·梅纳德似乎认为经济和股市在7月份都获得了回升，投资者会做得更好，看到了一些积极的态度。

6月29日：哈里斯·厄本公司的拉尔夫·罗西姆说道，"商业活动有可能在未来几周内恢复一些，因为某些非耐用品的生产需要增加，而库存减少了。"

6月30日：近来急剧下滑的人造纤维行业显示出复苏的迹象。北美人造纤维公司和美国本伯克公司的一位发言人表示，这是根本性好转的一个明确信号。我们认为这是重要的信号，并期望在今年剩下的时间会有更好的复苏。

7 月 1 日：考虑到价格的下降，零售的实际数量到目前为止维持非常好。失业率的上升还没有影响到购买力。工业生产和消费者购买之间的落差显然是通过减少库存来解释的。在长时间停工和工资收入大量损失等突发事件的情况下，消费量必须在适当的时候超越生产量，从而调动起工厂的积极性。汽车和建筑行业仍然十分活跃。

7 月 1 日：有零星的企业业务复苏实例，特别是在人造纤维领域。笼罩着国际经济前景的乌云也略有破除。过去一两周来一直警告英镑即将贬值的人现在认为，在一两个月内，或者在伦敦英联邦财长会议之前，英国的经济危机可能就会结束。

7 月 2 日：失业人数跃升至 377.8 万人，为 7 年来的最高水平。但是，失业的成年人并没有增加。劳工部说，这个数字比 5 月份增加了 48.9 万人，主要是 25 岁以下的年轻人。非农就业人数的增加扭转了 5 个月来的下降趋势，原因是建筑和户外工作增多。

7 月 6 日：芝加哥的丹尼尔·赖斯公司认为，"现在很流行的预测是，目前的经济衰退将在秋季触底，明年春季将出现全面商业活动的逐步回升。"

7 月 8 日：赫顿公司的卢西恩·胡珀认为，"广泛的行业报告表明，大萧条出现的可能性很小。"

7 月 8 日：5 月份全国大型工厂的发电量下降，低于去年同期水平。这是自 1946 年 8 月以来的第一次下降。5 月份住宅用户用电量总计 44.7 亿千瓦时，比去年同期增长 14.2%，商业用电量达到 362.5 万千瓦时，比 1948 年 5 月的总数高出 7.2%。

7 月 11 日：黄铜工业，其产量在过去的 6 个月里下降了 50%，而上周晚些时候销售开始大幅回升。

7 月 12 日：贝奇公司的山姆·史密斯说，"3 年多来，对商业世界正在发生的事情的担忧挫伤了市场情绪，妨碍了市盈率的回升。当这一担忧解除后，心理上的一种可喜的变化应该会对我们的市场产生补益效应。我们应该有足够的理由欢呼——不会发生战争，不会增加税收；我们没有严重的加班现象；我们正在迅速走向商业正常化；昂贵的库存正在减少；过剩、低效的厂房空间正在闲置或废弃；公众需求仍然巨大，而购买力巨大的、额外的市场将随着现实价格的回归而得到利用；资金便宜，信贷充裕；股票价格低，收益率高。

7月14日： 棉花和亚麻布买家的行为鼓舞了纺织品制造商。新英格兰的工厂表示，裁剪业和服装制造商对秋季产品的购买，说明了一年多来对这些面料的真正购买兴趣的产生。

7月18日： 户外广告公司能最先感觉到一般的广告趋势，他们说，1950年会是广告业大发展的一年。

7月21日： 美国商务部表示，零售商店的生意自今年初以来一直相对稳定。该机构补充称，在前6个月，经调整的指数与1948年前6个月相比总变动仅为1%。

7月22日： 据热点公司总裁詹姆斯·南斯的看法，家电行业的调整已经触底。家用电器的降价在今年第一季度是迅速和彻底的。

7月23日： 5月份公司分红比1948年同期高出14%——截至5月31日的3个月，现金股利支付总额为13.733亿美元，比1948年同期的12.519亿美元增长了10%。

7月25日： 受商业下滑沉重打击的新英格兰地区也看到了复苏的迹象，消费品行业占很大比例的新英格兰通常是第一个感受到商业变化的地区，无论是好的还是坏的变化。

8月1日： 美国国家采购代理商协会表示，7月份业务继续下滑，但下滑量低于5月和6月。与此同时，订单量自去年9月以来下降了28%，而采购主管报告显示订单增加了30%。调查显示，这些商品的价格在7月份上涨——铜、铅、锌、酒精、新粗麻布、陶瓷、玉米、酒、棉籽油、桐油、松香和淀粉。

8月4日： 钢厂报告需求明显回升。

8月5日： 事实上，该报几个月来一直在报道不幸的坏消息，最近该报刊登了足够多的令人欢欣鼓舞的报道，杜鲁门总统在昨天的新闻发布会上发表了评论。这是他第一次和我们站在了一起。

8月6日： 美国联邦储备委员会宣布，将在未来几周内下调各成员银行的存款准备金率。可用于投资政府证

券或企业贷款的银行资金将增加 18 亿
美元。

8 月 10 日：巴什公司说，华尔街
可以感觉到一种新精神的开始。这很容
易成为美国商业活动下一次大规模扩张
的基础。

8 月 10 日：亨普希尔公司申明，
"我们相信，严重的商业萧条是可以避
免的，战争是不可能发生的，英镑或其
他货币贬值的任何负面影响都将是暂时
性的。"

当然，此时也有很多负面新闻。但上述摘录再次表明，那些等待神话
中暗示熊市结束的普遍坏消息的人将错过这轮牛市。与 1921 年和 1932 年
一样，与负面新闻的扩散相比，市场未能对好消息做出反应才更能预测熊
市的结束。1949 年的情况与 1921 年和 1932 年出现的经济复苏迹象有许多
相似之处。这 3 次都有人说，经济复苏从新英格兰开始，蔓延到全国各地。
这 3 次熊市底部的另一个共同因素是汽车工业扩大，而一般经济继续收缩。

随着汽车生产在 1942 年 2 月停止，在 1943 年和 1944 年只有 749 辆
新车出售。1945 年的汽车登记数字仍低于 1939 年的水平。这种产量的缺
乏造成了一个非常不正常的汽车市场，战后许多年都扭曲了定价。对汽车
所有权的需求被压抑，导致二手车价格大幅上涨，并在战后导致了排队购
买新车的现象。《华尔街日报》在 1949 年 4 月 5 日的报道中写道：

> 二手车的低迷——较低的价格和较慢的销售意味着二手车的利
> 润微薄，人们在过去的两年里目睹了市场缓慢而稳定地崩溃。而
> 在战争期间和战后初期，他们可以几乎以任何价格出售任何一辆
> 汽车。在 1946 年冬天，价格极高的豪华二手车的销量开始下滑。
> 1947 年商业繁荣，但消费者对二手车的抵制逐渐增强，更多的新
> 车从装配线驶离。在 1947 年到 1948 年的冬季，汽车价格下滑了
> 10% 至 20%，1948 年 9 月，从 1947 年的峰值下跌了约 25%。去年
> 冬天的生意降到了战后的最低点。一辆在 1937 年售价 900 美元的

雪佛兰汽车，第一年可能会减价 250 美元，明年再降价 200 美元，后年再降价 150 美元，使其在 3 年内降至原价的 1/3。战后，一辆 1946 年上市的雪佛兰新车价格 1 200 美元，但在 1947 年年初，一辆二手车的价格都可能达到 1 500 美元。年初价格可能下降到 1 300 美元，而在今天可能是 1 100 美元（3 年后）。一辆在 1946 年价值 2 500 美元的凯迪拉克汽车在年初还可以卖出原价，但在今天，可能下滑了 800 美元。

在《华尔街日报》同一天的报道中，一位专家估计，美国有 4 万家二手车经销商，而战前只有 1.9 万家。二手车溢价的下降和二手车经销商数量的下降表明，市场正在回归正常。

在战后和平的第一个完整年，1946 年，美国工厂汽车销售 210 万辆，而在 1949 年这一数字将达到 510 万辆。虽然新车价格在 1949 年就开始下降，但如果需求没有增长，汽车销售量不会大幅上升。相较于 1941 年售出的 380 万辆，1949 年美国和平的最后一年售出的 510 万辆成绩显著。投资者担心一旦战时被压抑的需求得到释放，销售就无法维持在如此高的水平上。但由于战后销售继续强劲增长，人们的担忧是多余的，战后的繁荣在继续。1949 年 6 月 4 日，《华尔街日报》援引通用汽车负责分销的副总裁威廉·赫夫斯塔德的话说：

> 1948 年汽车的平均使用年限为 8.73 年，而 1941 年为 5.33 年；去年美国高速公路上有近 1 300 万辆车车龄在 10 年或以上，而战前约为 500 万辆；税后可支配收入达到历史新高，人口增加，大多数的人处于可以承受新车的收入档次。

根据《华尔街日报》1949 年 8 月 11 日的报道，汽车经销商有自己独特的销售方式：

纽约福特经销商在销售一辆新卡车时，可以接受一个骡子或山羊作为 300 美元的替代津贴。

1921 年、1932 年和 1949 年，汽车需求的增长预示着需求将出现更广泛的改善。这种改善可能是基于汽车拥有率仍然非常低。对于这类产品来说，被压抑的需求得到了释放，提供了总体经济改善的一个重要指标。汽车是"电子复兴"消费者购买清单上最早的产品之一，随后消费冲动很快蔓延到了其他产品上。1949 年 5 月 4 日，《华尔街日报》曝光了另一个大力发展的产业。

拉斯维加斯的生意再度繁荣——在火烈鸟酒吧，经理本·戈夫斯坦说："我从其他消息源得知酒类销售额下降了 40%，但过去几周，我们的酒吧销售额比一年前增长了 10%。"内华达州的赌博并不是万无一失的经济风向标，但它在过去一直是准确的奢侈品消费的指南之一。例如，在 1947 年至 1948 年冬天里诺赌博萧条之前的几个月，全国对奢侈品的需求下降了。不久拉斯维加斯超过拥有 3 万人口的里诺，成为内华达州最大的都市。

这次采访发生在毕斯·西格尔建立火烈鸟酒吧三年后。如果说有什么城镇处于结构性增长阶段的话，那就是 1949 年的拉斯维加斯。这座曾希望人口超过 3 万的城市，现在有 200 万人生活在它的大都市区内，每年有 3 600 万游客。

价格稳定与熊市

1949 年夏天，《华尔街日报》记录了许多经济改善的情况。与 1921 年和 1932 年一样，对价格较低的产品的需求不断增加。这呼应了 1921 年和 1932 年熊市底部正在发生的一个重要变化。汽车和赌博首先看到了强劲的需求，这是得益于结构性增长的产品。但需求增长很快就在更为普通的产品和大宗商品中显现出来。1921年、1932年和1949年熊市触底的一个重要指标，是1949年（与1921年和1932年一样）低价大宗商品需求增加。这清楚地表明，通缩正在结束，因为通缩一直在挤压企业盈利，因此股市会因物价趋于稳定而做出积极的反应。当然在不同时期，需求和价格的增加体现在不同的货物和商品里。

1949年，就像1921年和1932年一样，总体价格的稳定与股市熊市的结束时间上一致。与1921年和1932年一样，对某些商品而言，需求的不断增加和价格的稳定恰当地说明一般物价的稳定。

1949年，与1921年和1932年一样，低库存水平表明任何价格上涨都可能是可持续的。

正如《华尔街日报》5月19日报道的那样，如果库存过多，消费者的需求就更容易被预测，甚至会对那些产业造成一定的影响。

> 较低的死亡率对棺材制造商造成冲击——导致产量下降的最大因素是许多葬礼承办人，像其他行业的购买者一样，去年大量购买——现在库存过剩。

库存清算在压低价格方面起到了一定的作用，所以如果现在库存处于最低点，也许通货紧缩会消失。就整个经济而言，库存清算是在1948年年末爆发的。根据美国劳工部的批发价格指数，战后价格的峰值出现在同一个月。这正好是战争结束后的第三年。这次战时通货膨胀的持续时间几乎是第一次世界大战结束后的两倍。到1949年6月道指触底时，批发价格指数已经从1948年8月的峰值下跌了7.5%，正如图3-10所示，批发价格指数还有一次小幅下降。

消费价格指数的表现与批发价格指数非常相似。因此虽然股票市场的底部与一般价格水平的底部不一致，但当商品价格大幅下跌之后它也随即

跌到了最低点。如 1921 年和 1932 年，商品价格稳定的迹象越来越多，这
说明了一般价格趋势变化和股票熊市结束的时间。

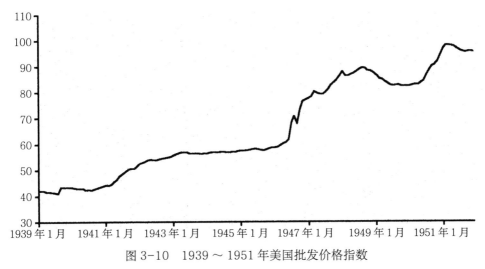

图 3-10　1939 ～ 1951 年美国批发价格指数

资料来源：National Bureau of Economic Research.

　　1949 年夏天，《华尔街日报》的版面上有充分的证据证明了这一变化。
早在 4 月份，在零售价格指数中，租金和食品价格的上涨就很明显了。6 月
份小麦和石油市场价格上涨。此次价格上涨的一个关键特征是，库存减少
以及低价商品需求逐渐增加。正如《华尔街日报》7 月 8 日所言，"如果公
众认为价格合适，他们愿意花钱购买。"到了 7 月，随着通货紧缩趋势进一
步减弱，铅、人造纤维、家禽、锌和铜的价格也开始上升。此外，批发价
格指数在 7 月份也有小幅上涨，令市场恐慌的通缩加速离开。

　　1949 年对投资者的最大谜团是战后必然会出现的通缩会在什么时候
结束。这个问题的答案来自一般物价的表现，而不是整体经济或股票市场。
特别是在 1949 年夏季价格较低的大宗商品需求增加，导致价格企稳，这表
明这次通缩规模比 1920 年至 1922 年期间小得多。与 1921 年和 1932 年一
样，密切关注价格趋势，特别是商品价格，是确定股票价格何时接近谷底

的关键因素。

批发价格指数从 1948 年 8 月到 1950 年 6 月的总跌幅为 7.9%，与第一次世界大战后价格峰值 45% 的跌幅形成鲜明对比。从《华尔街日报》的版面上可以明显看出，人们曾预期会出现更大程度的通缩。在 1946 年至 1949 年的股市熊市中，公司收益仍然翻了一番，这也表明投资者预期通货紧缩的程度会更大。如果投资者意识到 1949 年夏天商品价格的稳定是一般物价稳定的第一个信号，他们就可以买入非常廉价的股票。

当然，这里有一个关键问题是预测价格变化是否比预测股市牛市更容易，特别是是否有可能预见到，与 1921 年和 1932 年相比，通货紧缩的幅度如此之小。虽然抑制 1948～1950 年价格下跌的因素可能有很多，但 1921～1949 年关键性的制度变化有力地表明，第二次世界大战后经济周期中的价格下跌将更为温和。从教师保险和年金协会的一位前副会长身上可以清楚地看到，一个新的通货膨胀时代的前景正在被积极地讨论着。

> 权威人士认为，我们的经济体系现在充满了固有的通胀倾向，特别是在战争或国际紧张局势伴随着巨额国防开支的时期。他们指出了税收结构、自动扶梯工资条款、平价价格、预算赤字、政府向商业银行借款的低利率、成本加合同、补贴等。一些人还开始讨论凯恩斯主义经济学，强调充分就业、公共福利国家，以及不愿意回到金本位。[⊖]

因此，有些人预测战后的通货紧缩将是温和的。据推测，在 1946 年至 1949 年的熊市期间，这些投资者增加了对廉价股票的敞口。这一次确实是不同的。对那些有远见的人来说，在 1949 年夏天购买股票可以获得丰厚的利润，他们相信战后的总体通缩调整概率很小。然而，正如上文所述，投资者无须像专家一样灵敏地观察体系结构的变化，以此来判断"固有的通胀

⊖ William C Greenough, *A New Approach to Retirement Income*.

倾向"。与 1921 年和 1932 年一样，没有必要预先判断价格将稳定在什么水平。人们可以等待并评估 1949 年夏季物价逐步稳定的证据来确定购买股票的最佳实践。

到目前为止，分析的重点是大宗商品价格稳定的迹象是如何成为进入股市时机的一个重要战术指标的。当然，从总体价格水平变化的重要性上，有一个越来越明显的战略信息。股票极端低估都是在总体价格水平受到冲击之后发生的。在 1921 年和 1949 年，投资者们都在猜测战时通货膨胀反弹程度，但他们得到的答案是非常不同的。而这两个时期有一点是相同的，那就是未来价格和企业利润的巨大不确定性压低了股价。由于先前牛市的原因，1932 年的通胀没有恶化的迹象。而随着通货紧缩的爆发，这可能导致进一步的不确定性。等通缩火山爆发后，投资者开始猜测价格将稳定在什么水平。

在这本书中，我们研究了那些股价非常便宜而随后给投资者带来丰厚收益的时期。我们发现，在 1921 年至 1949 年，当一般物价水平产生重大波动时，股市也会跌至最低水平，这难道仅仅是巧合吗？这对投资者具有重要影响。这表明，在经历了一场重大的价格动荡之后，现在是购买股票的最安全时机。如果股市下跌并未出现这种剧烈的价格波动，那么这可能不是购买股票的最佳时机。

这并不是说，在总体价格水平没有较大波动的情况下，人们就不能买进不断下跌的股票。然而，可以说，没有这样的价格波动，可能意味着股票尚未达到最低的水平，从而允许人们采取长期买入和持有的策略。低估值，再加上总体价格水平回归正常，很可能为投资者提供高于正常回报的最佳前景。

一般价格水平是指经济中所有商品和服务的价格。本书中使用这个术语是为了避免与经常提到的更具体的价格变化相混淆。价格波动通常包括价格的上涨或下跌。那么什么是重大波动呢？这是一个方便的说法，在这里它用来表示一般价格水平的波动程度非常大，足以对市场产生重大影响。

流动性与熊市

> 一位护士推着婴儿车走向街道。对她来说，这个时间带着孩子出去，可能已经太晚了。当她从他身边走过时，他瞥见了那孩子，孩子茫然地盯着前方，对外面的世界一无所知。
>
> ——戈尔·维达尔，《在黄叶林中》

对于本书所涵盖的四个重要时期中的每一个，我们已经看到流动性分析对于那些寻求熊市底部的人来说是多么有用。在 1921 年和 1932 年，我们也看到美联储信贷、未偿债务和货币政策的其他变化对股市的作用。在第一部分和第二部分中，我们看到，美联储的创建与金本位制度相结合使得预测流动性趋势的工作变得非常复杂。到 1949 年美联储已经运作了近 35 年，这应该会让我们更容易地预测其行为。然而，正如我们所看到的那样，在这 35 年中美联储的政策存在不一致以及过失表明，美联储在 1949 年的行动很可能难以预测，就像美联储在 1914 年 11 月时一样。

1949 年的坏消息是，货币机制出现了问题，这使得美联储的行为更加难以预测。美联储战时的责任是以预先确定的价格支持政府债券，这意味着它是无限量资金的提供者。但到了 1949 年，美联储仍致力于支持期限较长的政府债券价格。1947 年圣诞前夕，政府债券的价格被下调，但新的价格在 1948 年全年保持不变。在实践中，这一政策意味着，只要美联储需要，弹性货币就会继续扩张用来购买这类证券以支撑其价格。因此，当市场力量试图迫使政府债券价格下降时，美联储的主要货币工具就会自动行使功能并阻止这一下降。在这种情况下，"弹性货币"的扩张是国家政策上的必然，虽然这不一定是美联储本身更喜欢的货币立场。

支持政府债券价格的承诺扭曲了货币体系的正常运作。提高存款准备金率并不像在正常时期那样有效。为了减缓经济增长速度和通货膨胀，从 1948 年 2 月 27 日准备金率开始出现一次增长。这同时也迫使银行出售政府债券。然而，美联储随后被迫干预市场，以支撑这些证券的价格，从而提高了美联储的未偿信贷。因此，美联储发现自己处于一种尴尬的境地，不得不扩大弹性货币，以回应他们自己旨在抑制经济活动的措施，尽管市场力量试图压低政府债券价格。这导致对货币体系扭曲是不可避免的。然而投资者无法对美联储的改变产生条件反射。如果说在 1921 年和 1932 年很难搞清楚美联储的意图，那么现在就更难了。

随着关键货币工具的工作状态被扭曲，为了判断美联储的货币政策未来走势，投资者不得不关注美联储的其他行动。自 1935 年银行业立法以来，美联储就有权决定购买证券的保证金标准。2 月，有关比率的规定已由 100% 减至 75%。尽管股市长期熊市，但美联储随后决定不进一步降息，这表明美联储对价格调整并无不满。1947 年 11 月国会取消对消费信贷进行监管，美联储因此重新获得这项权力，1948 年 8 月另一个行政机构也参与进来。早在 1948 年 9 月这些新权力就被用来限制消费信贷。这些行政措施的使用也表明美联储青睐紧缩的货币政策。

经济对行政措施的反应迅速，1948 年 8 月物价已经达到高峰，同年 11 月经济活动达到高峰。随着经济放缓和价格在 1949 年第一季度下跌，那些想确定股市下跌速度的人就需要把未来资金流动趋势当成一个指南。那么，美联储何时会发出改变政策的信号？鉴于当前令人困惑的货币政策改变，这种立场转变将如何显现？

碰巧的是，市场状况在 1949 年发生了变化，这让美联储恢复了一些行动自由，并允许它向外界展示，美联储的法律义务是在价格支持水平上进行干预，购买政府债券。但很明显，如果市场力量将价格推高到支持水平以上，这种义务就结束了。这正是 1948 年最后一个季度发生的情况，在这种情况下，美联储的行动现在可以被视为是其意图的一个真实迹象。美联储是否允许市场主导的反弹继续下去，就将表明美联储会否倾向于降低利率和放宽政策。然而，如果美联储现在进行干预，出售政府债券并抑制反弹，这将导致弹性货币收缩，并明确表明它倾向于收紧货币政策。现实发生的情况是：美联储对市场反弹的反应是出售政府债券，仅在 1949 年 1 月，弹性货币就收缩了 5%。一有机会，美联储就迅速采取行动，对其未偿还的信贷实施重大收缩。现在，投资者做好了应对战后通缩的准备，这是人们期待已久的事情。

有些人预计第一次世界大战后的收缩将卷土重来，作为指引，他们会关注美联储在此期间未偿还信贷的表现。这些投资者预计会出现戏剧性的通缩，因为在 1921 年股市触底时，美联储的未偿还贷款已下降了 50%。这一下降直到 1922 年 7 月才结束，当时美联储未偿贷款下跌幅度总共达到 69%。美联储理事会认为第二次世界大战后的弹性货币收缩程度是必要的吗？

美联储曾允许其 1928 年至 1931 年期间的未偿信贷再次大幅收缩，尽管此前没有出现过需要消除的通胀过剩。从 1928 年 11 月至 1931 年 5 月，在美联储开始扩大信贷规模之前，允许将未偿还的美联储贷款减少 50%。弹性货币在第一个月就下降了 5%，很容易看出为什么投资者预期 1919 年至 1921 年和 1928 年至 1931 年的经历会重现。

这种大规模收缩的可能性尤其大，因为在第二次世界大战期间，联邦储备委员会的未偿还贷款出现了非常大的增长。从珍珠港事件到日本投降，美联储未偿还的信贷从 23 亿美元增加到 229 亿美元，从起初比 1920 年的峰值低 32% 到几乎是战前最高水平的 6 倍。这个数额在 1946 年 12 月达到 247 亿美元的峰值。现在是否会像美联储之前的行动所暗示的那样，出现 50% ～ 60% 的降幅？当美联储在第一次世界大战结束后将战时通货膨胀挤出系统时，其未偿信贷仅比宣战时高出 60%。如果这是标准操作程序，那么投资者现在可以预期弹性货币将下跌 85%。正是这种大规模货币紧缩的预测，在 1946 年至 1949 年期间引发了股市的熊市，而企业盈利则翻了一番。

1949 年 1 月明显迅速收紧政策的情况仍在继续。从 1948 年 12 月起的短短 8 个月内，美联储未偿信贷出现了 25% 的收缩。这正是熊市的预期，他们等待着预期的 50% ～ 85% 的收缩的完成，历史表明这是可能的。但事实上从未发生过。到 1949 年 10 月，紧缩已经结束，到 1951 年 9 月，弹性货币已恢复到 1948 年 12 月的水平。美联储决定停止收缩未偿还的美联储信贷，根据历史标准，这只能被称为一次温和的流动性紧缩。这一决定没有不可抗力的因素，因为政府债券价格继续远远高于其支持水平。这一决定是由理事会的自由意志做出的，但谁能猜到他们会允许弹性货币继续保持下去呢？在 1949 年 6 月股市触底，但到当年最后一个季度，美联储未偿还贷款的收缩才给投资者带来一丝乐观的气氛。

关注美联储资产负债表的投资者不太可能猜测道指将在 1949 年 6 月触底。美联储未偿还信贷的收缩正如火如荼地进行，一项历史分析表明，收缩充其量只能完成一半。与 1921 年和 1932 年一样，不能通过对美联储资产负债表的详细分析得出任何明确迹象，得出熊市已经触底的时间。

尽管在 1949 年没有给出一个好的买入信号，但这种方法仍然比 1921 年和 1932 年熊市的底部要成功得多。尽管那些分析 1949 年美联储资产负债表的人可能已经晚了 5 个月左右，但这比 1931 年 7 月和 1924 年夏季提供的购买信号要准确得多。

1921 年和 1932 年，信贷扩张明显滞后于股票市场和经济的改善。1949 年，情况发生了很大的变化，商业银行贷款在 1949 年 7 月触底，刚好在股市触底之后。从那时起，信贷稳步增长。而那些准备根据 7 月份数据采取行动的人，可能在 8 月份之前一直在买入股票，但更有可能的是，他们会推迟几个月，直到新的趋势出现。1949 年，在购买股票之前等待信贷扩张是一项比在其他熊市底部更为稳健的政策。然而，它仍然是股票价格任何改善的滞后指标，而不是领先指标。与 1921 年和 1932 年一样，在 1949 年等待广义货币增长的改善被证明具有误导性。

货币增长是在 1950 年第二季度，在股票市场已经触底很久之后。从 1949 年 8 月到 9 月，通货膨胀后的广义货币增加速度明显提高，但这只是短暂的。此后其增加速度持续下降，直到 1953 年这种趋势才停止。虽然 1932 年 7 月市场见底后出现货币变动，但在 1921 年和 1949 年这种参考货币变动的方法确实产生了某些利用价值。

尽管美联储的资产负债表没有很好地表明何时购买股票，但其政策立场的变化确实提供了及时的信号。在 1949 年 3 月，美联储就开始放松在 1948 年 9 月施加的信贷控制。这表明它认为经济收缩的速度太快了。

从 1949 年 3 月开始，很明显美联储可能认为它对经济的挤压已经足够大了。从 5 月 1 日起，准备金要求开始削减。6 月 29 日，《华尔街日报》报道称，美联储官员证实，他们将停止干预，以防止政府债券价格上涨。尽管这直到 10 月份才导致美联储未偿信贷增加，但这时另一份政策声明，明确表明美联储更倾向于宽松的货币政策。与对美联储资产负债表的任何详细分析相比，这是一个更好的指标，表明流动性紧缩更有可能结束。

1949 年 3 月，在货币政策放松的第一个迹象出现时，购买股票的投资者将看到道指进一步下跌 10%，然后在 6 月 13 日触底。当商业银行家们对这两件事做出反应的时候，政策公告和美联储信贷资产负债表的可用性，更好地反映了流动性状况的变化。商业银行未偿还贷款在 1949 年 6 月触底，到当年 11 月已增长 3.2%。这种信贷增长的恢复正在发生，而美联储的未偿还信贷继续收缩。《华尔街日报》的读者们意识到，到 1949 年 7 月底，商业银行的行为发生了转变，当时纽约市银行的商业贷款打破了 27 周来创纪录的下降。在美联储开始增加自己的未偿还信贷前三个月，商业银行贷款账户收缩的结束正在进行之中。

对投资者来说，1949 年的好消息是，他们几乎没有时间等待美国股市对美联储在 3 月份放松消费信贷管制的初步迹象做出回应。事后看来，在美国历史上最伟大的牛市之一的底部投资，10% 的跌幅并不是不能接受的代价。1921 年，在政策变化的第一个迹象——降低贴现率——投资时，投资者在当年 5 月将资金投入股市，道指在 8 月 22 日触底前下跌了 20%。在这两种情况下，在美联储资产负债表发生变化（而不是政策信号发生变化）之后，在股票价格首次大幅上涨之后，投资者就会进入市场。

在 1929 年至 1932 年的熊市中，投资者如果仍然依据政策改变和贴现率降低来寻找熊市见底的话，他们将损失惨重。到 1929 年 11 月，美联储已经开始降低贴现率，当时熊市还有很长的路要走，寻找流动性放松的最佳途径是观察美联储的政策立场，而不是观察其改变资产负债表。所以说 1929 年至 1932 年是一个特殊的时期。

牛市和熊市

> 海伍德先生谈到了市场、股票和国情咨文。他讲得很有说服力，那是因为他的态度令人信服，也因为他把从许多聪明人那里得到的观念和事实融会贯通。
>
> ——戈尔·维达尔，《在黄叶林中》

正如我们所看到的，与流行的神话相反，熊市底部有很多好的经济消息。在 1921 年和 1932 年，占主导地位的坏消息被证明具有误导性。这里有一个类似的市场谣言：当其他人都悲观的时候，你应该买入。就像 1921 年和 1932 年一样，1949 年的出版物以及经纪公司并未出现悲观情绪，而在这次的熊市见底中有大量的买空者大获成功。

4月13日：布罗德街投资公司指出，在其历史上，其多样化投资基金的平均年收入仅在1932年、1911年和1942年才超过5%，事后看来，这是一个非常好的购买时机。此外，公司的当年收益率达到了5.25%。

4月18日：贝奇公司的山姆·史密斯说，"我们认为值得注意的是，虽然最近的大部分消息并不乐观，但市场并没有崩溃。"

4月19日：佩因·韦伯证券投资公司的"杰克逊&柯蒂斯评论"列出了20只普通股，收益率为8%～12%。这些普通股除了具有额外的自由股息外，每只股票的收益都比1948年的股息高出至少50%。此外，每只股票都有20年或更长时间不间断分红的记录，其中一些股票的分红持续时间长达50年。

4月19日：希尔森·哈米尔公司的梅纳德说，"纯粹从市场的角度来看，有一些相当有说服力的证据表明，买卖双方都已经认识到，与许多公司经营上的问题相比，其股票交易的问题更严重。"

4月25日：赫顿公司的胡珀说，

"关于这个市场，有很多事情需要记住。自近三年前的1946年夏季以来，熊市的进展非常不规律，一些股票比其他股票更容易被清算，市盈率应该会上升。随着盈利下降和红利百分比增加，我们应该开始寻找新的价格因素，不要认为市场观点始终受相同因素的影响。此外，近几年有一半以上的时间，股票价格与商业指数和利润成反比。"

4月25日：阿瑟·魏森贝格公司说，除了第一次世界大战和第二次世界大战的关键时刻，以及1932年和1873年最严重的经济萧条时期，股票价格从未像现在这样低过。

4月25日：欧洲论坛的诺曼·芬克说，目前股市可能仍处于守势，但其基本状况的稳健性，可从数月来面对不利的交易报告和极高卖空利率，但仍然显示的整体稳定性得出。

4月28日：哈里斯·厄本公司的乔治·巴斯说，"市场在这个时候无法取得进展并不令人惊讶，但显而易见，日复一日的利好收益和其他消息实际上正在对市场施加影响。"

5月2日：上周，交易员对国外事态采取了观望政策，投资者显然更担心国内通缩迹象的增加。

5 月 2 日：本周早些时候，充足的预算好消息没有带来任何结果，除了最微弱的反弹以外，熊市预期 2 月初低点将受到考验。

5 月 2 日：华尔街几家最大的机构报告称，它们目前发放的贷款"比 1929 年以来的任何时候都多"，且"比我们历史上任何时候都多"。这类声明让华尔街普遍相信，过去两周空头利率再次扩大。如果是这样的话，根据逐渐减少的买空人数，对任何即将到来的下跌的缓冲可能是相当深的。

5 月 2 日：费城贝茨公司说，就像 11 月底的底部一样，现在也有很多卖空者，他们希望以此获利，但这个愿望从未实现。

5 月 9 日：虽然没有跟进，但在随后的部分抛售中，成交量出现了收缩，总体技术状况据说是有利的。

5 月 10 日：休·W. 龙公司说，近十年来，商业活动水平与证券价格水平之间几乎没有或根本没有关系。因此，不能假设当前的业务调整必然伴随着证券价格的相应调整。

5 月 10 日：赫兹费尔德和斯特恩的梅辛说，"我们看到此时的股市出现了重大反弹，同时我觉得今年股市已经跌至最低点，这两者之间并不存在任何分歧。"

5 月 12 日：肯尼斯·沃德说，"当收益率大幅下降时，如果有如此多的高等级股票在以基准价格出售，这通常表明最佳购买时间即将到来。"

5 月 12 日：海特茨公司说，"在我们看来，今天的投资者有机会利用那些极具吸引力的价格标准。"

5 月 13 日：胡珀说，"我们认为，今年初夏某个时候，将出现技术性的季节性上涨。"

5 月 13 日：股市僵局继续。多头声称它甚至比柏林封锁还严重。此外，与过去几个月对比，更多的股票以溢价的形式出售。

5 月 14 日：废铜价格每磅上涨一美分的公告鼓舞了华尔街的积极性。

5 月 14 日：沃尔斯顿·霍夫曼·古德温公司的埃德蒙·塔贝尔说，"我的技术分析表明，市场正在非常迅速地进入卖空状态。股市可能还需要进一步施压，但看来我们即将开始一个重要的上行走势。"

5月14日：在过去的6个月里，尽管有关于商业的负面消息，但道指的交易价格浮动一直在7%的范围内。

5月19日：股市收盘后公布的空头利率数据比华尔街此前预测的要大得多。截至5月13日的一个月内，空头头寸增持了130 058股，使空头持仓量达到了1 628 551股。这是1916年（或1933年2月27日）以来最严重的一次。技术人员发现，最近213天的交易报告表明，上月空头头寸是在日均换手率的基础上进行回补。拥有空头头寸最多的机构分别是百事可乐、哈德逊汽车和通用汽车。

5月20日：在结构相当坚挺的情况下，股票继续交易。这种抛盘的能力激励了许多经纪人、评论员、技术人员和其他研究市场走势的学者，他们表示，面对大量通缩消息，上涨比下跌更有实质意义。

5月24日：市场已经接近道指的平均线171.10点的临界点。但对技术人员来说，并没有忽视这种上涨伴随着交易量减少这一事实，最近几周的每日

平均水平为75万股。而他们预测少数股票的价格将进一步上涨，这将给市场带来乐观情绪，其重要性仅次于成交量的增加。

5月25日：波士顿的万斯—桑德斯公司，除了1932年的大萧条时期，33只普通股目前的销售水平与股息支付相比，约为50年来的最低水平。

6月1日：1949年的股市分析表明，在1949年会出现三重底（163～165），它们分别与1946年、1947年和1948年的最低点相吻合，而它们也确实即将来临。

6月3日：另一方面，资产负债表状况良好的公司股票收益率持续高企。但有人怀疑，市场表现过于缓和可能导致大量持有这种股票的投资者在这个转折点把股票抛向国外。

6月4日：股市经历了近期市场历史上最糟糕的一周之一，股市进一步跌落至略高于163～165点工业平均水平的历史重要阻力区之上。昨天的成交量只有70万股，但没有立刻引起恐慌。

6月6日：赫顿公司编制了一份225只股票的清单，这些股票以低于营

运资本的价格出售。

6 月 10 日："就我们而言，"赫顿公司的胡珀说，"如果熊市是可取的话，那就说明在不同的时期股价分别为 160 美元和 40 美元，两者之间的差价正是我们交易的目的。记住，此次过渡时间已经超过平均时间，股市收益永远不可能等于营业额或企业利润。如今存在大量的空头头寸，而根据营业额计算，我们正接近商业悲观情绪的饱和点，机构显示出更大的买入兴趣，即使在熊市，盛夏反弹也是传统现象。"

6 月 11 日：另一个部分被悲观情绪掩盖的事实是，尽管工业股收盘创下两年新低，但仍未能达到今年的新低，80 万股的成交量低于之前的 138 万股，也低于前一次阵亡将士纪念日休息时段的 124 万股。工业股票的平均基准比 1945 年以来的最低点高 1.49 个基点，铁路股票比 1947 年的最低点高 1.54 个基点。随着本周交易的结束，买空者和卖空者同时意识到，下周将会非常有趣。

6 月 13 日：道琼斯指数在 161.6 点触底。

6 月 14 日：所有收盘平均阻力点被抛在一边，股市在过去 10 个交易日的第四次大幅下跌中跌至战后新低，工业指数下跌 3.01，至 1945 年 8 月 7 日以来的最低水平。自 1944 年 10 月 3 日以来，铁路股下滑了 1.67，交易量上升了 5 万股，超过周五的总数，略低于一周前的交易量。

6 月 14 日：在截至 4 月 30 日的财年中，美国最大的信托公司之一国家证券系列的管理层认为，这是投资长期收益性证券的有利时机。在我们看来，1949 年将有利于投资者的收入。

6 月 15 日：尽管股票收盘价没有再次下跌，但工业股票和铁路股票的日内低点，分别达到 1946 年 10 月 30 日和 1947 年 5 月 19 日的水平。

6 月 15 日：5 月 29 日是本轮熊市三周年纪念日。它的持续时间已经超过了其他任何一次，甚至比 1929 年 9 月到 1932 年 7 月的熊市时间还长。

6 月 16 日：肯尼思·沃德说，"在过去几年里，道指理论点为了卖出的目的更接近上行，而在买入的机会上更接近下行。在本文作者的分析中，这是一个购买时机，而不是出售时机。"

6 月 17 日：然而，当价格处于当

日低点时，最后一小时的成交量仅为周三下午2点后上涨市场的一半多一点。

6月17日：赫顿公司的胡珀说，"熊市有一些处于最后阶段的特征。交易量在每一次股价下跌后都会下跌，这一点很重要。"

6月21日：收市后宣布的卖空利率小幅下降，这让华尔街消息人士感到有点意外，他们原本预计熊市将进一步继续。

6月25日：一些分析人士表示，目前"防御性"股票所固有的安全溢价比1942年以来的任何时候都要高，他们认为，可能会转向更多投机性的股票。

6月29日：波士顿凯斯通公司指出，在过去几年里，平均30只股票的市盈率约为15倍。在牛市中，它们的市盈率高达25倍。在最近的熊市中，这些股票的市盈率约为10倍。现在它们的市盈率只有6～7倍。

7月1日：基德尔公司宣布，"我们不会因为几周和几个月前已经预计到的事件的发生，而不假思索地加入卖空阵营。"

7月5日：联邦储备系统决定让政府债券价格上涨，这一令人沮丧的消息令银行股交易员感到沮丧，因为他们原本预期第二季度收益会更好。

7月6日：贝奇公司的山姆·史密斯表示，美国国债的走强及时扭转了证券价格的走势，这种需求最终流入了其他级别的债券和股票，最终几乎涵盖了所有类别，这种情况有很多先例。随着政府债券的上涨，投资者拥有信心去不断寻找更高的收益率。虽然在当前这种情况不会马上发生，但人们应该记住这种可能性。

7月7日：昨天最后一小时交易的股票比6月15日以来的任何一个完整交易日都要多。下午2点后易手的81万股是5月17日以来60分钟内最多的一次，1948年，全天成交量猛增至3月30日以来的最高点，当时春季上涨已告结束。因此，昨日成交量并未因为股市的下滑而有所降低，这一点是技术人员在收盘后强调的。

7月8日：在连续五天的价格上涨之后，预期的反应并没有取得太大进展，而是伴随着成交量的收缩。

7月8日：一次温和的技术性反

弹成为"周三夏季上涨的萌芽，因为连续第五次上涨的成交量超过了第二季度产生的累计量"。

7 月 14 日：面对令人不安的劳工消息、海外紧张局势和技术状况受损，昨日市场又迈出了令人困惑的一步。随着成交量再次超过百万股的水平，这三者的平均水平都达到了复苏的高点，这也被认为是非常重要的。周二有 941 只股票交易，而现在市场交易的股票数达到了 1 016 只，这也是值得深思的事情。

7 月 14 日：股市跟随最近熟悉的模式，在最后一小时尽了最大努力上涨。在试图解释尾盘价格持续上涨的原因时，经纪商表示，这种需求很可能源于胆怯的空头，他们对一夜之间有建设性的新闻发展持谨慎态度。

7 月 16 日：面对钢铁行业看似确定的罢工，以及其他几个行业劳资关系不尽如人意的局面，本周市场还是持续了上涨。

7 月 19 日：弗吉尼亚州夏洛斯维尔公司发布了一份关于利润再投资的备忘录，其中部分内容是，一项对大约 3 000 只股票的研究结果显示，目前约有 1/4 股票的价格低于过去 6 年在投资的利润数额。

7 月 20 日：美国一家大型私人企业的经理说，我不想关注这轮涨势，但大量投资者准备在下一次市场突破后启动投资计划，这让我对自己的头寸感到紧张。在这样的事情上，我不喜欢有太多人扎堆。

7 月 20 日：卡尔·洛布·罗迪斯公司宣称："这似乎证实了过去一两年里信心十足的投资者们的言论。他们争辩说，如果市场从来没有出现盲目乐观的情绪，而且在两年前就预言营业额的下滑，那么当经济进入萧条时期时，市场通常不会大幅下跌。"

7 月 21 日：根据最近的统计，有 1 644 313 个空头头寸，所有这些股票都是必须在未来某个日期买入的股票。这几乎与 1933 年 1 月的 1 643 047 人的数字完全吻合。截至 7 月 15 日的一个月内，最新数字与每日平均成交量的比率是 2.4 ∶ 1。这是自 1938 年 5 月以来的最高点。技术人员说，在这两次事件中，卖空者都是错误的。

7 月 25 日：赫伯特·金说，"交易员不应忽视，市场正坐在一桶炸药上。股票已经进入非常强劲的一段时间，但空头头寸的潜在力量是巨大的。有一件事似乎是肯定的，业余投资者很少可以通过放空而获利。"

8月5日：值得注意的是，在繁荣的 1929 年，当普通股的价值被高度膨胀时，债券的收益率实际上比普通股高出大约 1.75%。在 1932 年，股票的收益几乎和债券一样，而在 1937 年，两者之间的差距为 1.5%。在 1942 年期间，当股票受到了极其不利的战争前景影响时，收益差距增加到 3% 以上，有利于股票。股票现在的收益率是 4%，超过了债券，这个差值达到了过去 20 年以来的最高值。

8月9日：沃克公司在其"证券展望"中谈到股市时说，"目前的情况是，大量潜在股票购买者会在较低水平上再一次买入股票。"

8月14日：赫顿公司的胡珀说，"目前这个市场令人困惑的一件事是，仍有那么多人'不相信'它。"投资者的这种怀疑态度只会造成技术上的健康，而不会造成技术上的弱点。事实上，那些认为当前的进展具有历史和技术意义的图表主义者断言，只有在我们取得了一些大幅度的进展之后，市场才会开始反弹。

因此，与 1932 年和 1921 年一样，在 1949 年股市触底时，人们对股市前景非常乐观。

当我们审视 20 世纪的 4 个极端案例时，价值投资者在 1949 年大肆抄底也就不足为奇了。但在股市下跌的时候，他们的热情太早了，因为股市又开始继续下跌。市场价值自 1947 年 1 月左右开始显现，当时标普综合市盈率降至 1871 年至 1947 年平均水平以下。这是在市场触底前近 18 个月的时间，不过这次道指只进一步下跌了 10%。

价值的到来是通过市场的温和下跌来实现的，但收益却出现了爆炸式的增长。到 1949 年 6 月，标准普尔综合指数的市盈率几乎比 1871 年至 1947 年的平均市盈率低了 60%。对于那些寻找熊市底部的人来说，价值投资者的号角是不够的。

　　尽管 1949 年跌破公允价值的跌幅仅与 10% 的价格下跌有关，但我们在 1932 年看到，即使股票已经变得便宜，价格的跌幅也要大得多。当然，价值投资者永远不会被当前的盈利前景和当前的市盈率所左右。那些关注公司部门资产基本价值的人会看到，股票被低估了很长一段时间。

　　早在 1939 年，该市场的 q 值就低于几何平均值（如图 3-11 所示），这表明 1939 年至 1949 年该市场的市盈率低于公允价值。在寻找熊市底部时，重要的是确定股价低于公允价值，但如果要避免过早投资或期待廉价股票变得非常便宜，那么考虑其他因素也是重要的。

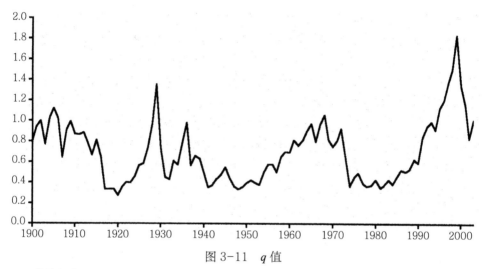

图 3-11　q 值

资料来源：Smithers & Co.

　　在 1949 年 5 月和 6 月许多评论人士指出，市场未能对坏消息做出负面反应，这是未来跌幅可能有限的一个关键迹象。

　　在熊市的最后阶段和复苏的早期阶段，这种复原力是显而易见的。对好消息和坏消息的普遍漠不关心或许表明，空头没有回补他们的空头，但同时也无法将市场推得更低。如果是这样的话，那么当市场对新闻公告表现出普遍的冷漠时，市场的供求前景就会显著改善。长期以来，空头头寸持续增加时，这种立场就反映出明显的重要性。

1944 ～ 1949 年熊市结束时的一个特点是，成交量往往在交易的最后一个小时达到最高点，特别是在反弹时。这可能表明，等待市场回落的看跌者认为，在没有出现这种挫折的另一天过去时，减少风险敞口是谨慎的做法。在 1949 年的反弹中，出现了一系列强劲的尾盘，这表明那些等待以更低价格购买股票的人正在认输。

大量空头头寸加上市场不会因坏消息而下跌，这是 1921 年、1932 年和 1949 年反弹的积极迹象。

这种组合的潜在原因是，它意味着所有可以做空的人都已经做空了。短期内卖空阵营的人越来越多。这似乎与所谓的"狂热"时期截然相反，在那个时期，无数缺乏经验的小投资者争相参与牛市。当"小卖空者"的数量增加显示出类似的卖空热潮时，这表明做空股票的意愿和能力正达到某种极限。

在市场反弹的第一阶段，即在成交量较低的情况下，短期利率的确定似乎没有动摇。在这些熊市出现任何"投降"迹象之前，通常还有几周时间，不清楚这种投降是否是由价格上涨和成交量增加共同引发的，还是本身导致了更高的成交量。对于股票投资者来说，结论是显而易见的：如果空头未能在反弹时回补，就会增加复苏的可能性。更重要的是，如果成交量在市场的较高水平开始上升，空头继续未能填补缺口，这应该是股市大幅上涨的触发点。

历史表明，技术分析师很难将价格下跌伴着交易量下降、价格上涨与销量上升视为与市场底部相关的整体图景中的重要因素。无论空头在交易量增加中扮演何种角色，在最初的价格飙升之后，交易量显然会增加。正是这种在 1921 年、1932 年和 1949 年明显的上涨，证实了价格可以在新的较高水平上维持下去。如图 3-12 所示，在市场最初上涨之后，成交量不断增加，而且再一次表明，没有出现投机事件。

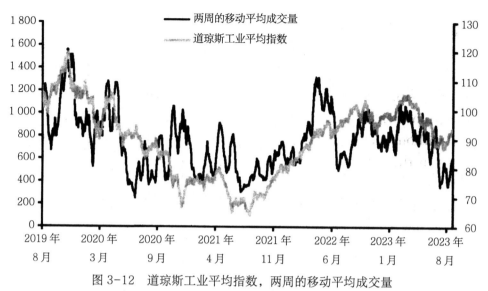

图 3-12　道琼斯工业平均指数，两周的移动平均成交量

资料来源：Dow Jones & Co. and NYSE.

　　与其他熊市一样，在熊市即将结束时，市场也出现了最终加速下跌的情况。然而，这一最终下降与成交量的激增无关。正如我们所看到的那样，熊市的特征是最后一次下跌时成交量很少。

　　与 1921 年和 1932 年一样，熊市即将结束的一个关键指标是，大的投资者取代了卖空者。尽管如此，1949 年卖空者仍很少注意股票持有的分配情况。这被认为是 1921 年和 1932 年的一项关键指标，股票集中在大的投资者手中被认为是一个很好的迹象。然而，当股东名册上的扩散率达到很高水平时，美国钢铁价格出现反弹——这一直是 20 世纪 30 年代之前市场变化的一个非常好的指标——然而自那以后就不是正确的指标了。这一具体指标的准确性下降，可能是 1949 年对股票持有量的扩散缺乏评论的原因。

　　随着大的投资者的出现，这些大股东长久以来致力于降低股票的分散率，仍然被认为是熊市即将结束的一个重要标志。

　　再一次，熊市的底部更普遍地与有限的散户购买联系在一起。《华尔街日报》的版面展示了一幅普遍持有美国股票的画面，但众多小股东的活动有限。1949 年 4 月 20 日，美国历史上最大的股东投票，美国电话电报公司 2 300 万股中的 1 900 万股参与了投票表决。统计过程很可能是史诗般的，94% 的股东持有该公司 100 股或更少的股份。在通用汽车，59% 的股东持股不足 26 股。在 1949 年 4 月的通用电气会议上，该公司披露，45% 的股东是女性。持股量在小股东之间的这种分散，是熊市中的正常情况，多头等待的证据表明，大的投资集团正倾向于合并所持股份。

当经纪人等待富人回来的时候，"小股东"继续推动生意：

> 一位华尔街人士说，"他必须做出决定，要么把股票卖给'小股东'，要么去找另一份工作。"税收已经把"富人"瘦得皮包骨了。一些股票和债券商人认为，他们最大的问题之一是人们已经有了经验教训。战时和战后的通货膨胀使得许多人把钱握在手里，而不习惯于购买证券。[⊖]

随着美林、皮尔斯、芬纳和贝恩将发起面向散户投资者的运动，教育课程已经如火如荼地开展起来，这将在未来支付可观的股息。1949 年 5 月，该公司推出了"只为女士"的投资课程，用美林发言人的话说，这是因为"男人从来不想对他的妻子说这些无聊的事情"（《华尔街日报》，5 月 20 日）。一些妇女显然对此非常感兴趣，美国商业公司的妇女股东联合会已经在积极敦促女性在美国主要企业的董事会中任职。《华尔街日报》报道说，当这样的提议被提交到国家乳制品董事会时，一位股东——一位单身汉——说他确信已婚董事们一年 365 天都在接受"女性观点"。

美林邀请人们参加投资讲座，在美国劳工联合会的报纸《底特律劳工新闻》上刊登广告。一位现身的工人说，他听说过很多关于经纪人是"一群骗子"的说法，他觉得自己最好去查查。后来他开了一个账户。在熊市中通

⊖ *Wall Street Journal*, 7 June 1949.

常有很多小股东，但他们只投资最安全的股票，而且他们通常持有股票而不是时常交易。

1949 年夏天，《华尔街日报》上充斥着技术分析师的评论，强调了 160～165 支持水平对道指的重要性。这的确被证明是一个重要的支撑位，道指在 6 月 13 日跌至 161.6 的底部，然后开始强劲反弹。

道氏理论，正如它在 1921 年和 1932 年所做的那样，在 1949 年取得了又一次显著的成功。《华尔街日报》在 6 月 14 日股市触底后第二天的报道中指出，工业股和铁路股的盘中低点并未被突破。6 月 16 日，肯尼斯·沃德在《华尔街日报》上引用了道琼斯理论的观点，建议有选择地买入道琼斯。现在，道指理论在《华尔街日报》之外也有了发展。一位重要的道氏支持者乔治·沙弗在 1949 年 6 月 18 日为他的客户撰写了一份非常乐观的时事通讯：

> 到目前为止，市场还没有突破 20 年交易区间的日内低点。在这一关键性的突破发生之前，平均水平可能会提高并检验该地区的上限，或者在很长一段时间内继续在这一范围内波动。1946 年 10 月工业平均指数跌到日内最低点 160.49，而 1947 年 5 月，铁路平均水平达到了最低纪录 40.43。在过去的一周里，这两个平均值都非常接近这些低点，但没有被突破。周二，目前熊市的极端盘中低点分别为 160.62 和 40.88。成交量在低点略有下降，而散股卖空订单在极低的一天飙升至 121 个。事实上，市场拒绝对其长达 20 年的交易区域进行决定性的下行渗透，这意味着从这些低点将开始出现反弹。[⊖]

在 1921 年、1932 年和 1949 年，道氏理论在几天之内就准确地预测出了道琼斯工业平均指数的最低点。

⊖ E.George Schaefer, *The Dow Theory Trade*, 18 June 1949.

债券与熊市

> 罗伯特·霍尔顿看着墨菲。墨菲猜不出他在想什么，因为他表现得很放松和平静。"好吧，"霍尔顿说，"我不知道。我不想超出我的能力范围。我想赚更多的钱。我喜欢买卖股票的想法。事实上，这也是我来这里的原因之一。"
>
> "当然，要了解股票和债券还有很多工作要做。你必须学习更多的东西。"
>
> "好的。"
>
> ——戈尔·维达尔，《在黄叶林中》

战后债券市场的反常已经引起了相当长时间的讨论。美联储事实上承诺在曲线上以固定收益率购买政府债券，这扭曲了市场收益率，这一下限对联邦债券的价格显然起到了一定的作用。联邦债券的支持水平明显影响商业固定利率的价格变化，但商业固定利率债券仍在自由市场进行交易。

如图 3-13 所示，到 1946 年，美国政府长期债券的交易价格低于 2.25% 的实际收益率支持。1946 年 4 月第二周最低为 2.03%。此后价格下跌，美联储的资产负债表表明，直到 1947 年 11 月，才有必要进行任何实质性干预，以防止价格突破支撑水平。当时整个 1948 年都需要大规模的支持行动，联邦储备系统持有的政府债券的价值一年来增长了 129%。随着一般物价水平下降的迹象越来越明显，1948 年 11 月政府债券开始反弹，直到 1949 年 11 月收益率达到 2.18% 才停止回升。

与政府债券一样，穆迪 AAA 级公司债券的收益率在 1946 年 4 月降至最低点。然后在 1948 年 1 月的第一周，从 2.46% 的低收益率上升到 2.90%，并从这个水平开始逐步反弹，在 1949 年 12 月的最后一个交易日，最终收益率达到 2.57%。穆迪评级债券的收益率变化也明显呈现出类似的规律。1946 年 4 月这些债券的平均收益率达到最低点 2.94%，在出现较大的回升之前，收益率在 1948 年 1 月的第一周上升到 3.56%。然而，Baa 票据的反弹将比 AAA 评级的票据延长更长的时间，并且直到 1951 年 2 月收益率达到 3.16% 才会停止。AAA 和 Baa 公司债券的价格在 1948 年 1 月触底，即在政府债券上涨前 10 个月和股市触底前 16 个月。这是与 1921 年和 1932 年不同的顺序，当时政府债券、公司债券和股票价格按先后顺序稳定下来。

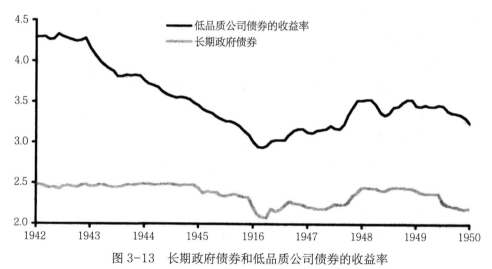

图 3-13   长期政府债券和低品质公司债券的收益率
资料来源：Dow Jones & Co. and NYSE.

尽管公司债券确实比政府债券先上涨，但直到 1948 年 11 月政府债券才开始上涨，其回升速度趋于缓和。从 1 月到 11 月，Baa 级公司债券的收益率从 3.56% 下降到 3.54%。

尽管 1949 年与 1921 年和 1932 年的关系有所不同，但在政府债券上涨之前，公司债券的上涨幅度很小。公司债券市场与 1949 年政府债券市场之间的这种差别可能是由后者债券市场的扭曲造成的。在这样的环境下，公司债券市场的收益率也会被扭曲，因为债券投资者在这两个市场之间转换。从 1947 年 11 月到 1948 年 11 月，美联储被迫支持政府债券价格。在这种情况下，从 1948 年 1 月开始就明显可见的公司债反弹，可能实际上是投资者从政府市场的钉住利率转向企业市场的更高利率的结果。因此，企业债券市场比政府债券市场早 10 个月上涨的事实，可能与美联储对后者市场的支持有关。

在认识到 1949 年金融资产牛市开始的不同顺序的同时，必须记住战后形势的异常。在 1921 年和 1932 年，只有在政府债券稳定之后，才是公司债券的稳定，最后是股票的稳定，这似乎才是更正常的事件顺序。

就像 1921 年和 1932 年发生的情况一样，当美国股票价格达到资产重置价值的 70% 时，它们就停止了下跌。与 1921 年一样，所有这些信号都是积极的，唯一例外的是，由于美联储在 1949 年限制了利率政策，信贷控制的减少表明熊市已进入最后阶段。在所有这三个例子中，美国都在实行不同程度的固定汇率政策。或许人们可以预期，这些指标将在这样的环境下发挥作用，在这种环境下，其他因素以可预测的方式进行调整，以保持货币的外部价值稳定。在最后一次的大熊市（1982 年）中，这些信号的有效性受到了严峻考验。1982 年美元处于自由浮动状态，货币的"弹性"不受限制，通货紧缩已成为遥远的记忆。1921 年、1932 年和 1949 年的相同指标是否也能有效地预示牛市的开始？

第四部分
1982 年 8 月

老纺织厂的陈旧设备已经无法应对如今服装打折销售的行情……死气沉沉的铁轨、车行、堆积如山的车轮和空空如也的车厢，如同一把生锈的大匕首一样深深地插进了城市的心脏。

——约翰·厄普代克，《兔子富了》

从 1949 年到 1982 年，这是一条漫长的道路。在此期间，投资者不得不应对以前从未见过的情况——系统性通胀。以前曾爆发过通货膨胀，主要与战争有关，但基本模式是经济扩张期间的通货膨胀，然后是经济收缩中的通货紧缩。到了 20 世纪 60 年代，很明显，即使经济收缩也不一定能消除通货膨胀。许多人认为，这一"新时代"将有利于股市，因为管理层将能够保护甚至提高利润率。所以，这个"新时代"改变了股票的特征？它是否也会改变熊市的性质和最终结局？到 1982 年 8 月，按实际价值计算，1906 年 8 月的标准普尔综合指数已经一去不复返了。现在，美国发生了翻天覆地的变化，长达近 18 年的牛市已经成为历史。

通往 1982 年 8 月的道路

在 1949 年闷热的夏天，华尔街在萧条中煎熬，纽约人在露天电影院里欢呼雀跃地观看夏季大片《琼斯海滩的女孩》。他们看到主角鲍勃·兰道夫，一位杂志插画家，画出了一位"完美的女孩"，然而后来他却在琼斯海滩遇到了图画中少女的真实化身。兰道夫借机假扮成一个卑微的捷克移民来讨好这个女孩，试图获得更多的机会。尽管本影片充分利用了弗吉尼亚·梅奥的才华，但它还是失败了。而扮演兰道夫的演员罗纳德·里根的运气却要好得多，到 1982 年，他成为美国总统。自从 1949 年里根在长岛的海滩远足以来，这个国家发生了一些变化。然而，有一件事没有改变，华尔街陷入了持续的衰退中。

从 1949 年夏天到 1982 年夏天，这条路是本书所涵盖的两个极端低估时期之间最长的一段路。这本身可能表明，估值的极端现象变得不那么普遍，但我们做出这种结论时必须谨慎。比如说，如果只选择四个熊市底部进行分析，那么其他类似的片段就会被排除在外。另外，可以选择五个熊市底部作为分析对象，那么我们可以把 1974 年计算在内。对许多现代投资者来说，1974 年 12 月体现了熊市大底的最显著特征。因此，我们需要暂时转移一下注意力，解释一下为什么 1974 年 12 月只排在 20 世纪熊市底部的第五位。如表 4-1 所示，到 1974 年，股票价格几乎与 1921 年、1932年和 1949 年一样低。

表 4-1　五个熊市见底的 q 值

年份	年末的 q 值	熊市见底时的 q 值
1921	0.35	0.28
1932	0.43	0.30
1949	0.36	0.29
1974	0.36	0.35
1982	0.38	0.27

资料来源：Smithers & Co.

从年终数据看，1974 年股市似乎特别便宜，当时道指在当年 12 月触底。但在表 4-1 所涵盖的所有其他年份，到年底时已经出现了重大反弹。如果我们分析 1921 年、1932 年和 1949 年夏季道琼斯工业平均指数上扬时的 q 值，就可以得出，与 1974 年同期相比，这三个时期的股票要比 1974 年便宜。如果我们参照 10 年滚动盈利数据来计算经周期性调整的市盈率，那么也会出现类似的情况。1974 年 12 月经周期调整的市盈率为 11.2 倍，远高于 1921 年 8 月的 7.4 倍和 1932 年 7 月的 4.7 倍。1974 年经周期调整的市盈率略低于 1949 年 6 月的 11.1 倍，但仍高于 1982 年 8 月的 9.9 倍。因此，根据 q 值和周期性调整后的市盈率，1974 在熊市底部的万神殿中只能排在第五名的位置。

当然，除了根据估值标准确定熊市的最大底部之外，本研究还选择了几个时期来分析投资者随后的回报。特别是，我们关注的是投资者可以自信地选择买入和持有策略并获得超常回报的那些时期。如图 4-1 所示，1974 年 12 月的市场底部创造了一个巨大的交易机会，但并未创造很高的进仓量和持有量。

1974 年 12 月之后的市场波动与 1921 年、1932 年、1949 年和 1982 年之后的价格大幅度上涨并不一致。在华尔街历史上的最佳进场机会中，将 1974 年降至第五位的另一个重要因素是通胀。在 1921 年、1932 年、1949 年和 1982 年进场的投资者获得了很好的回报。然而，根据耶鲁大学

教授罗伯特·希瓦尔的计算，1982 年标准普尔综合指数的实际价格指数比
1974 年 12 月的水平低了 13%。在 1921 年、1932 年和 1949 年，随后的通
货膨胀是静止的，并没有实质性地降低投资者的实际回报。1982 年开始高
企的通货膨胀率也没有阻止实际回报的正增长。然而表 4-2 显示，从 1974
年 12 月起的 5 年和 10 年期间，投资者的实际资本收益却有所下降。⊖

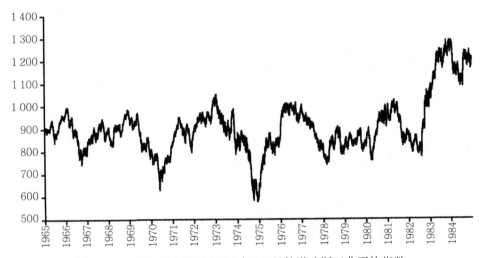

图 4-1 1965 年 1 月至 1984 年 12 月的道琼斯工业平均指数

资料来源：Dow Jones & Co.

熊市见底时的标准普尔综合实际价格指数的变化情况如表 4-2 所示。

表 4-2   熊市见底时的标准普尔综合实际价格指数的变化情况   （%）

	5 年	10 年	15 年
1921	+106	+152	+211
1932	+209	+46	+92
1949	+84	+237	+343
1974	+9	+21	+114
1982	+143	+163	+414

资料来源：www.econ.yale.edu/~shiller/data.htm.

⊖ Robert Shiller, *Market Volatility*.

1974 年之后投资者在 15 年内获得了出色的回报，但这主要来自于
1982 年熊市触底后获得的回报——尽管 1974 年 12 月确实是购买股票的大
好时机，但却不能与 1921 年 8 月、1932 年 7 月、1949 年 6 月或 1982 年
8 月的时机相比。无论是在估值基础上，还是在随后的回报基础上，1974
年都不在美股前四大熊市见底之列。

在 20 世纪最适合购买股票的四个时期中，有两个在上半个世纪，第
三个在世纪中叶，第四个在最后四分之一世纪。如果我们研究五个时期的
价值低估将会出现一种对称分布的现象，20 世纪最后 25 年会出现两个低
估时期。然而考虑到经济的结构性变化，人们可能会预期低估的可能已经
减弱。

在整个 20 世纪中，美国货币的弹性增加了——从金本位制到金汇兑本
位的转变，布雷顿森林体系的实施，以及随后的自由浮动汇率。美联储在
危机时期提供货币回应的能力日益增强，这可能意味着减价出售股票获利
的方式将变得不那么普遍。有趣的是，这种现象在数据中并不明显。在 20
世纪上半叶，围绕几何平均的 q 值比例的震荡似乎并不比在下半个世纪中
更不稳定。尽管自 1900 年以来取得了体制上的进步，但今天的股票估值似
乎仍有可能降至一个世纪前的水平。那么，我们是如何发现 1982 年是最后
一次低估值时期的？我们能从华尔街历史上的那段时期学到什么呢？要了
解 1982 年的市场动态，首先必须了解道琼斯指数从 1949 年到 1982 年的
变化。

从 1949 年到 1982 年的 33 年期间，有可能在华尔街挑选出一系列的
牛市和熊市，按照一个常用的定义，指数的任何跌幅超过 10% 都是熊市，
使用这一衡量标准，可以在 1982 年夏季之前的事件中确定 16 次熊市。然
而，要了解股票如何在 1982 年被如此低估，我们最好选取这段时间内两个
具有标志性的牛市和熊市来进行分析。

道指的历程：1949 ～ 1968 年

如果我们以道指为指导，那么牛市开始于 1949 年 6 月，结束于 1966 年 2 月。然而，更广泛的标普综合指数显示，牛市直到 1968 年 12 月才结束，当时道指仍比 1966 年的高点差一个百分点。人们普遍认为，大盘指数的高点代表着牛市的结束，而此时的成交量也是最高的。

1949 年 6 月至 1969 年 1 月之间的道琼斯工业平均指数如图 4-2 所示。

图 4-2　1949 年 6 月至 1969 年 1 月之间的道琼斯工业平均指数

资料来源：Dow Jones & Co.

虽然道指从 1966 年以来可能没有取得任何进展，但从 1966 年到 1968 年，纽约证券交易所的月平均交易量跃升了 48%。两年期间还出现了以集团为主导的收购热潮，以及投资管理新的积极方式的增长。正如我们将看到的，毫无疑问，战后的牛市结束于 1968 年，而不是 1966 年。在这一大牛市中，有许多指数修正幅度超过 10%，按照之前的定义，这期间应该也出现过一些熊市。表 4-3 显示，在 1949 年至 1968 年，道指的所有修正都超过了 10%。

表 4-3　1949 年至 1968 年熊市中道琼斯工业平均指数下跌的百分比　（%）

1949 年 6 月至 1950 年 7 月	13
1952 年 1 月至 1953 年 9 月	13
1956 年 7 月至 1957 年 10 月	19
1959 年 1 月至 1960 年 10 月	15
1961 年 12 月至 1962 年 6 月	27
1965 年 5 月至 1965 年 6 月	11
1966 年 2 月至 1966 年 10 月	25
1967 年 9 月至 1968 年 3 月	13

资料来源：Dow Jones & Co.

其中最大的熊市以当时的总统命名，是 1962 年所谓的"肯尼迪崩溃"。在这个令人遗憾的市场插曲中，新当选的约翰·肯尼迪因阻止钢铁公司提价而被贴上了"反托拉斯主义者"的标签。随后的市场低迷，是由肯尼迪的行动对企业利润率造成的所谓威胁，以其规模和下滑速度而引人注目。这种恐慌的规模尤其严重，虽然在 10 月 22 日至 10 月 28 日古巴导弹危机期间，市场小幅上涨。第二大跌幅出现在 1966 年，这是一场信心危机的结果，正如亚当·斯密在《金钱游戏》中所描绘的那样，当时华尔街不再相信任何事情：

　　他们不相信约翰逊，他们不相信华盛顿的任何事情，他们认为税收并不会增加多少，他们不相信我们可以摆脱越南战争。而且，没有人会相信工资收入足够填饱肚子。⊖

华尔街完全被洗脑了。然而值得肯定的是，1949 年至 1968 年总体上看多，标准普尔综合指数上涨 662%，如果按市值的话，实际涨幅为 413%。

如图 4-2 所示，市场花了几年时间才达到饱和状态。从 1949 年 6 月

⊖　Adam Smith, *The Money Game*.

到 12 月出现了强劲的反弹。但随后市场复苏放缓，到 1953 年 9 月，该指数仅上涨了 29%。战后华尔街的主要动力是国防工业的兴起。在政府最初试图限制公共开支从而限制国防开支的时候，苏联在 1957 年 10 月发射的人造卫星导致了计划的改变。美国开始建立一支与战时紧急情况不同的固定武装部队，这有望为一些股票的投资者带来巨大利润。该行业迅速崛起，以至于即将离任的总统德怀特·艾森豪威尔在 1961 年 1 月的最后一次公开讲话中警告说，"这个军工综合体将产生无法预料的影响。" 20 世纪 50 年代后半期，这个军工综合体的投资者一直在获得经济回报。

其中一些公司的高增长水平得到了华尔街的高估值回报，而且随着股票在整个 20 世纪 50 年代以折价折让重置价值，收购活动日益增多。有了这些高评级股票的好处，像里顿工业这样的国防电子企业早在 1958 年就能够推出积极的收购战略。收购活动的加速是 20 世纪 60 年代牛市的重要助推剂。

令许多投资者感到意外的是，1949 ～ 1968 年的牛市是在经常出现财政赤字的背景下出现的。联邦政府报告显示这期间的 19 年中只有 4 年有财政盈余。在 1958 年至 1968 年这一繁荣的 10 年里，只报告了一次财政盈余。不断增长的财政赤字常常令股票投资者感到恐慌，而这是一个财政恶化的时期，只是财政挥霍造成的负面影响被推动价格上涨的积极因素抵消了一些。

在整个牛市中，以历史标准衡量，人们对股票市场的兴趣一直很低，如图 4-3 所示。该指数的低点是 1942 年，当时只有 9% 的上市股票有交易。随着市场开始上涨，人们的兴趣和交易量也随之增加。然而，如图 4-3 所示，1949 年的年换手率仅为 17%，从未接近 20 世纪上半叶的显著水平。1949 年至 1968 年的最高成交量达到了周期的顶点，年成交率达到 24%，这一水平低于 1900 年至 1937 年期间的每一年。尤其是这段时期出现了两个较大的熊市。1949 年至 1968 年的牛市中，这种低水平的市场活动与 20 世纪另一轮大牛市中的高得多的市场活动形成了鲜明对比。当时，相对于 20 世纪上半叶，市场日益制度化限制了人们的交易行为。这很可能是事实，但如果是这样的话，20 世纪末也会出现同样的情况，而不是我们后来看到的成交率的大幅度提高。

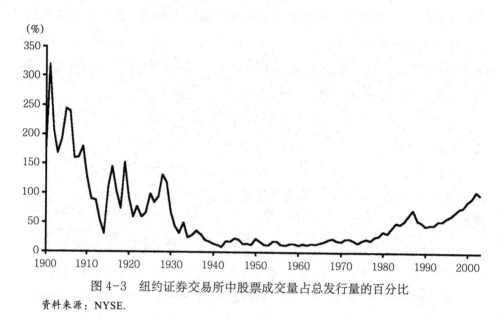

图 4-3　纽约证券交易所中股票成交量占总发行量的百分比

资料来源：NYSE.

　　尽管在整个牛市期间，投资者对股票的普遍兴趣都很低，但纽交所会员资格的价格表明，在 20 世纪 50 年代后半期，投资者对股市的总体兴趣发生了翻天覆地的变化。

　　直到 1954 年，纽约证交所的席位价格仍低于 1949 年熊市触底时的水平，会员资格的价格明显上涨，从 20 世纪 50 年代末开始就很明显。但直到 1968 年，纽约证交所会员资格的价格才最终超过 1929 年的 45 万美元，尽管道指早在 1954 年就超过了 1929 年的高点（具体如表 4-4 所示）。纽约证券交易所会员资格价格的滞后上涨是由战后市场的交易量较低所造成的。直到 1963 年，纽约证券交易所的年交易量才超过了 1929 年的高点。

即便如此，纽交所会员资格的价格也比 1929 年的高点低了 2/3。会员资格价格的滞后在一定程度上可以用竞争加剧来解释，因为正是在这段时间里，实力日益强大的机构能够在市场外大量交易纽约证交所上市股票。到 1968 年，当 1929 年纽约证券交易所会员资格的高价最终被超越时，年交易量比 1929 年高出 160%。第二次世界大战后纽约证交所价格的缓慢上涨，表明了新的、制度化的华尔街的本质，即持有期更长，交易量更低。

表 4-4　1949 年至 1968 年纽约证券交易所会员费　　　　（单位：美元）

	高点	低点
1949	49 000	35 000
1950	54 000	46 000
1951	68 000	52 000
1952	55 000	39 000
1953	60 000	38 000
1954	88 000	45 000
1960	162 000	135 000
1961	225 000	147 000
1962	210 000	150 000
1963	217 000	160 000
1964	230 000	190 000
1965	250 000	190 000
1966	270 000	197 000
1967	450 000	220 000
1968	515 000	385 000

资料来源：NYSE.

随着 1949 年至 1968 年牛市的结束，市场出现了制度化，共同基金成为私人投资者日益重要的工具，养老基金和寿险公司的股票敞口也从非常低的水平不断增加。在 20 世纪 50 年代，共同基金股东账户的数量从 100 万增加到 500 万。到 20 世纪 60 年代末，这一数字达到了 1 070 万。在 20 世纪 60 年代，个人股东的数量翻了一番，但他们的实力却有所减弱，从 1961 年的略高于 50% 的交易，降至 1969 年的 1/3。

推动牛市的一个关键因素是认可股票作为养老基金的适当投资。1949年，美国公民的养老金资产总额达到143亿美元，而国民生产总值为2 581亿美元。这些养老金主要投资于政府债券或保险公司的普通账户。这一行业在战后经历了转型，在推动股市牛市方面发挥了重要作用。养老基金的迅速增长是由于1948年国家劳动关系委员会的一项决定，该决定迫使内陆钢铁公司将关于养恤金的谈判作为集体谈判进程的一部分。这一决定不仅带来了资产的强劲增长，而且雇主们准备考虑更高风险的资产配置，以期提高回报，并限制未来企业向这些基金缴款的规模，为了追求更高的回报，养老基金投资组合在股票中的比重增加了。

表4-5显示1952年至1968年由美国主要储蓄机构管理的基金的总体增长情况。16年来，基金管理的总规模增长了300%以上。私人养老基金资产增加了2倍，共同基金增加了13倍。除小型封闭式基金部门外，各类投资组合中的公司股票持有量都有大幅增加。这一过程是缓慢的，就人寿保险公司而言，只有在限制性的州立法发生变化之后，才有可能增加股权权重。1952～1968年，基金总额增长了300%多一点，股票总持有量增长了近12倍。1952年，美联储首次发布资金流动统计数据时，这些机构持有的公司股票仅占纽交所股票市值的9.5%。到了1968年，这一数字上升到21.3%。直到1960年，机构只占纽交所交易美元价值的1/3；到1968年，在1929年的"大崩盘"之后，这一比例上升到60%，股票被保守的投资者所回避。1949～1968年的牛市在一定程度上是关于恢复股票作为长期储蓄媒介的故事。

表4-5 美国的主要储蓄工具以及它们对股市的贡献

	1952 年		1968 年	
	总金融资产（10亿美元）	共同基金占总资产的百分比（%）	总金融资产（10亿美元）	共同基金占总资产的百分比（%）
人寿保险公司	67.78	3.3	183.07	7.1
其他保险公司	13.2	22.2	45.31	32.2

（续）

	1952 年		1968 年	
	总金融资产 （10 亿美元）	共同基金占 总资产的百分比（%）	总金融资产 （10 亿美元）	共同基金占 总资产的百分比（%）
个人养老基金	9.26	15.6	111.39	55.2
国家退休基金	5.87	0.7	48.05	12.1
共同基金	3.61	83.9	51.23	90.0
封闭型和股票型基金	2.27	79.7	8.92	71.1

资料来源：Federal Reserve, Flow of Funds Accounts of the United States.

投资机构增加对股票的投资有很多原因，但根本原因是通胀预期的变化。正如我们在 1946 ～ 1949 年所看到的那样，投资从业者就战后期间一般物价水平将不得不下降到何种程度展开了辩论。特别有先见之明的是那些认为新的全球金融框架将使通胀更加普遍的人。这种新时代思维受到了一些人的嘲笑，但这些投资者正确地认识到了战后投资领域的关键变化。

随着 20 世纪五六十年代的远去，投资者开始认识到，结构改革降低了未来发生重大通货紧缩的可能性，这意味着债券明显优于股票的时期过去了。当公司管理层做出一定调整并希望在新环境中获利时，通货膨胀削弱了债券持有者固定收益的实际价值。机构投资者从债券转向股票，至少在一定程度上是因为有证据表明，通胀前景已发生变化，有利于股票相对于债券获得更高的回报。

投资者们普遍认为，只要有股票存在，这些工具的股息收益率就会超过债券收益率。只有那些具有风险意识的"新时代"思想家认为这种规律长期看来可能会让人失望。但所谓有利于股票的"收益率差距"的存在，是投资者改变投资方式的原因之一。在这一时刻，自 1792 年纽交所成立以来所存在的关系不再是一种不变的关系，新时代的思想家被证明是正确的。1957 年 7 月，资金流向股市，将标普综合指数的收益率推低至长期政府债券收益率之下，1958 年 9 月，这一状况变得根深蒂固，"反向收益率缺口"扩大到 20 世纪 60 年代。股票市场在 1968 年 12 月达到顶峰，此时的标准普尔综合指数的收益率为 2.88%，而长期政府债券收益率为 5.65%。

债券和股票估值的这种根本性变化，解释了 1949 年至 1968 年的股市牛市是如何与债券熊市同时出现的。政府债券的抛售始于 1950 年 1 月，距股市熊市结束仅 6 个月，当时美国长期政府债券的收益率开始从 2.19% 上升。在随后的股市牛市中，债券收益率翻了一番，股票股息率下降了近 60%。即便是 1949 年的新时代思想家也难以相信会出现如此大规模的收益率调整。正所谓今非昔比，如今，新的战后金融和社会基础设施使通货膨胀更加普遍。近 20 年来，股票投资者因金融市场适应新创造的永久性通胀而获利良多。

正是这种股票估值的变化，而不是企业利润的增长，导致了战后漫长的牛市。正如我们所看到的，标准普尔综合指数收益在 1946 年触底，并在 1946 年至 1949 年熊市期间有所增长。虽然人们预期 1949 年股价很可能下滑，但结果被反弹的市场忽视了。1968 年 12 月的报表收益比 1949 年 12 月的普遍低水平增长了 150%。与此相比，同期名义国内生产总值增长了 240%。按名义价值计算的公司盈利增长了 150%，相比之下，标准普尔综合指数上涨了 662%。如表 4-6 所示，1949 年至 1968 年期间，那些从持有股票中获利的人，其超额回报归因于估值上升，而非利润上升。

表 4-6　1949 ～ 1968 年股价的增长

年份	年末 q 值	落后盈余	循环性调整市盈率
1949	0.49 倍	5.8 倍	11.7 倍
1968	1.06 倍	18.5 倍	25.1 倍

资料来源：Smithers & Co; www.econ.yale.edu/~ahiller/data.htm.

有很多专家可以证明在牛市期间估值过高是合理的。然而股市是从低估逐渐走向高估的。到了 20 世纪 60 年代中期，新的年轻一代明白了为什么股票必须以比以前更高的估值进行交易。在制度化的市场中，华尔街第一次出现了一个以业绩为导向、充满活力的行业，其完全精通新经济。约

翰·布鲁克斯在《沸腾的岁月》里写道：有一种信念是，只有 40 岁以下的
人才能理解并预见快速发展的非常规公司的增长。

> 生活在梦想和时尚中的华尔街，尽管自命为理性的实用主义，
> 却恰恰给年轻人带来了更多福音。⊖

然而，到了 1966 年，对"新经济"价值的信仰逐渐被实体经济出现的
问题削弱了。投资者日益担忧的症结在于，在约翰逊"伟大社会"计划相
关财政支出的背景下，美联储似乎无力控制通胀。这项由林登·约翰逊于
1965 年 1 月推出的政府计划，其慷慨只有罗斯福的"新政"才能与之匹敌。
随着通货膨胀的影响和日益增加的越南军事介入，债券市场也受到了惊吓。
如图 4-4 所示，美国政府长期债券收益率上升到更高的水平。

图 4-4 美国政府长期债券收益率

资料来源：Datastream.

到了 20 世纪 60 年代中期，债券市场表明情况发生了变化。美联储自

⊖ John Brooks, *The Go-Go Years—The Drama and Crashing Finale of Wall Street's Bullish' 60s.*

1951 年以来推行稳健的货币政策，如今日益依赖积极的财政政策作为经济管理的关键工具。这个凯恩斯主义的管理工具是肯尼迪总统发起的，它对约翰逊总统领导下的经济增长起到了重大推动作用。美联储似乎默认了这一政策转变。威廉·格雷德尔的《圣殿的秘密》援引当时达拉斯联邦储备银行主席菲利普·考德威尔的话说，约翰逊认为此时的经济体制是灵活的，可以为越战提供更高的国防开支。柯德威尔说，这传达的信息是，美联储不应顽固地对新增债务进行货币化。

美国联邦公开市场委员会的一些成员强烈主张进一步克制。但其他人说，"嗯，但我们在战争中，我们必须全力支持战争。"然而，我们从来没有这么做过。[⊖]

美联储的货币政策无所作为是显而易见的。贴现率在 1967 年 10 月为 4%，与 1959 年 9 月相同。在同一时期，通货膨胀率从 1.23% 上升到3.56%。货币工具被搁置起来，政客们被认为应该降低通货膨胀。然而，由于越南战争和社会安全网的投入增加，财政紧缩在政治上被证明是不可能的。对通胀缺乏财政解决方案，最终将给美联储带来更大的压力，用时任美联储主席威廉·麦切斯尼·马丁的话说，就是"顶住通胀之风前进"。直到 1967年 11 月，货币措施才最终被动员起来。当月联邦基金利率上调 50 个基点，这是对通胀的第一次打击。通胀预期在两年内超过 9.0%，创下了新高。

华尔街反应迟缓，1968 年约翰逊总统宣布他将不再竞选连任，从而改善了共和党政府的前景，这让股市对共和党政府的期望增加，而忽视了利率的增加。美国和北越之间的关系改善，提振了股市，共和党总统候选人理查德·尼克松承诺提供和平与荣誉。而后来证明，财政宽减的前景被证明是虚幻的，继续稳步提高利率终于结束了 1949 年至 1968 年的牛市。市场在尼克松 1968 年 11 月选举获胜后不久见顶，美国进入了长期的低迷和长达 14 年的熊市。

⊖ William Greider, *Secrets of the Temple*.

道琼斯指数：1968～1982 年

1968 年 12 月至 1982 年 9 月道琼斯工业平均指数如图 4-5 所示。

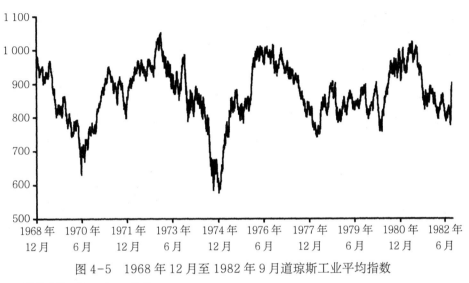

图 4-5　1968 年 12 月至 1982 年 9 月道琼斯工业平均指数

资料来源：Dow Jones & Co.

　　1968 年至 1982 年期间的关键事件是布雷顿森林协定的终结和通货膨胀的加速。多年来，关于国际货币协定可持续性的猜测有增无减。早在 1960 年耶鲁大学教授罗伯特·特里芬在《黄金与美元危机》一书中警告称，美国将被迫经常出现账户赤字，从而为世界其他地区提供必要的流动性，以实现增长。[⊖]他指出，这些赤字的长期结果将是削弱人们对美元作为世界储备货币的信心，从而削弱布雷顿森林体系本身的稳定性。11 年后，特里芬的预测成为现实，1971 年 8 月 15 日，尼克松总统宣布美国暂停以美元换黄金。1971 年 12 月，美元贬值，从每盎司 35 美元降至 38 美元，1973 年年初，美元贬值至每盎司 542 美元。到 1973 年 3 月，恢复布雷顿森林体系的可能性已经破灭，美元开始自由浮动。随着黄金联系的消失，抑制通

⊖　Robert Triffin, *Gold and the Dollar Crisis: The Future of Convertability*.

货膨胀的经济纪律的一个关键因素也被消除了。20 世纪 60 年代末，股票和债券市场一直对通胀感到担忧，布雷顿森林协定的结束加剧了这些担忧。通货膨胀，以及与通货膨胀的斗争，推动了 1968 ~ 1982 年的熊市。

美国消费者价格指数如图 4-6 所示。

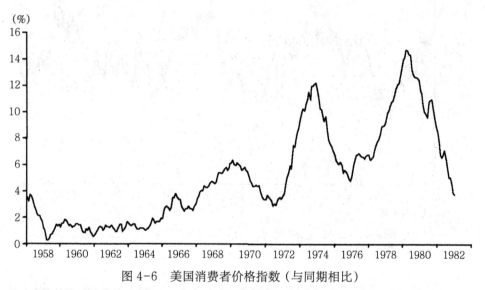

图 4-6　美国消费者价格指数（与同期相比）

资料来源：Datastream.

1969 年，随着美联储将短期利率推高至 9% 以上，投资者将面对股价的巨大下跌。美联储最终在宣布任命新主席阿瑟·伯恩斯的同时，加大了对抗通胀的力度。1968 年当选后尼克松总统曾试图将现任主席威廉·麦切斯尼·马丁立即提拔到财政部。马丁自 1951 年担任美联储主席以来一直拒绝离开，直到他的任期于 1970 年 1 月 30 日届满后，伯恩斯才最终成为主席。在伯恩斯宣誓就职时，尼克松说：

> 我尊重他的独立性。然而，我希望他能够独立地得出结论，认为我的观点是对的。⊖

⊖ Quoted in William Greider, *Secrets of the Temple*.

尼克松和伯恩斯的观点确实经常是一致的，作为物价稳定守护者的美联储声誉受到了一定损害。事后看来，美联储显然不再对通胀采取强硬态度，其结果是在 20 世纪 70 年代的利率和股市上坐了过山车。在伯恩斯任职的第一年，短期利率降至 4.0% 以下，低于 20 世纪 60 年代的平均水平。然而，到了 1971 年中期，利率再次上升，随之而来的是 1949 年以来的首次价格管制。有一些证据表明，这次物价控制起作用了，到 1972 年中期，年通货膨胀率又降到了 3% 以下。1973 年，尼克松取消了价格管制，通货膨胀加速，股票市场下滑，随之而来的是"石油危机"，石油输出国组织（欧佩克）将油价上涨了两倍多——从 1973 年 10 月的每桶 3.12 美元增至 12 月的 11.63 美元——年通货膨胀率从 1972 年 8 月的 2.9% 飙升至 1974 年的 12.5%。

> 在 20 世纪 70 年代曾发生过**两次石油危机**。第一次是 1973 年 10 月，石油输出国组织（欧佩克）的阿拉伯成员国宣布，它们将不再向支持以色列与埃及战争的国家运送石油。到 1973 年圣诞节，石油价格上涨了两倍。第二次石油危机是由 1979 年 1 月革命后伊朗石油出口下降引起的。到年底，油价上涨了 150%。在两次石油危机之后的 12 个月内，7 个主要工业国的 GDP 都出现了萎缩。另外，从 2002 年 12 月到 2005 年 6 月，油价上涨了 160%。

这对投资者来说已经够糟糕的了，但令人惊讶的是，1973 年 11 月至 1975 年 3 月的严重衰退未能控制住通胀。1973 年 4 月，"滞胀"这个词，即低增长和通货膨胀的结合体，首次出现在《经济学人》杂志上。对于股票投资者来说，这样一种结合体的出现只能是个坏消息。

美联储始终没有采取有力的措施，联邦基金利率在 1977 年 1 月仅高出 75 个基点，当时的通胀率为 6.1%，而 1960 年 1 月的通胀率仅为 1.1%。

到了 1977 年年初，年通货膨胀率再次上升，一直持续到 1980 年 3 月达到近 15% 的新高。伊朗的政治危机是主要推动力，这场危机导致了油价的又一次跃升。总之，尽管 1970 年出现了戏剧性的牛市和熊市，但道指在 20 年的所有时间里，除了几天外，都低于 1968 年的高点。

> **滞胀**被用来描述经济停滞和通货膨胀的不寻常组合，据说是 1965 年 11 月 17 日英国保守党下议院议员伊恩·麦克劳德创造的。他需要一个新词，因为这是一个新现象。短短的几年后，麦克劳德被任命为财政大臣。然而对于他所定义的危机，他是否有补救办法永远不得而知。因为他在任职仅仅一个月后就去世了。

在这种新的通胀环境下，股票未能产生正的实际回报。在 20 世纪 50 年代，消费者价格指数平均上涨 2.2%，60 年代为 2.3%。在这 20 年里，投资者从股票中没有获得高于正常水平的实际回报。股市的熊市真的开始了。1969 年，通货膨胀率上升到 3% 以上。20 世纪 70 年代，通货膨胀率平均为 7.1%，通胀的最高点似乎已经过了，超过这个门槛，股票就不能提供正的实际回报。这并不是说，人们没有怀抱着通胀最终被战胜的希望。可是现实中，从 1968 年 12 月到 1982 年 7 月，标准普尔综合指数下跌了 63%。在这种长期下跌的同时，市场也出现了剧烈的波动。道指从 1968 年 12 月的高点跌至 1970 年的低点，跌幅达 33%，这是长期熊市的第一阶段。而这不是最戏剧化的。道指在 1973 年 1 月大涨至新高后，下跌了 45%。当市场在 1974 年 12 月触底时，名义跌幅为 37%，实质跌幅则为 57%。

对许多投资者来说，实际回报甚至更糟糕。到了 1972 年，许多投资者的投资组合都是由所谓的"一项决定"成长型股票组成的，这些股票被称为"漂亮 50"。人们相信，漂亮 50 将产生未来的收益和股息增长。正是这 50 只股票的上涨，令道指在 1973 年年初创下新高，而价值线指数等更广泛的指数未能超过此前的高点。1972 年购买的投资者以 42 倍的历史性市盈率购买了"漂亮 50",在 1973 年至 1974 年的熊市中,它的平均价格下跌了 62%。到 1974 年 12 月,按名义价值计算的市场已恢复到 1958 年的水平。这已经够糟糕的了,但按实际价值计算,回报甚至更糟糕。

到 1974 年 12 月,以实际值表示的标准普尔综合指数已回到 1928 年 11 月首次见到的水平。按名义价值计算,该指数在 1974 年 12 月触底,但按实际价值计算,还会出现更糟的情况。1980 年 4 月、1981 年 9 月至 10 月和 1982 年 1 月至 9 月,道指的实际值甚至低于 1974 年 12 月的水平。1982 年 7 月,标准普尔综合指数处于实质低点,比 1974 年 12 月的低点低 13%。按实质计算,该指数现已恢复至 1905 年 6 月首次超越的水平。投资者一直完全依赖股息来提供正的实际回报。

"漂亮 50"是一个由 50 只股票组成的股票组合。1972 年 12 月,该组合的平均市盈率为 42 倍。尽管这 50 只股票都是标准普尔综合指数的一部分,但当时该指数的市盈率仅为 18 倍。人们认为,这些股票未来的盈利增长可能会证明这种极端估值是合理的。但短期来看这是不正确的,在 1973 年至 1974 年的熊市中,组合的平均价格下跌了 62%。然而,对于那些持之以恒的投资者来说,50 家公司确实兑现了一些承诺。杰里米·西格尔教授指出,从 1972 年 12 月到 2001 年 11 月,50 家公司的年回报率为 11.62%,略低于同期标准普尔综合指数的 12.14%。

尽管自从 1974 年开始股价有了很大的反弹,但 1974 年至 1982 年期间仍出现了进一步的波动和虚假增长以及较低的收益。在 20 世纪 70 年代后半期,金融市场普遍弥漫着绝望的情绪。甚至连著名的金融评论员,所罗门兄弟公司的现代债券市场研究之父西德尼·荷马,也在 1976 年 11 月

陷入这种失望情绪。

> 20 世纪 50 年代对美元的完全盲目信心，以及由此对我们在世界上的地位的盲目自信，永远不会再回来。[⊖]

霍默将债券收益率的"前所未有的上升"比作 1929 ~ 1932 年的崩盘，并警告称："这会被未来几代人记住，而这种记忆往往会抑制收益率，限制经济增长。"在 20 世纪 70 年代末和 80 年代初，即使是最敏锐的分析人士也对美国缺乏信心，导致债券收益率不断上升，股票价格不断下跌。

1968 年至 1982 年的亏损是由盈利增长不佳和估值下降造成的。同期每股名义收益仅增长 143%，而名义 GDP 增幅为 246%，而同期每股的实际收益下降了 12%。20 世纪五六十年代的投资者预见到了新的高通胀环境，购买股票是为了从不断上升的利润中获益，而他们却非常失望。尽管沃伦·巴菲特等人热衷于指出这一观点的荒谬性，但投资者还是认为，管理层可以适应更恶劣的通胀环境，提高营运利润率，以确保必要的更高回报。

> 最近的统计证据无法让人相信在通货膨胀时期利润率会提高。在 1965 年结束的 10 年里，也就是通胀相对较低的时期，制造业公司的年平均销售额税前利润率为 8.6%。在 1975 年结束的 10 年中，平均利润率为 8%。尽管通货膨胀率大幅上升，但利润率还是下降了。[⊖]

1949 ~ 1968 年，通货膨胀在推高估值股票和创造"反向收益率差距"方面发挥了重要作用。20 世纪 70 年代的通货膨胀使股票相对于债券的表现持续下去，但没有为股票带来正的实际回报。

股票估值继续上升。在 20 世纪 60 年代，政府长期债券的平均收益率是 4.67%。到 1968 年，股票处于估值区间的高端，市盈率为 18.5 倍，q 值达到 1.06 倍——超越了 1929 年和 1905 年的水平。由于股票估值已经处于

⊖ Marc Faber, *The Great Money Illusion (Longman, 1988)*.

⊖ Warren Buffett, "How Inflation Swindles the Equity Investor", *Fortune*, May 1977.

如此高的水平，因此，从 1968 年到 1982 年，长期政府债券收益率上升到 15% 以上，而股本回报率基本没有变化，导致估值下降，这就不足为奇了。

"反向收益率差距"的扩大，是由政府债券价格暴跌推动的，因此，尽管债券与股票之间的关系发生了变化，但股票的估值却有所下降。到 1982 年 7 月，标准普尔综合指数的历史市盈率已 1968 年 12 月的 18.5 倍降至 7.8 倍，使用 10 年滚动平均盈利水平周期性调整收益显示，股票从 1968 年 12 月的 25.1 倍降至 1982 年 8 月的 9.9 倍。1968 年 12 月到 1982 年 12 月，市场的资产比率从 25.1 倍下降到 9.9 倍。市场看上去很便宜，但已经有一段时间了，因为自 1977 年 3 月以来，历史上的市盈率已低于 10 倍。到 1982 年，市场 q 值 9 年来几乎一直低于几何平均数。

尽管 20 世纪 70 年代经济和股票市场出现混乱，但市场活动从未下降到 20 世纪 40 年代和 50 年代的低水平。纽约证券交易所的最低点是 1974 年，当时换手率为 16%，仍然高于 1949 年至 1968 年的平均换手率。随着 1974 年至 1982 年利率稳步上升，1982 年达到 42% 的换手率。这几乎是 1968 年牛市顶峰时达到的水平的两倍，也是 1933 年以来的最高水平。早在 1982 年 8 月熊市触底之前，投资者对股市的兴趣就开始上升。

市场活动在 1974 年达到最低点后，纽约证券交易所会员资格的价格直到 1977 年才触底。从 1968 年到 1977 年，一个席位的名义价格下降了 93%，而同期的物价几乎翻了一番。1977 年至 1982 年，股价上涨了近 10 倍，反映出纽约证交所交易量的激增。成交率的上升和纽约证券交易所会员价格的上涨表明，在 20 世纪 70 年代后半期，远早于 1982 年股市触底之前，投资者对股票的兴趣不断上升。不断上升的周转率表明投资者的持有期要短得多。1974 年的平均持有期有六年多，到 1982 年已减少到两年以下。在这一时刻，市场兴趣的上升并没有预示新一轮牛市的到来，而是投资者对波动性加大的新时代的适应。在整个期间，市场的制度化仍在继续。

美国主要储蓄机构如表 4-7 所示。

表 4-7　美国主要储蓄机构

	1968 年		1982 年	
	总金融资产 （10 亿美元）	共同基金占总资产 的百分比（%）	总金融资产 （10 亿美元）	共同基金占 总资产的百分比（%）
人寿保险公司	183.07	7.1	527.02	7.70
其他保险公司	45.31	32.2	196.46	14.90
个人养老基金	111.39	55.2	577.23	41.99
国家退休基金	48.05	12.1	233.61	18.90
共同基金	51.23	90.0	58.97	58.52
封闭型和股票型基金	8.92	71.1	6.83	52.42
总计	**447.97**		**1 600.12**	

资料来源：Federal Reserve, Flow of Funds Accounts of the United States.

在熊市期间，美国储蓄机构资金总额的增长略高于国内生产总值。尽管主要机构的股权权重有所下降，但投资于股票的资金总额却增长了近300%。同期道指下跌了20%多，而机构继续增持股票，虽然在整个20世纪70年代增持速度越来越慢。与此同时，纽约证券交易所的换手率大幅上升，但熊市仍然持续。1978年，当美国总统吉米·卡特任命首席执行官兼企业律师威廉·米勒为美联储主席时，形势达到了高潮。随后出台了极端政策，美国从国际货币储备组织借款，并在国际市场上借入外汇，以补充对美元的支持。对于市场来说，这种短期的支持措施是一种市场自杀行为，而美国的经济问题没有长期的解决方案。到1979年8月，黄金价格超过了每盎司300美元，而布雷顿森林协定维持的是每盎司35美元。米勒担任美联储主席的任期很短，他后来成为财政部长。几乎没有人能预见到米勒的离开会预示着美国将进入一个新的时代。

1979年8月6日，保罗·沃尔克被任命为美联储主席。不到一个月，他在联邦公开市场委员会会议上以4票对3票通过了加息。沃尔克随后在10月6日召开了另一次秘密的联邦公开市场委员会会议，又一次提高了利率。重要的是，伴随而来的是美联储的一项新政策，即瞄准M1广义货币总量的增长，从而允许利率调整到该政策所需的任何水平。为适应利率的潜在变化，美联储宣布联邦基金利率的允许区间为 11.5% ～ 15.5%，立即生效。由于美联储以货币总量为目标，未来的利率水平将产生巨大的不确定性。

> **保罗·沃尔克**在 1979 年 8 月至 1987 年 8 月期间担任联邦储备系统主席，他被认为控制了失控的通胀。当沃尔克上任时，通货膨胀率几乎是 12%。当他离开的时候，只有 4%。最初，抗击通胀的战争是以货币总量（如 M1 广义货币）的增长为目标，而不是以利率为目标。这项政策的执行困难重重，导致利率波动不定，而且往往处于高水平。1995年，沃尔克问格林斯潘："M1 后来怎么样了？"他的继任者回答说："你是说那支优秀步枪的名字吗？"⊖

1970 年至 1983 年联邦储备实际利率如图 4-7 所示。

图 4-7　1970 年至 1983 年联邦储备实际利率

资料来源：Datastream.

⊖　Martin Meyer, *The Bankers-The Next Generation*.

短期内，美联储的 M1 增长目标显然需要收紧流动性，从而提高利率。沃尔克任命后的 12 个月内，美国政府长期债券收益率从略高于 9% 升至接近 13%。市场仍对其对通胀的影响持怀疑态度，黄金价格在他上任的第一年就翻了一番。事实上，通货膨胀继续上升，卡特总统利用他的权力实施信贷控制。在 1980 年 3 月 14 日的电视讲话中，他建议美国公众停止挥霍消费。令人惊讶的是，事实正是如此，1980 年第二季度国内生产总值以有记录以来的最快速度下降。消费者支出的崩溃和 M1 如此之快，以至于美联储很快放松了货币政策，联邦基金利率在三个月内从 20% 降至 8%。显然，美国经济的反应也令美联储主席感到意外：

> 这一切在书上都被记录为经济衰退，但现在回想起来，这几乎是一次偶然的意外事件。产量急剧下降，但只持续了四个月左右……随着有关经济紧急情况的权利的消散和信贷控制的取消，支出（和货币供应）迅速回升。最终的结果可能不是经济衰退，但是对通货膨胀的抑制也没有多大作用。通货膨胀继续以两位数的水平增长，随着货币供应量再次强劲增长，就在选举之前两周货币紧缩和持续增加的贴现率已经把我们置于尴尬的境地。⊖

美联储对货币供应持续强劲增长的反应，推动联邦基金利率在 1980 年年底达到新高。美联储继续以货币为导向，因此，短期利率从 1981 年年初开始下降。1981 年 5 月和 6 月，年通货膨胀率从 1980 年 3 月接近 15% 的峰值降至 10% 以下，但债券投资者继续推高收益率。虽然美联储可能已经获得了一些信誉，但人们真正担心的是，新里根政府推行的供应方面的税收改革将破坏美联储在对抗通胀方面的进展。这些担忧似乎得到了 M1 加速增长的支持。美联储认为它不能承担任何风险，到 1981 年 5 月，减缓货币

⊖ Paul Volcker and Toyoo Gyohten, *Changing Fortunes: The World's Money and the Threat to American Leadership*.

供应增长的斗争再次推高了利率。联邦基金利率从 1 月份的 20% 降至 3 月份的 13%，到 7 月份又超过了 20%。

自沃尔克任命以来，短期利率的波动是无与伦比的，大大增加了财务预测的不确定性。直到 1981 年 9 月，也就是他上任两年后，才有迹象表明，债券市场相信这位美联储主席在抗击通胀的斗争中取得了成功。在那个月，政府债券开始反弹，持续了 20 多年。

与此同时，股票市场继续下滑。随着通货膨胀率的下降，实际利率仍然是大萧条以来投资者不得不忍受的最高水平。财政状况继续恶化。在华盛顿，里根政府和国会在减税和削减开支问题上意见相左。1982 年 3 月财政部长唐纳德·里根与沃尔克召开了一次会议，那次会议说明了保持实际利率高企的力度和决心。

> 沃尔克曾向我保证，他将努力迁就政府——如果他能看到我们在赤字问题上的一些动向，他会放松货币政策，以降低利率。[⊖]

在这种对峙继续下去的同时，一场严重的经济衰退正在发生。作为对 1982 年上半年强劲货币供应增长的回应，短期利率上升并不是复苏的好兆头。这一前景，再加上利率波动，使得股票投资者心神不安。尽管美元受益于高利率，但随着通胀和短期利率的下降，政府债券市场也出现了反弹。但股票市场继续下跌。

政府债券市场的反弹并不是唯一被股票投资者忽视的现象。在整个 20 世纪 70 年代，投资者经历了美元疲软、债券市场疲软和股票市场疲软三重负面影响。第一个得到改善的金融市场是外汇市场。沃尔克以货币总量为目标的政策产生了更高的实际利率，最终建立了对美元的信心。资金流向美元，货币在 1980 年中期触底，并在 1981 年强劲上升。然而，随着经济的急剧衰退，道指继续下降。政府债券市场触底之后 11 个月，以及在美元

⊖　Donald T Regan, *From Wall Street to Washington*.

跌至谷底两年后，股市也随之跌至谷底。

股市触底之际，恰逢一场国际金融危机。1982年年初，墨西哥显然陷入了困境，该国最大的公司已经破产。美联储认为存在真正的主权违约风险，并早在1982年4月30日就开始对向美国银行大举借款的墨西哥提供事实上的过渡性贷款。5月，德赖斯代尔证券公司破产。7月初，俄克拉何马州的一家小型机构——宾夕法尼亚广场银行倒闭。这家银行本身规模很小，但它向伊利诺伊州大陆银行和其他大型商业银行出售的债券却超过了11亿美元。银行审查人员意识到，出售给其他银行的债券也可能存在类似的问题。人们虽然没有恐慌，但很明显，美国银行体系的金融稳定受到了质疑。到了8月，公众得知墨西哥破产了。美国出台了一揽子救助计划，但随着公众意识到墨西哥债务减记的规模之大，美国各大商业银行面临着灾难。花旗银行总裁沃尔特·克里斯顿在1982年8月于多伦多举行的国际货币基金组织年会上描述了当时的气氛：

> 我们有150多名财政部长，50多名央行行长，1000名记者，1000名商业银行家，以及大量供应的威士忌……这一切造就了一个巨大的蒸汽驱动引擎，它叫作"世界末日即将来临"。我们只是一直在重新整理泰坦尼克号上的躺椅而已。⊖

联邦公开市场委员会6月30日召开会议，充分意识到墨西哥很快就会出现债务违约。尽管M1增长依然强劲，但金融危机的前景导致了方向的转变。

> 事实上，到1982年夏天，美国本身的金融结构已显示出明显的紧张迹象。在储蓄和贷款行业问题不断蔓延（以及一些众所周知的边缘政府交易商失败）的背景下，俄克拉何马州雄心勃勃但默默

⊖ Phillip L Zweig, *Citibank and the Rise and Fall of American Financial Supremacy*.

无闻的宾夕法尼亚广场银行的破产暴露出，它所提供的数十亿美元石油贷款实际上一文不值。一些非常大和著名的银行参与其中——著名的伊利诺伊州大陆银行，它是中西部地区最大的银行，其根基受到了动摇。所有这些都促成了我们在 1982 年 7 月做出放缓政策的决定。⊖

联邦基金利率 7 月初高于 14%，9 月初低于 9%。很明显，美联储不再仅仅依靠货币总量的指南针。重要的是，债券市场没有受到政策变化的惊吓，长期利率的下降加速了。正是在公开宣布墨西哥危机和美联储改变政策的情况下，股市终于在 1982 年 8 月触底。

1982 年的市场结构

1982 年的股票市场

> 查理发出嘲讽的、单音节的笑声，并解释说："你这个小伙计的表现就像现在的石油公司。如果是我，我就会先得到煤矿再说。"
>
> "我不怪石油公司，"哈里平静地说，"他们也无能为力，大地正在干涸，一切都是徒劳的。"
>
> ——约翰·厄普代克，《兔子富了》

到 1982 年，股票市场是美国金融市场的主要问题。1949 年 5 月底，纽约证交所上市股票的总价值仅为 640 亿美元，相当于国内生产总值的 23%。在 1968 年 12 月的牛市中，纽约证交所市值增至 6 930 亿美元，占国内生产总值的 76%。从 1968 年开始的熊市，市场资本继续上升，到

⊖ Paul Volcker, in Volcker and Gyohten, *Changing Fortunes*.

1981 年年底达到了 11 430 亿美元，相当于市场资本增长的 36%，增长量甚至超过了 1949 年至 1981 年名义国内生产总值的 11 倍。公众持有的股票，主要是通过金融中介持有的，其从 1952 年占成年人口的 4% 飙升至 1985 年的 28%。自 1974 年以来，股票市场的活跃程度一直在上升，1982年，上市股票的交易比例达到 1933 年以来的最高水平。1982 年纽约证券交易所交易的股票比 1968 年牛市高峰时高出 350%。到 1982 年，公众参与程度和对市场的兴趣都达到了很高的水平。活跃度也非常高，平均持有期刚刚超过两年。

在此期间，纽约证券交易所持续表现良好。虽然今天的读者认为纳斯达克的崛起对纽交所的活动有所影响，但这并不是 1982 年纽交所面临的主要威胁。在较长的时间范围内，纳斯达克重要性的上升导致了美国证券交易所重要性的持续下降。在 1968 年的巅峰时期，ASE 几乎占了美国注册证券交易所总交易量的 18%。到 1982 年，这一比例降至 4% 以下，同期纽约证交所在注册交易所交易量中所占份额从 74% 上升到 85%。在 1982 年，对纽约证券交易所的提及在更广泛的意义上仍然可以等同于对"市场"的提及。

上市公司数量的增长远远落后于纽交所市值的增长。拥有纽交所上市股票的公司数量从 1949 年的 1 043 家增加到 1968 年牛市结束时的 1 273 家。截至 1982 年年底，共有 1 526 家公司在纽约证交所上市。自 1949 年以来，上市公司的数量仅增长了 46%，而平均市值的增加却让人称奇。截至 1982年年中，上市公司的平均市值约为 6.39 亿美元，高于前一年的 5.43 亿美元。1968 年年底为 100 万美元，1949 年中期为 5 800 万美元。截至 2005年 6 月，共有 1 780 家公司在纽约证交所上市，平均市值为 50 亿美元。

虽然在构成市场的工业部门方面发生了很大变化，但似乎有一些东西始终保持着不变的重要性——那就是石油。虽然 1926 年才出现工业部门的崩溃，但 1921 年石油的重要性可能仅次于铁路。在 1932 年、1949 年和

1982 年的熊市底部，石油的市值是所有行业中最大的。即使是在 1929 年大牛市的巅峰时期，石油仍是该市场的第三大工业部门。在华尔街的故事中，这一领域对投资者的重要性通常被低估了，在那里，人们往往把焦点放在新事物上。表 4-8 显示了 1949～1982 年主要工业部门重要性的变化、石油部门的持续重要性和新兴工业的兴起。

表 4-8 在纽约证券交易所上市的前 10 大部门（按市场总值排名）

	1949	1982
石油	16.0%	12.6%（第 1 位）
化工	9.0%	3.5%（第 9 位）
零售	7.9%	5.5%（第 6 位）
汽车	7.5%	3.4%（第 10 位）
公用事业	6.7%	7.1%（第 4 位）
钢铁	6.4%	1.4%（第 20 位）
通信	6.2%	4.7%（第 7 位）
食品	6.2%	3.3%（第 11 位）
运输	5.1%	1.7%（第 18 位）
电气设备	3.5%	1.1%（第 22 位）
金融	2.1%（第 16 位）	11.7%（第 2 位）
营业设备	2.3%（第 13 位）	11.3%（第 3 位）
健康	1.6%（第 17 位）	5.7%（第 5 位）
家庭	1.5%（第 19 位）	4.6%（第 8 位）

资料来源：Kenneth R. French, 'Industry Portfolio Data'.

铁路是 19 世纪中叶至 20 世纪 20 年代末美国股市最重要的板块，但到 1982 年，它基本上已从投资者的雷达屏幕上消失。随着钢铁、汽车和化工等重工业对投资者重要性的下降，金融、商业设备和健康等服务型企业的重要性有所上升。这一时期最重要的变化是金融部门的崛起。1949 年，金融业的权重较低，主要由投资信托基金和一些消费金融公司组成。在战后时期的公司中，已经相当成熟的银行公司全面进入纽约证交所上市。金融行业在 1949 年是纽约证交所第 16 大板块，到 1982 年已经成为第二大板块。

尽管美国经济在这段时期内发生了巨大变化，但股市的最大部门却依然足够强大。在有可靠数据的三个时期——1932 年、1949 年和 1982 年——6 个行业总是出现在市值最大的 10 个行业中：石油、公用事业、零售、通信、化工和汽车。10 大行业的重要性多年来变化不大，1932 年占总市值的 76.6%，1949 年占 74.5%，1982 年占 73.4%。在此之前，由于铁路部门的主导地位，市场的行业集中度可能会更高。1949～1982 年，股票市场的关键变化是从重工业向服务业转变。表 4-9 显示了从 1949 年到 1982 年，以服务为导向的行业如何提供了特别好的回报，从而成为市场资本中越来越大的一部分。

表 4-9　1949 年 6 月至 1982 年 7 月在纽约证券交易所收益最好的部门和收益最差的部门

收益最好的部门	
营业设备	80.2×
健康	62.7×
饮食	55.1×
电气设备	53.2×
服务	46.3×
收益最差的部门	
煤	6.1×
化工	16.9×
通信	17.7×
钢铁	17.9×
纺织	19.1×

资料来源：Kenneth R. French, 'Industry Portfolio Data'.

尽管股价的优异表现在商业设备和医疗行业的崛起中发挥了重要作用，但金融行业的情况并非如此。金融部门指数显示，这一期间的总回报率为 29.5 倍，低于行业平均总回报率 32.5 倍。金融业重要性的上升是由新上市公司推动的。按市值计算，通信部门在 1949 年和 1982 年都是第 7 大部门。而这期间金融机构指数仍低于正常水平，这表明这个部门的持续的重要性是由于大规模的资本筹集，而不是由于投资者追求异常回报。电气设备部门明显地受到了负面影响，虽然在 30 个部门之中它的总收益排在第 4 位，但这个部门的重要性明显下降。1949 ～ 1982 年，十大行业的表现表明，石油行业在一定程度上是通过提供超额回报来维持其对投资者的重要性的。

1949 年 5 月至 1982 年 7 月总收益指数的增加如表 4-10 所示。

表 4-10　1949 年 5 月至 1982 年 7 月总收益指数的增加

电气设备	53.2×
石油	52.9×
汽车	34.6×
食品	25.6×
零售	20.0×
公用事业	21.2×
运输	21.0×
钢铁	17.9×
通信	17.7×
化工	16.9×

资料来源：Kenneth R. French, 'Industry Portfolio Data'.

1982 年的市场结构发生了变化。在 1949 年，金融、医疗及商用设备行业所占的市值不足 7%，而现在则占市场的近 30%。就最重要的股票而言，1949 ～ 1982 年标志着 IBM 的兴盛。在 1955 年编制的第一份《财富》500 强美国工业企业排行榜中，IBM 的销售额排名第 61 位。到 1982 年，它的利润在美国公司中排名第 2。

1968 年至 1982 年的熊市与本书分析的其他主要熊市有很大的不同。1921 年、1932 年和 1949 年的熊市是在通货紧缩的背景下发生的，而 1968 ～ 1982 年主要是高通货膨胀和不断上升的通货膨胀。当考虑到股息再投资时，对标准普尔综合指数的投资价值在这段时期内增加了 82%。同期，消费价格指数上涨 174%，而 30 个最大的工业部门中只有一个产生了负的名义回报率，如果计入再投资股息的影响，只有 5 个行业给投资者带来了正的实际回报。

1968 年 12 月至 1982 年 8 月部门的实际总收益率如表 4-11 所示。

表 4-11　1968 年 12 月至 1982 年 8 月部门的实际总收益率　（%）

烟草	+420
电信	+194
石油	+185
健康	+180
煤炭	+180

注：总收益包括再投资的股息。

资料来源：Kenneth R. French, 'Industry Portfolio Data'.

烟草被证明是 1929 ~ 1932 年通缩熊市中表现最好的部门，也是 1968 ~ 1982 年通胀熊市中表现最好的部门。在不同的通胀环境下，管理层调整价格以维持行业利润率的能力，几乎是独一无二的。石油行业是 1929 ~ 1932 年通缩熊市中表现最好的第五大板块，也是 1968 ~ 1982 年通胀熊市中表现最好的第五大板块。在此期间，主要 30 个工业部门的平均未加权回报率为 107%。除了上述为投资者带来实际回报的行业之外，只有其他四个行业的回报率高于 107% 的平均水平——食品、电气设备、公用事业和矿业。再一次，在熊市中，公用事业和烟草股的简单增持策略产生了非常有利的相对回报。有趣的是，从 1946 年到 1968 年，石油和卫生部门的表现也好于 1968 年至 1982 年的熊市。

1982 年的债券市场

你认为 14% 是一个悲惨的数字，在以色列他们学会了适应 111%，一台彩电要卖 1 800 美元。在阿根廷，每年是 150%……美国人仍然是所有工业化国家中最幸运的消费者。

——约翰·厄普代克，《兔子富了》

到 1982 年，纽约证券交易所已不再能准确反映债券市场的结构。近
100 年来，政府固定利率债券的交易一直在远离纽约证交所，甚至纽约证
交所的公司债券市场的重要性也在不断下降。早在 1958 年，所有在纽约
证券交易所上市的公司债券和外国债券的市值仅占这些工具总价值的 33%。
到 1981 年年底，纽约证券交易所的上市公司只占全部上市公司的 28%。美
联储自 1952 年以来发布的基金流量统计数据，更准确地反映了这一时期债
券市场的变化。

表 4-12 涵盖所有到期日的固定利息证券。它显示 1952 年的美国固定
利率债券市场的市盈率比股票市场大 1.8 倍。截至 1982 年，这一比率基本
没有变化。令人惊讶的是，尽管债券价格大幅下跌，但固定利率市场在此
期间的增速比国内生产总值快。西德尼·荷马和理查德·西拉在《利率的历
史》中阐述了债券熊市的规模和重要性：

表 4-12　美国固定利率债券市场中主要组成部分的市场价值　（单位：10 亿美元）

	1952 年年末	1982 年第二季度
国库证券	220.8	858.0
机构证券	2.8	351.4
市政证券	29.7	474.2
公司和外国债券	49.6	562.8
总计	302.9	2 246.4

资料来源：Federal Reserve, Flow of Funds Accounts of the United States.

如果 30 年期的债券到期日出现在这个世纪的第二个熊市中，债
券价格就会从 1946 年的 101 跌至 1981 年的 17，即下跌 83%。[⊖]

尽管这场熊市的严重性很大，但人们还是找到了更大规模的政府债券的
买家。债券发行的繁荣并不局限于政府和准政府机构。从 1952 年到 1982

⊖　Sidney Homer and Richard Sylla, A *History of Interest Rates*.

年，私营机构在债券市场的占有率由16%上升至25%。尽管债券价格暴跌，但在整个债券熊市中，政府和私人债务市场都是活跃且不断增长的。

对债券投资者而言，在这段时间里的两大变化是准政府固定利率债券的指数增长和收益率的上升。1952年仅有的几种机构证券是由这些机构发行的，这些机构是作为"新政"的一部分而创建的。虽然这些证券在1952年只占所有固定证券的不到1%，但到1982年，它们已占市场的近16%。投资者必须了解这一新的资产类别，以及20世纪80年代初创纪录的收益率背后的动态。

图4-8显示了1982年债券投资者是如何穿越未知领域的。到2月份，穆迪评级公司的Baa债券的收益率已超过17%。这与1921年和1932年的通缩企业债券熊市形成了鲜明对比，当时的债券收益率分别达到8.6%和11.6%的峰值。在1949年上一次股市熊市的底部，股票投资者正在评估Baa收益率到1982年略低于3.5%（收益率超过17%）的影响，债券投资者的状况要紧张得多，因为他们面对的是一片沼泽地。

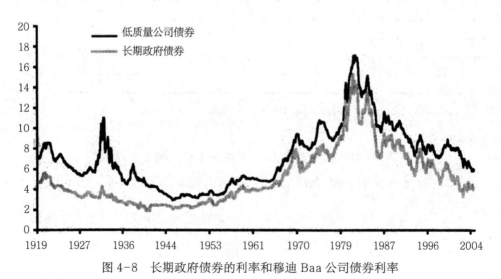

图4-8　长期政府债券的利率和穆迪Baa公司债券利率

资料来源：Federal Reserve.

熊市见底：1982 年夏

> 石油涨价会把一切都推高……就像魏玛时期的事情一样，人们
> 的储蓄都随着下水道流走了，每个人都同意经济衰退将横扫一切。
>
> ——约翰·厄普代克，《兔子富了》

长时间的熊市使股票在 1982 年夏天终于跌到了谷底。到了 8 月，道指又回到了 1964 年 4 月的水平。按实际价值计算，资本指数回到 1928 年 4 月，仅比 1916 年的高点高出 22%。股票实在是太便宜了。按照年终数据，q 值仅为 0.38 倍，而在 1982 年中 q 值可能更接近 0.27 倍。按 10 年滚动收益计算，经周期调整后的市盈率为 9.9 倍，远低于 1881 年至 1982 年平均水平的 15.8 倍。这与 1968 年的数据形成鲜明对比，在 1968 年牛市的最高点，q 值和循环性调整市盈率分别达到 1.06 倍和 25.1 倍。

经过近 14 年的时间，股票才从估值过高的股票变成了估值过低的股票。这似乎是一段很长的时间，但根据我们的研究，这是正常的。表 4-13 显示了从高估值到低估值的波动持续时间，以 q 值和经周期调整的市盈率衡量。

表 4-13　从高估值时期到低估值时期经历的时间

	q 值	周期调整后的市盈率
截至 1921 年年末	16	20
截至 1932 年年末	3	3
截至 1949 年年末	13	13
截至 1982 年年末	14	17

资料来源：WWW.econ.yale.edu/~shiller/data.htm, Smithers & Co.

如第二部分所述，1929 年至 1932 年的熊市与 20 世纪其他大熊市有很大不同。如何衡量从高估到低估的波动持续时间，取决于这一事件是否包括在计算平均持续时间中。如果将这一事件包括在内，平均持续时间约为 9

年，但如果排除非典型情况，则平均持续时间约为 14 年（这些持续时间基于 q 值的变化。如果我们以周期调整后的市盈率计算，其持续时间会更长）。显然，我们不应以 1929 ~ 1932 年的事件为蓝本，以正常熊市的走势为蓝本。尽管股市有可能在短短三年内从极端高估转向极端低估，但在"正常情况下"，这是不太可能的。现代投资者应该记住，为了在短短 3 年内实现这一快速价值调整，道指必须下跌 89%。

历史表明，除非价格出现大幅度的快速下跌，否则股市大约需要 14 年时间才能从估值过高转向估值过低。

正面消息和熊市

"泡沫不会破裂吗？"

"贵金属不是泡沫，贵金属是最后的安全保障。"

——约翰·厄普代克，《兔子富了》

到 1982 年，股市的熊市已经持续了近 14 年，但最终还是以一声巨响而非呜咽收场。从 1981 年 4 月起的 15 个月里，道指又下跌了 30%，在 1982 年 8 月触底。当股票价格下跌，商品价格被抑制和降低，美元上涨，从 1981 年 9 月起，政府债券市场终于稳定下来。这些价格变化的结合，鼓舞了美联储战胜通胀的努力。然而，股票投资者关注的是股价和经济的复苏。

1982 年 8 月股票价格开始出现非常强劲的反弹。这一反弹是由经济前景的变化推动的吗？根据美国经济研究署的相关数据得出，股票市场的反弹先于 1982 年 11 月触底的经济反弹。然而，国内生产总值在 1982 年第一季度触底，根据这个数据，股票市场的反弹落后于经济的改善。

很明显的是，在其他大熊市见底时，经济和股市也几乎同时到达最低点。1921 年，根据美国经济研究署的相关数据，经济在 7 月份触底，股市在 8 月份触底。在 20 世纪 30 年代，情况不是那么明朗，但 1932 年 7 月股市触底时正好赶上后来被称为经济双谷底的第一个谷底。在 1949 年，市场确实引领了经济，因为它在 6 月份触底，而美国经济研究署的经济收缩结束的参考日期是 11 月份。从这 4 起事件中计算出股市的平均领先时间可能会产生误导。但显而易见的是，流行的关于股市领先经济 6 至 9 个月的神话是不正确的。虽然它可能有一定的有效性，但并不适用于 20 世纪的四次大熊市底部。在这些极端时期，经济和股票市场的底部似乎更加紧密地连在一起，而经济可能已经引领了股市。

　　这与我们从《华尔街日报》上观察到的情况很符合，即市场底部往往有充足的正面消息和经济复苏的消息。这一切都表明，在这种极端时期，投资者面临的风险可能不像人们通常认为的那么大。投资者不必根据经济将在 6 至 9 个月内开始改善的预测来购买股票。在熊市触底之际，可能有越来越多的证据表明，经济已经在好转。

　　6 月 14 日：按通货膨胀调整的美元，商业库存在第一季度以每年 175 亿美元的速度削减，这是自第二次世界大战以来最大的季度削减。

　　6 月 14 日：商务部部长助理罗伯特·德瑞克在谈到经济事务时采取了一些乐观的基调。他说，尽管库存清算可能还没有结束，但它的强度明显减弱了。库存削减表明，经济发展的障碍也正在慢慢消除。

　　6 月 14 日：消费者预期的改善，通常预示着实际经济事件将在 3 ～ 4 月内发生，这为当前专业人士的普遍看法提供了可信度，即企业将在即将到来的几个月内开始从目前的衰退中复苏。

　　6 月 14 日：5 月份新车销量同比增长 5.9%。

　　6 月 14 日：甚至就业形势也给人们带来了一些希望。5 月份的失业率上升到了 9.5%，高于 4 月份的 9.4%，是第二次世界大战以来的最高水平。但上个月就业人数增长了 77.7 万，经季节调整后为 1.001 亿，与 1981 年 5 月的 1.01 亿相差不多。

6月14日："在这次衰退中，实际可支配收入的增长异常强劲，"数据资源咨询公司的伊丽莎白·艾利森说，"这主要是通胀下降、失业补偿和社会保障这些稳定因素以及高利息收入（高利率的光明之处）引起的。"

6月14日：在财政政策方面，7月1日减税10%，预计会推高消费支出。

6月15日：来自费城沃顿经济计量预测公司的唐纳德·斯特拉泽姆说，"尽管有相互矛盾的信号，但衰退仍被预计在第二季度结束。"

6月16日：汽车销售回潮吗？许多行业官员认为，复苏即便不是已经开始了，也是迫在眉睫的。包括进口车在内，最近10天的销售速度经季节调整后按年率计算约为830万辆，超过5月的820万辆，远远超过4月的720万辆。对汽车制造商来说，最惊喜的是上个月销量比1981年5月增长了15.8%，这主要是由于通用汽车的反弹。据估计，目前道路上汽车的平均使用年限从1972年的5.7年上升到了7.5年。事实上，库存处于自1964年以来的最低水平。一些分析师认为，需

求大幅增长可能导致汽车出现短缺。

6月16日：美联储主席保罗·沃尔克说，近期消费者支出的增强和库存减少的放缓是"衰退趋于平缓和复苏开始"的迹象。他拒绝透露利率何时会下降，但他说，"我并没有发现利率有下降的迹象。"（国会联合经济委员会）

6月17日：可能期待已久的复苏就要开始了，5月份新屋开工数出人意料地攀升了22%，10个月来首次突破100万套的年度水平。

6月17日：从7月1日开始，在里根个税削减政策的第二阶段，中等收入家庭的每周实得工资将上升6美元。

6月21日：上个月个人收入的温和增长，加上消费支出的强劲增长，提供了新的证据，表明由消费者主导的经济复苏正在站稳脚跟。

6月22日：政府初步数据显示，在扣除通货膨胀后，美国经济在本季度以0.6%的年率增长，这是自1981年第三季度以来的首次增长。白宫管理与预算办公室主任大卫·斯托克曼对记者说，"我们已经度过了经济衰退的低谷。"与此同时，白宫发言人拉里·斯皮克斯说，"初步的国民生产总值数据

表明，经济衰退已经触底。"财政部长唐纳德·里根在一次会计会议上表示，"我们开始看到经济复苏的前景了。"

6 月 23 日：摩根士丹利副总裁埃里希·海尼曼说，"近期经济数据继续说明经济在温和复苏。"

6 月 23 日：复苏的第一个迹象是惊涛骇浪式的。汽车销售和新屋开工数略有回升，零售额也有所回升。随着社会保障福利的增加和个人税收抵扣的减少（去年的税收法案），预计下个月消费者需求将进一步回升。

一开始，财务状况疲软的公司想知道，如果美联储不放松政策去爆发新一轮通胀，如何才能为经济复苏提供资金。这些疑问，再加上商业贷款需求的增加，给了我们一些利率为何没能降低的线索。

7 月 1 日：减税将使消费者每年增加 320 亿美元的收入。还有 7.4% 的社会保险金每年为经济注入额外的 110 亿美元的资金。

7 月 1 日：商务部的领先指标综合指数在 5 月上升了 0.3%，连续第 3 个月上升。在 3 月份之前，该指数在 10 个月内要么保持不变，要么下跌。

7 月 1 日：纽约预测公司的总裁、里根总统的亲密顾问格林斯潘声称，"几周内，美国将看到复苏的迹象。"

7 月 6 日：相信经济强劲复苏的人士正从一个不寻常的来源获得信心——纽约著名投资者罗伯特·威尔逊，他领导着一家以他的名字命名的资金管理公司。多年来，威尔逊最出名的做法是借入他认为定价过高的股票，然后卖空。但目前，威尔逊并未做空股票。他对高利率下经济复苏的想法很感兴趣，"只是因为每个人都说这不可能"。

7 月 12 日：大致从现在开始，人们普遍认为经济将持续复苏，尽管比正常情况要弱。从建筑许可到货币供应，许多关键的经济晴雨表都支持这一预测。

7 月 12 日：市场总是在经济周期的衰退谷底或接近衰退谷底时开始上涨，然后继续迅速爬升，进入随后的恢复期。对于衰退，市场有时会明显表现出来；但对于复苏，市场总是很难被预测。如果一场新的复苏确实已经开始，那么首先表现出来的迹象是，股市开始下跌而不是快速回升。

7 月 14 日：美国 6 月份零售额下

降 1.5%，但许多经济学家预计，消费者很快就会加大购买力度，推动经济从衰退中温和复苏。第二季度的销售额比前一季度高出 3.1%。

7 月 29 日： 里根总统宣称经济复苏已经开始，但他承认复苏将是缓慢的。

8 月 2 日： 第二季度价格平减指数为 5%，为 1981 年 9.4% 的一半。

8 月 5 日： 美国商会的一位经济学家在最近的一份报告中指出，"公司盈利在很大程度上以现金流的形式表现为净收入和折旧费用之和。经季节性调整按年率计算，第一季度的公司现金流比 1981 年整年的还要高。"

8 月 6 日： 或许接近共识的预测可以在"蓝筹经济指标"中找到，这是一项由塞多纳的罗伯特·埃格特对 40 多位著名预测家进行的月度调查。平均而言，未来一年经通胀因素调整后的国民生产总值将增长 3.3%。所有接受调查的人都预计至少会有一些增长，但估计幅度从低至 1.3% 到超过 6% 不等。例如，6 月的调查显示国民生产总值增长率从 3.6% 下降到了 3.3%。

8 月 12 日： 7 月份美国零售店销售额增长 1%，进一步证明美国经济将缓慢走出衰退。

8 月 18 日： 曾担任美林董事长的里根（财政部长），对考夫曼对利率下降的预测表示欢迎，但反驳了分析师的推理——利率将高企，因为经济将继续疲软。里根说，"他的推理是错误的，可是答案是正确的，他并没有看到经济健康发展的迹象。"

8 月 23 日： 7 月份耐用品工厂订单增长 3.2%，为 3 月份以来的首次增长，这可能预示着未来几个月工业生产的改善。

9 月 22 日： 本季度美国经济正在以 1.5% 的速度增长。修订后的报告显示，第二季度经济按季节调整后按年率计算增长 2.1%。

9 月 27 日： 让人感到意外的是，创业企业的数量正接近一个新的纪录高点。去年将资本利得税降至 20% 的上限，而 1978 年的最高税率为 49%，这鼓励了对小公司的更多投资。

10 月 1 日： 为里根总统提供咨询的纽约经济学家艾伦·格林斯潘预计，经通胀调整后的所有商品和服务的实际国民生产总值将以 2.3% 的缓慢速度增

长。第四季度的年率为 3%，与 1983
年上半年大致相同。

公布，商界领袖对美国经济的信心连续
第三个季度得到改善。

10 月 5 日：世界大型企业联合会

政府的初步经济数据显示，经济在 1982 年第二季度已开始复苏。第二
季度的实际 GDP 确实实现了季度环比增长，与 2.2% 的年增长率相当。在
接下来的 12 个月里，经济增长 3.3% 的普遍预期是准确的，因为经济增长
了 3.2%。1982 年熊市的底部是在经济好转和对经济前景高度乐观的背景下
发生的。

与 1921 年、1932 年和 1949 年一样，熊市的底部并不是没有正面消息，
而是越来越多的正面消息被市场忽视。对所有四个熊市的分析表明，汽车
业为投资者提供了一个重要的预测指标。1982 年，汽车业的复苏早在整体
经济和股市触底之前就已经很明显了。1982 年 1 月，新车注册数量较上年
同期下降了 20%，创下月度新低。

而到 1982 年 6 月，新车注册数量只比前一年下降了 4%，这一改进
在投资者中得到了广泛的讨论。在我们的四个时期出现了同样的情况：物
价下跌激发了我们对重要耐用消费品的潜在需求。在 1921 年、1932 年和
1949 年，汽车价格的下降是显而易见的。在 1982 年，汽车价格并没有下
跌。1982 年 9 月 1 日，《华尔街日报》报道说，通用汽车公司将其 1983 年
型号汽车的价格上涨 1.9%。然而，当新汽车的价格继续上涨时，购买一辆
汽车的成本却在迅速下降。因为最优惠贷款利率从 1981 年的 20% 以上降
至 1982 年的 16% 以下。融资利率的下降，再加上温和的价格上涨，意味
着 1982 年购买汽车的成本比 1981 年要低。与 1921 年、1932 年和 1949
年一样，这一事实上的价格下跌再次引发了需求的改善，预示着总体经济
需求的改善和经济的复苏。那些认为股市因经济衰退而跌至低位的投资者，
最好将汽车业视为衰退和熊市即将结束的先行指标。

我们注意到的主要熊市底部的一个特点是，触发新牛市开始的经济复苏通常是由新英格兰复苏的消息来预兆的，1982年7月19日《华尔街日报》报道：

> 美国东北部的新英格兰曾经是一个停滞地区，但在过去的几年里，它已经处于向高科技（如微型计算机、电信等）转变的繁荣边缘。总的来说，新英格兰是这个国家增长的引擎，而这个转变比这个国家的其他地方早了10年。

上面引用的话表明了这一时期新英格兰经济的转变程度。事实是，新英格兰经济复苏的预测指标出现比其他四大熊市见底提前了几周。

价格稳定与熊市

我们在前面的部分中已经看到，价格稳定如何成为最重要的因素，标志着股市熊市的结束。在前三次大熊市中，通缩的结束标志着股价下跌的结束。20世纪80年代的通货膨胀环境非常不同，通货膨胀率在衰退期间从非常高的水平下降。如果我们把通缩作为CPI指数的下降来衡量，那么这一时期的通缩直到1982年11月才显现出来。在1982年第四季度，消费物价指数较第三季下降0.6%。这次的微小通缩与1921年、1932年及1949年的情况形成鲜明对比。1921年和1932年，金本位在通货紧缩中发挥了主要作用；1949年，战后经济调整是一个关键的结构因素。人们可以看到，为什么在这些时期会出现通缩，以及为何通缩的减轻对股价如此有利。然而，1982年的情况非常不同，对美联储货币政策的最后一次正式外部约束早已烟消云散。在这20年中，早已因通货膨胀的增加而变得虚弱不堪的金融市场也开始害怕另一场战争的失败——美联储对抗通货膨胀的战争。1982年最令人惊讶的是，股市的见底再一次与通缩的结束时间重合。1982年CPI从牛市的出现就开始降低，然而直到物价指数的最后一次下

跌，市场都没有任何回升。股市在 1982 年的主要转折点是物价开始稳定，
就像 1921 年、1932 年和 1949 年一样。

　　正如我们在前几部分所讨论的那样，主要大宗商品的价格企稳，然后
是总体价格水平企稳。1921 年、1932 年和 1949 年，股票价格对这些主要
商品价格企稳的初步迹象做出了积极反应，这些迹象表明，总体价格将随
之稳定。有趣的是，尽管通胀背景完全不同，但类似的模式在 1982 年也很
明显。虽然这一期间按 CPI 计算的任何通缩都是有限的，但其幅度要大得
多。如果把商品价格作为通货紧缩指南的话，商品研究署的商品价格指数
从 1980 年 11 月的高点降至 1982 年 10 月的低点，跌幅超过 30%。图 4-9
显示，从 1982 年开始，一般商品价格在 10 月份触底，而该指数的金属现
货部分在 6 月份触底。

图 4-9　商品研究署指数及金属现货指数（1982 年 1 月至 12 月）

资料来源：Datastream.

　　虽然普通大宗商品 10 月份的低点出现在股票价格触底两个月后，但金
属板块的底部出现在股市触底前两个月。这种巧合在 1982 年尤其令人惊

讶，当时人们可能以为投资者会被不断上涨的大宗商品价格吓到。1982年美联储想非常严厉地打击通胀，而大宗商品价格的反弹可能预示着实际利率会更高。既然如此多的力量都压在美联储身上去最终击败通胀，那么大宗商品价格的反弹难道不会警告投资者，美联储将再次不能战胜通胀吗？值得注意的是，尽管大宗商品价格在这种背景下出现反弹，但大宗商品通缩的结束再次标志着股市熊市的结束。

在本书分析的所有四次大熊市底部中，大宗商品价格下跌的结束标志着股市大熊市的结束。

图4-9提供了一般商品价格和金属价格的数据。纳入金属价格系列的原因是，金属价格的总体反弹，特别是铜价的反弹，似乎先于更为普遍的价格企稳。到1982年5月，铜价已经从1981年8月的峰值下跌了16%。从5月份到6月份，铜价又下跌了17%，然后迅速反弹，到8月份股市触底时，铜价已经回到5月份的水平。铜价从6月低点反弹，是大宗商品价格可能已经触底的第一个迹象。商品研究署的现货金属指数在1982年6月触及低点，与一般大宗商品指数不同，在1982年剩余时间仍远高于这一水平。在其他大熊市底部，铜价在1921年8月、1949年6月和1932年7月触底（尽管铜价在1933年年初的银行业危机期间将再次触及新低）。

在任何情况下，铜价的反弹都是在股市反弹之前出现或与其同时出现的。这一规则甚至在1982年仍然适用，当时对一些投资者来说，铜价和大宗商品价格的上涨可能预示着通胀的反弹和货币政策的收紧。因此，如果说大宗商品价格企稳是股市熊市结束的一个好指标，那么铜价企稳或许是大宗商品市场即将全面企稳的最佳指标。

大宗商品价格的强劲反弹推动商品研究署指数在1982年10月之后的10个月内上涨了24%。在此期间，股市的牛市一直在持续。在这些非常不同的通胀／通缩环境中，大宗商品价格的稳定有利于股票价格，这一事实可能表明，大宗商品价格携带着更重要的信息。这可能是因为，在股市被低估、价格仍在下跌时期，稳定大宗商品价格提供了经济即将好转的证据。即使在 1982 年，当美联储可以依赖于任何通胀迹象时，稳定大宗商品价格至少表明，有一些证据表明最终需求有所改善。由于债券市场已经看好美联储赢得通胀战争的前景，或许大宗商品的企稳更为重要。这是经济即将好转的信号，而不是对未来通胀压力的担忧。利率下降和经济好转的迹象结合在一起，可以解释道指自 1982 年 8 月起不到一年上涨 50% 以上。无论这种积极关系的原因是什么，股票投资者都应寻求大宗商品价格（尤其是铜价）企稳，以证实股市熊市已经结束。

然而通过预测物价的未来走势来预测股价是极其困难的。预测任何一个都不容易，从而使这种形式的分析无效。所以在这方面，必须强调低库存状况在商品价格触底过程中的确认作用。在 1921 年、1932 年和 1949 年的《华尔街日报》上，整个系统的低库存水平是对未来持乐观态度的一个关键原因。类似的情况在 1982 年也很明显，第一季度库存减少的速度是自第二次世界大战结束以来记录的最迅速的实际值。对于大宗商品而言，任何价格逆转都可能是短暂的，但在库存水平非常低的情况下除外。即使投资者确实相信大宗商品价格上涨的可持续性，也不要在大宗商品价格下跌时购买股票。历史表明，股票投资者在确定物价上升的可持续性之前，都会确定铜价是否会有所上升。在经济衰退时期，当股票估值降至低水平时，投资者可以根据库存的形式来判断物价的上升。如果有证据表明对汽车的最终需求不断上升，而不仅仅是预测，那么历史证明此时股市很快就会触底。

漫长的股市熊市见底的关键问题之一是体制的变化。如果在此期间体制发生了根本变化，以某一事件作为未来的指南是否有效？特别是，在货币体系本身发生巨大变化的时期，这种比较是否有效？

1921 ~ 1982 年，美国货币体系发生了根本性的变化，最终放弃了任何形式的固定汇率。人们预计，在汇率固定的时期，内部定价的调整将发挥更重要的作用。在这种环境下，鉴于对汇率调整的限制，价格调整在推动经济周期方面发挥着至关重要的作用。类似地,人们预计,随着美国转向自由浮动的汇率,内部价格变动在商业周期中的重要性将有所减弱。无论这对经济的真实情况如何,1982年,尽管货币框架发生了变化,但价格变化仍向股票投资者提供了重要信息。尽管货币政策的外部指标已被移除,自1921年、1932年和1949年以来的经验也可能因为体制的改变被逐渐削弱,但这些措施仍然可以被用来当作一部分的依据。

流动性与熊市

> 不时问问自己,是谁在通货膨胀中受益?债务人——社会失败者受益。另外,因为政府在不提高税率的情况下征收更多的税,所以政府也在受益。而谁没有受益?那就是把钱放在口袋里而不投资的人。
>
> ——约翰·厄普代克,《兔子富了》

我们在整本书中都看到,所谓的"美联储观察"与其说是一门科学,不如说是一门艺术。关注美联储资产负债表的变化,其目的是让美联储观察人士有能力更客观地发现股市的底部。我们发现,美联储观察员不应该仅仅分析资产负债表的变化。1982年发生的事件让我们得到了类似的教训。

1982年夏天,投资者从美联储那里得到了非常明确的信号,即在其资产负债表调整方面应该预期什么。美联储为银行体系的非借款准备金的增长设定了一个方向,它认为这与其对银行体系的增长目标是一致的。如果货币总量增长过快,将迫使银行借入准备金,从而给联邦基金利率带来上行压力。当时,利率的这种上升本应抑制需求,降低货币总量的增长,而非借入准备金增长的变化,为投资者提供了美联储如何应对最新货币供应数据的最佳指标。图4-10显示非借款准备金自1979年采用货币增长目标政策以来的增长情况。

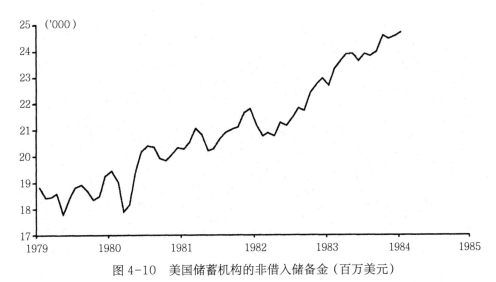

图 4-10　美国储蓄机构的非借入储备金（百万美元）

资料来源：Datastream.

　　从图 4-10 可以看出，1982 年非借款准备金的增长确实在加速，这表明美联储正在推行宽松的货币政策。1980 年，美联储第一次收紧流动性，引发了严重的负面经济反应，正如图表所示，美联储的政策迅速逆转。在1980 年年初货币紧缩的逆转之后，非借入的外汇储备增长有所放缓。经季节性调整的数据显示，从 1980 年 7 月至 1982 年 4 月的 21 个月里，非借款准备金仅增长了 1.8%。1982 年 5 月发生了变化，经季节性调整的非借款准备金按月增长了 2.4%。这标志着非借入外汇储备出现了新的增长轨迹，在接下来的 8 个月中外汇储备增长了 10.6%。虽然从整套数据中可以明显看出增长的变化，但在当时发现这些趋势变化并不总是那么容易，而且直到 8 月份，人们才能从统计的迷雾中看到一个新的趋势。

　　尽管从 5 月份起，非借款准备金增长率上升的迹象越来越明显，但投资者仍需决定，这只是对目标货币总量增长的回应，还是一项新的货币政策的反应。考虑到货币供应数据的波动性，解释非借入准备金相对于货币供应增长的加速增长并不容易。《华尔街日报》1982 年夏季的页面显示，根据一个月的货币供应数据，非借款准备金的增长可以被视为微薄，但从未来几个月的数据来看，则是过高。

到 6 月中旬，M1 年增长率为 6.7%，远远超过美联储 3.5% 的目标。因此，投资者有理由预期美联储将采取行动减缓非借入准备金的增长，以降低 M1 的增长。然而，有一个复杂的问题。最近的一项银行业创新创造了可转让支付账户——付息的活期存款。这一创新鼓励储户在其经常账户中拥有比以往更多的资金。可以预期，这种变化将促进 M1 的更高增长，尽管这并不一定意味着储户准备购买而不是储蓄。因此，市场感到困惑，而 6 月 16 日发布的一份国际清算银行报告显示，美联储在过去三年里超过了货币供应目标。如果说错过目标是正常的，那么根据 M1 数据预测美联储未来的行动就特别困难了。

数据的波动加剧了这一难题。7 月份的第一周，M1 强劲增长发生了变化，《华尔街日报》报告称：这些数据显示，在截至 6 月 30 日的一周内，基本货币供应量（即 M1）骤减 37 亿美元，使每周货币供应量完全建立在美联储的基础上。因此，尽管一些人可能认为这是放松货币政策的信号，但关键信息是，每周货币供应数据可能极不稳定。到了 9 月份，更多的困惑显而易见，M1 增长以年均 16% 的速度加速。如果投资者把这种情况看成是资本紧缩的征兆，那么他将会变得手忙脚乱。

当美联储始终无法达到货币供应增长目标，而转让支付账户的增长扭曲了数据，非借款准备金的加速意味着什么？尽管 6 月份的货币供应量大幅增长，但非借入外汇储备的增长似乎还是被允许。到 7 月份，美联储似乎正在增加流动性，以应对货币供应的"急剧下降"。从《华尔街日报》援引的专家意见中可以明显看出解释上的困难。

如果评论人士对货币数据的关注总体上是错误的，那么对财政状况恶化的担忧也会导致预测错误。《华尔街日报》6 月 14 日报道称，美联储主席沃尔克曾告诉国会，对预算采取行动是"宽松信贷条件的先决条件"。因此，毫不奇怪，政客们无法在这一问题上站稳脚跟，这让许多人相信，更宽松的货币政策不会近在咫尺。据推测，这一财政僵局是国际清算银行在年度股东大会上自信地预测世界利率将在今年下半年上升的原因之一。即使是最精明的经济预测家也认为，低利率的前景是不太可能的。

> 7 月 6 日：纽约一家咨询公司的总裁、里根总统的经济顾问格林斯潘说，"我原以为上半年会就预算达成妥协，但是我错了。"格林斯潘曾预测，到 6 月 30 日，最优惠利率为 11.75%，3 个月期国库券利率为 8.8%，30 年期美国国债收益率为 12.9%。然而在 6 月 30 日 12 点发行结束的 3 个月期票据利率达到了 12.6%，而美国国债收于 13.875%。格林斯潘说，"考虑到目前的预算情况，我对长期前景并不乐观。这将需要国会重新致力于预算限制。"

尽管这位未来的美联储主席同意利率不可能下降，但沃尔克准备提出一个不同的展望。

> 7 月 21 日：美联储主席对参议院银行委员会说，为填补创纪录的联邦预算赤字而必须进行国债借贷，"在这段时间内，降低利率也不是不可逾越的障碍。"沃尔克说，尽管政府对资本市场的压力将阻止利率快速下降，但他希望这段时间利率会有所下降。

当低长期利率和持续的财政僵局这看似不可能的组合真的出现时，评论员们坚定地认为，局面马上就会逆转。随着债券市场反弹，怀疑情绪上升，《华尔街日报》报道称，美联储的大部分宽松政策可能已经一去不复返了。"许多经济学家警告说，抵押贷款利率今年不太可能大幅下降"（8 月 3 日），但大多数经济学家认为下降幅度不会太大（8 月 19 日），然而，多数分析师认为，明年任何形式的复苏，即使是微弱的复苏，都会引起利率上升（9 月 13 日）。如果说有一个理由可以解释对财政僵局的恐惧是错误的，那就是金融危机的加剧将导致对政府债券的需求超过供应的增加。

早在1982年5月，美联储就允许非借款准备金加速增长的证据，并不容易被解读为未来货币政策的一个指标。大多数评论员已经习惯于根据货币供应数据来看待美联储的所有行动。1982年夏天的关键变化是，美联储实际上放弃了这一政策。这一政策变化悄无声息地发生了，但从那些学者对沃尔克主席的言论所做的解释来看，其实在7月底一切都变了。7月21日，《华尔街日报》报道了沃尔克向参议院银行委员会提交的货币政策年中审查报告：

> "此外，我要强调这一点，在经济动荡时期，货币供应量的增加超出了预期范围，这在短时期内是可以被允许的，而在这种环境下产生的预防性动机在经济混沌期会导致比预期更强的货币需求。"

这种用最克制的语言表达承认的是，如果出现一段经济动荡时期，货币供应增长目标将被放弃。在接受质询时，沃尔克承认，德赖斯代尔证券公司和宾夕法尼亚广场银行最近的破产并不构成这种经济动荡。沃尔克知道而公众却不知道的是，墨西哥即将破产，政府债券交易商朗巴德·沃尔陷入了困境。证明新政策合理的"经济动荡"已经很明显了，事实上，美联储已经放弃了货币供应增长目标。政策变化的催化剂是主权信贷进一步违约对美国银行体系的潜在影响。7月份很明显，银行资产负债表的状况比他们准备承认的要糟糕，而墨西哥的情况只会使现状恶化。《华尔街日报》7月30日发表社论说：

> 与每年亏损数十亿美元的储蓄机构不同，大多数银行的收入仍足以弥补巨额贷款损失。奇怪的是，第一季度银行盈利报告中几乎没有出现问题贷款激增的情况。事实上，纽约一家名为科菲·布鲁耶特&伍兹的银行咨询公司编制的24家银行指数显示，不良贷款占资产的比例仍只有5年前的一半。伊利诺伊州大陆银行的不良贷

款增长 54%，至 13 亿美元。而追回的贷款占了 47%——10.5 亿美元。最具有动荡性的祸根可能正在海外形成。约 2/3 的花旗银行发行的贷款和 50% 的汉诺威发行的贷款是海外贷款……然而，一位证券分析师表示，"即使波兰无法偿还，也没有一毛钱会被归类为坏账。"过去，大银行为它们向这些国家提供的贷款辩解说，这些国家不会破产。

到 9 月 15 日，国际银行系统明显陷入了混乱状态，因此《华尔街日报》发表评论：

> 波兰、墨西哥、阿根廷、东德、巴西、尼日利亚、智利、扎伊尔、南斯拉夫、玻利维亚、尼日利亚、委内瑞拉、秘鲁、坦桑尼亚、苏丹、印度尼西亚、罗马尼亚等十几个国家——这份名单是国际银行家的梦魇——前两个国家，波兰和墨西哥，它们的现金已经用完，接近违约状态……其他国家在银行家的投资组合中也是不可预测的。

> 许多银行家和政府官员担心，如果阿根廷和巴西拖欠贷款，"多米诺骨牌效应"将迫使其他国家也这么做，从而将许多大银行推到悬崖边缘，并引发全球范围的金融恐慌，最终可能导致全球经济萧条，就像 20 世纪 30 年代发生的那样。总的来说，发展中国家的债务负担从 1973 年的 1 000 亿美元猛增到去年年底的约 5 400 亿美元。预计今年将达到 6 400 亿美元。其中有 3 270 亿美元是欠西方商业银行的。德国商业银行是西德最大的外国银行之一，该银行董事长萨伊普回忆道，在波兰和墨西哥陷入麻烦之前，一个公认的原则是，一个主权国家的违约是不可想象的。他补充称，20 世纪 70 年代，任何一家不参与国际贷款的大型银行"都不会是大型银行"。

鉴于商业银行资产负债表状况日益危险，联邦公开市场委员会于 7 月
1 日做出了忽视货币供应增长目标和提供更多流动性的重大决定。沃尔克 7
月 21 日的评论是第一个微妙的迹象，表明已经采取了一项新政策。

虽然美联储明确容忍货币供应增长高于其目标，但有一个隐藏的议
程，以防止联邦基金利率的任何不当上升。联邦公开市场委员会会议上关
于"设定利率上限"的讨论，正是在这种背景下，各方就"容忍"更高的货
币供应增长达成了一致。这是一个微妙的转变，因为美联储既瞄准了货币
供应增长，又瞄准了利率。正是这种政策上的改变，使得非借来的准备金
继续加速，货币政策更加宽松，尽管货币供应已经超过了目标。对于那些
能够理解主席长篇大论的人来说，这是一个最好的信号，表明钱已经在路
上了。

如果有人知道货币供应目标已经被放弃，那么从 7 月 19 日开始的 6 个
月里，美联储发出的所有流动性信号都在向股票买家发出"行动"信号，贴
现率降低了 350 个基点。重点是货币供应增长目标的转变，终于在 1982 年
10 月正式确定下来，当时美联储发表声明，表示联邦基金利率也将成为目
标。重要的是，在任何阶段，政府债券市场都没有被宽松货币的前景吓倒。
从 8 月到 12 月，长期政府债券收益率从 14% 左右下降到 10.5%。随着长
期和短期利率的下降，股市开始了反弹。所有这一切都发生在 8 月初宣布
墨西哥经济崩溃的"经济动荡"到来之后。流动性分析师难以根据旧的目标
来解释美联储的政策，因此无法预见 1982 年下半年美联储放松货币政策的
程度。那些从中获利的人，从沃尔克谨慎的言论中了解到，货币目标已经
被放弃，因此，一种宽松得多的货币政策将随之而来。

总的来说，分析美联储的资产负债表，寻找流动性变化的迹象，似乎
是试图找出股市熊市底部的一种危险方式。它在 1921 年和 1932 年被证明
是错误的，1949 年的数据在解释上有极大的困难。这是 1982 年股市熊市
结束时更为准确的指标。然而，在这一次，流动性放松的导火索是 1982 年

7 月越来越多的金融危机证据。

　　1982 年，美联储可以在不受黄金汇率标准或布雷顿森林体系限制的情况下，自由应对这种困境。没有必要在 1982 年 7 月进行复杂的流动性分析，我们可以意识到美联储主席的声明预示着至少在"经济动荡"期间流动性会更加宽松。

　　就在欠发达国家债务危机的规模广为人知之际，股市触底，而有关主权债务违约的消息越糟糕，股票价格和美国政府债券价格的涨幅就越大。如果只从一次熊市事件中吸取教训，那就是，在美联储拯救一个岌岌可危的金融体系时，股票价格将做出积极的反应。在 1982 年，只要投资者愿意，消息有多坏似乎都无所谓了。我们确信美联储会做出积极回应，只要债券市场不受惊吓。

　　美联储在之前的一次大熊市中支持金融体系。1931 年夏天，美联储正在协同努力放松流动性，支持金融体系，但由于英镑贬值给美元带来压力，这一政策被放弃了。1982 年，这种外部约束早已不再是一个因素，美联储的任何回应都更有可能受到当年明显表现出的热情的欢迎，而不是 1931 年出现的资本外流。当然，目前创纪录的外国持有美国国债的水平，是否会成为对货币政策的非正式约束，这无疑是一个颇有争议的话题。

　　在整本书中，我们评估了广义货币变动在寻找熊市底部方面的作用。在 1921 年、1932 年和 1949 年，它没有被证明是一个准确的信号，在 1982 年也是如此。货币增长的反弹虽然落后于 1982 年熊市的底部，但却大大带动了股票市场的改善。从 1981 年 4 月左右开始，广义货币名义和实际增长的反弹变得越来越明显。然而，这一反弹恰逢一个恶性的熊市，道指在接下来的 16 个月里下跌了近 24%。到 1982 年，广义货币的名义和实际增长在 1981 年加速之后达到了一个稳定的水平。在 1982 年或 1983 年的数据中，没有任何数据表明广义货币的增长加速了。从名义和实际两方面来看，增长都会提供非常类似的信号。信贷增长的反弹始于 1980 年最后一个季度——远早于股市触底之前。那些从信贷增长中发现股票买入信号的人，在 1980 年至 1982 年的熊市中会受到严重打击。

我们主要关注的是美联储资产负债表的变化，认为这是流动性放松的一个时期。人们还可以把美联储控制的关键利率——贴现率——看作是其未来立场的某种标志。在所考察的四个时期中，除一个时期外，所有时期的贴现率趋势都证明是成功的。1921 年 5 月，美联储首次下调贴现率，随后 1921 年 8 月股市熊市结束，投资者蒙受 20% 的中间损失。1949 年 3 月份信贷管制的改变，是美联储认为自己可能已经足够严厉地抑制通胀的第一个信号。股票市场在 7 月份触底，在 3 ~ 7 月，投资者损失了大约 10%。

1981 年 10 月，美联储首次下调贴现率。虽然股票市场在 1982 年 8 月才见底，但其后一段时间的资本损失仍不足 10%。以美联储首次降息作为未来的一个指标，较宽松的流动性相当成功，与随后迅速出现的资本收益规模相比，资本损失微乎其微。

主要问题是，遵循这一政策的投资者，在美联储于 1929 年 11 月 1 日首次下调贴现率时，就会一头扎进市场，并将蒙受惨重损失。

我们或许可以抛开 1929 年的例子，简单地说，在美联储引发的衰退中，降低美联储利率是购买廉价股票的好时机，这显然是 1921 年、1949 年和 1982 年美联储政策的结果。

在所有这三次会议上，美联储都在认为战争即将结束时提高了利率，以对抗通胀，并降低了利率。

1929 年的情况不是这样，20 世纪 20 年代通胀一直处于停滞状态，1929 年年末席卷美国的经济低迷几乎肯定不是美联储引发衰退的结果，而是全球金融体系因德国赔款、盟军债务偿还和金本位无法重建而失衡的不可避免的后果。如果 1929 ~ 1932 年的熊市是例外，而不是常规，那么在第一次贴现率下调之后投资股票是一项明智的政策。也许经验法则应该是，投资者等待股市进一步下跌 10%，然后才考虑投资。历史表明，这个法则是利大于害的。

在贴现率首次下调之后，对这种投资股票的政策有必要进一步说明。正如我们所看到的那样，美联储货币目标制度的初步实施，在 1980 年中期导致了政策的戏剧性逆转。1980 年 5 月贴现率下调后，投资者大举买入股票，在贴现率再次下降之前，他们看到贴现率上升，不得不等到 1982 年 8 月，股市才触底。这一次，在 1982 年 8 月市场触底之前，资本损失再次不到 10%，但实际损失几乎是这一数字的两倍，官方利率的波动是货币供应增长目标化的直接后果，贴现率的这种逆转（这是特定货币政策所必需的）可能被证明是一个仅限于此类目标实施时期的事件。考虑到 1929 年 11 月和 1980 年 5 月，投资者应该谨慎行事，但在贴现率下降标志着美联储对通胀的战争开始结束时，他们应该准备购买廉价股票。

牛市和熊市

> 他热爱大自然，尽管他几乎认不出其中的任何东西。这些树是松树，还是云杉，还是冷杉？他喜欢钱，尽管他不知道怎么取得它，也不知道如何利用它。
>
> ——约翰·厄普代克，《兔子富了》

一般来说，多头不可能在熊市见底的时候出现。然而在 1982 年，我们却看到了这一切。《华尔街日报》刊登了许多专家的评论，他们不仅看到了熊市的结束，而且看到了牛市的开始。

6 月 14 日：惠灵顿基金管理公司的丹尼尔·埃亨表示，消费者气氛有所改善的迹象包括上月汽车销售好转，以及 4 月和 5 月的一般零售销售增长，这是几个月来的最好表现。他指出，下个月 10% 的所得税减免和社会保险金针对通货膨胀的调整将提供"可观的"刺激。

6 月 15 日： 卢佛金＆杰瑞特公司的埃里克·米勒说，"我们仍然认为，多数股市已跌至低点，市场也很好地消化了糟糕的经济消息。"

6 月 18 日： 黄金爱好者已经对这种金属感到了厌恶。在提倡黄金投资 20 年后，詹姆斯·戴恩斯给他的咨询服务的订户发了电报，告诉他们出售黄金。一些市场追随者说，随着这些话的出现，黄金迷的时代结束了。

6 月 23 日： 莱德劳·亚当斯和派克公司副总裁艾伦·普尔认为，熊市要么在抛售高潮（伴随着成交量激增的大幅下跌）中结束，要么在价格几乎没有变化的平淡时期结束，而我们似乎正处于这样一个平淡时期。

6 月 28 日： 波士顿的凯斯通基金托管公司高级副总裁詹姆斯·麦考尔说，"我们更看好股市，因为我们认为我们正走在市场底部。"

7 月 2 日： 拥有 16 亿美元资金的德瑞弗斯基金一直在减持公用事业股

票。而这些股票在 1981 年为它带来了可观的收益。所增加的现金储备如今又回到了股票市场。该基金总裁斯坦恩说，"与大多数股票相比，我在这些股票中可以轻易获得 50% 的收益。"

7 月 14 日： 美林、皮尔斯、芬纳和史密斯等知名经纪公司，以及高盛、贝尔斯登和赫顿公司各自都可以提出相当长的值得购买的股票清单。然而，它们还有其他共同点。它们的顶级策略师都认为投资债券会获得更好的收益。

7 月 28 日： 科伦拜恩资本服务公司的约翰·布鲁什说，"自去年以来我们看到利率开始下降，再加上公司利润不会进一步下降，这表明股市已经触底。"他还说，"通胀在未来几年将有所降温。"

7 月 27 日： 基德尔·皮博迪的副总裁拉尔夫·阿坎波拉说，"这是一次正常的回调，因为市场回撤并消化了最近的利率下跌。"他又补充说，"当价格下跌时，成交量往往会枯竭。最近无论何时市场出现回升，消费类股票都会出现大幅上涨。"

7 月 30 日： 高盛公司投资政策委员会主席库伯曼断言，"经典牛市的出现必定伴随着利率进一步下降。"他补充称，"较低的利率是市场的基本动力，也是人们获得信心的必要条件，让人们相信经济正在不断复苏，而市盈率也在不断增加。"

8 月 2 日："我通常对这种一致的看法持怀疑态度，但我不得不同意目前的共识，即除非利率下降，否则股市会保持原位。"洛杉矶的资本守护者信托公司董事长柯比说，"我怀疑在过去 50 年至 60 年里，股票每次都以低于面值的价格出售，因为今年道琼斯工业平均指数下降到了 800 点以下。"

8 月 6 日：史密斯·巴尼 - 哈里斯·厄普姆公司的高级副总裁艾伦·肖说："因为我们害怕金融崩溃，如银行倒闭和公司破产，我们一直抱有'熊市尚未过去'的想法，高利率、高通胀、政治混乱，以及第二季度可怜的收益和中东战争总是让我们眼前浮现出熊的图像。"

8 月 12 日：道琼斯工业平均指数跌至谷底。

8 月 13 日：费城富达银行首席经济学家亨特说，"与货币政策相比，财政政策对信心的影响更大。除非政治进

程能够解决包括社会保障在内的福利计划，否则 1984 年、1985 年及以后的财政赤字将越来越大。"

8 月 13 日：塔尔萨资本顾问公司总裁理查德·明索尔说，"股市最近没有证明有能力在好消息出现时持续反弹，这可能表明，要结束熊市，还需要一个抛售的高潮。"

8 月 18 日：格利肯豪斯资金管理公司首席执行官塞思·格利肯豪斯说，"利率将直线下降，高于通胀率的实际货币成本将不会持续下去，这将刺激这个国家历史上最伟大的繁荣之一。道琼斯指数会持续走高，当然这纯属猜测，但我可以预见，它最终将超过 1 200 点。"

8 月 18 日：高盛昨日要求其客户将持股比例从 35% 提高至 55%，并减持债券和现金储备。这被认为是股价上涨的部分原因。高盛与所罗门兄弟一样，主要与机构打交道。

8 月 18 日：昨日的大量交易与所罗门兄弟信贷分析师亨利·考夫曼出人意料的声明有关，他扭转了长期以来对金融市场的悲观情绪，他告诉该公司的客户，他预计利率将在未来 12 个月内大幅下降。考夫曼说，长期国债的利率

可能从目前的 12.5% 左右降至 9%，他预计短期利率将下降多达 3 个百分点。

8 月 18 日：华盛顿费里斯公司的经纪人古特曼说，"这不会就此结束。应该出现反弹，但 38 点的增长不是反弹。这是 20 世纪 80 年代繁荣的开始。"

8 月 18 日：爱德华兹父子公司的阿尔弗雷德·戈德曼说，"真正见底的一个关键要素就是，当你已经投降（高成交量）时，你的厌恶感会增加而信心却有所缺失……但这次投资者表现得很满意，很有信心，满怀信心地迎接牛市，这本身是不正常的。"

8 月 19 日：大量机构购买推动纽约证交所成交量创下单日纪录，而小投资者则主要处于观望状态。其他经纪商表示，小投资者似乎对熊市和衰退已经结束持怀疑态度。

8 月 23 日：美林的技术分析师认为，上周的价格波动是一个失败的开端。市场分析师理查德麦·凯布表示，在股票上涨之前，机构投资者并没有像其他长期牛市行动之前那样，达到孤注一掷的地步。

8 月 24 日：上周二，当纽约证券交易所看到近 9 300 万股易手时，交易

数为 9.5 万笔，而 1981 年同期为 13 万笔，当时小投资者发挥了更大的作用。

8 月 25 日：蓝筹股昨日大幅下挫，但大盘继续大幅上涨，成交量近 1.22 亿股，创下历史第二高点。"市场回调很浅，而且是暂时的。而大盘仍处于牛市典型的好的一面。"巴哈·希尔兹·斯图尔特的副总裁希尔德加德·拉戈斯基断言。

9 月 2 日：厄普姆公司的雅克·泰里奥·哈里斯说，"尽管最近几周的股市很疯狂，但机构现金储备仍然很大，股票仍然值得买入，股价的下跌可能只是暂时的。"

9 月 3 日：添惠公司副总裁兼高级市场分析师唐纳德·金赛断言，"除非有更明确的迹象表明现金（储备）已经消耗殆尽，否则不太可能出现持续的下跌。在过去，一旦市场心理从看跌转向看涨，市场就没有表现出允许玩家轻松进入市场的倾向。"

9 月 10 日：费城凯西曼·法瑞尔公司的詹姆士·法雷尔宣称，根据传统观点，每次较大的市场回升之后都会出现一次较大幅度的萎缩。不过他认为，等待大规模回调的人很快就会失望，因

为这将是温和的萎缩。他表示，原因在于市场上仍有大量现金等待入市，而养老基金经理将因在当前期末的报告中显示大量现金储备而感到尴尬。此外，他认为，全球范围内有很多紧张的资金在美国股市寻求避风港。

9 月 17 日：迪安·维特·雷诺兹公司的投资政策委员会成员李·艾德曼说，"如果过去几周的股市行动像我们所认为的那样，这将是新一轮的牛市周期的开始，甚至 8 月份的焰火也只是即将到来盛宴的一小部分。"他补充说，最初阶段的收益通常为 30%，更有可能是 50%。

9 月 21 日：美国运通执行副总裁彼得·达普佐说，"市场正在消化近期的一些涨幅。随着市场回落，成交量趋于枯竭，这一事实是积极的。而个人投资者正在蚕食一些次级债券。"

9 月 23 日：芝加哥卢米斯塞勒斯公司副总裁迈克尔·穆雷说，"变化给市场带来了高度动荡，最近几周形成的总体势头表明，市场还有很长的路要走。"他补充说，这一过程中的关键事实是遏制通胀，这最终会给股票投资者带来回报。

9 月 23 日：赫顿公司的牛顿·津德尔注意到，截至 9 月 15 日的当月卖空额度跃升 25%，他指出，"月度卖空额度的增长往往发生在主要牛市阶段的早期阶段。"他列举了 1975 年 2 月、1970 年 6 月和 1962 年 6 月卖空额度大幅上升的例子。

9 月 29 日：高盛公司投资政策委员会主席库伯曼说，我们认为我们正处于牛市的早期阶段，牛市的大部分"仍在前方"。他说，战后的牛市平均持续了 30 个月，从低谷到峰值的平均涨幅为 66%。

　　1982 年，市场底部出现了大量多头，有些人非常正确地预测了即将到来的逆转，认为这是 20 世纪 80 年代大牛市的开始。1982 年熊市触底的另一个标志是，高成交量的股票价格没有出现最终暴跌。

　　在 1921 年、1932 年和 1949 年熊市见底时，大量股票开始最后一次下跌，而 1982 年的情况却不同，并没有出现大量股票暴跌现象。因此，相信股市见底时一定有此规律性的投资者在 1982 年彻底失望了。事实上，爱德

华兹父子公司的评论员阿尔弗雷德·戈德曼说，如果在市场最后一次下跌中没有出现如此大的抛售，说明熊市还没有结束。⊖

如图 4-11 所示，反弹开始 10 天后，美林公司的理查德·麦凯布怀疑在没有抛售事件的情况下，市场才出现持续性的上涨。这并不是说，抛售事件是一种偶然事件，但它没有发生在我们四大底部中的任何一个，即股票最便宜的时候。从 1968 年到 1982 年，交易市场出现了无数的转折点，也许在这种交易环境下，最终的高成交量抛售也是一个特征。

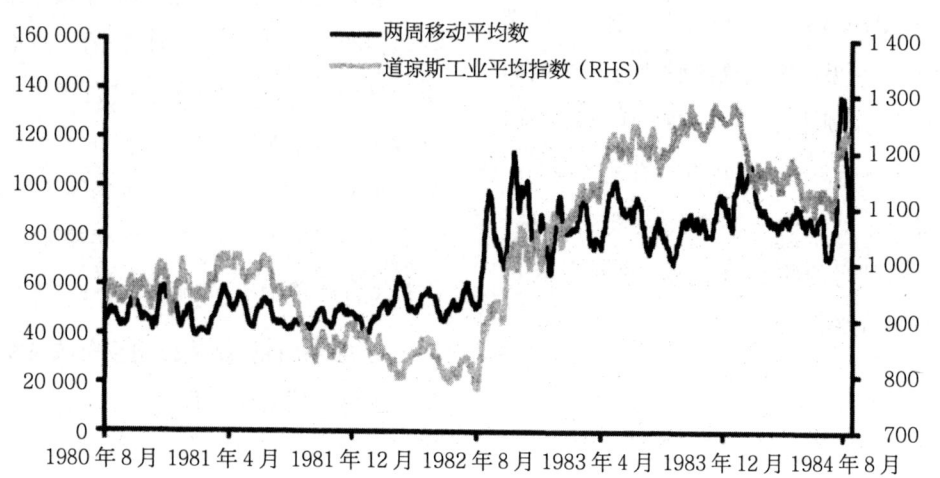

图 4-11　没有抛售现象：道琼斯工业平均指数和纽约证券交易所的交易量（两周移动平均数）

资料来源：Dow Jones & Co., NYSE.

如果你不得不描述熊市见底的特征的话，那么它就像 1982 年一样，市场横向交易或向下漂移，然后在低成交量时下跌。在横盘波动的时期，市场对好消息和坏消息的反应比人们可能预期的要温和得多。它可能会在有限的公司股票数目上恢复，或者像 1982 年那样，大批的公司股票上升，但

⊖ *Wall Street Journal*, 18 August 1982.

在新的、更高的水平上，越来越多的公司加入进来，说明熊市已经结束。

1921 年、1932 年和 1949 年一些共同的特点没有再出现在 1982 年。一个关键的不同之处在于，在 1982 年触底之前，市场交易量多年来一直在回升。在股票市场的其他转折点，则没有见过这样的情况。从换手率来看，人们似乎无法从市场底部学到多少东西。1982 年的年换手率为 42%，而 1949 年为 13%，1932 年为 32%，1921 年为 59%。1982 年的另一个关键区别是，最初的股票价格反弹是在成交量非常大的情况下发生的，而在其他情况下，反弹是在交易量较低的情况下发生的。

不过事实证明，许多技术指标在预测 1968 ～ 1982 年熊市结束时是有用的。与所有大熊市的底部相同的是，市场倾向于在低成交量时下跌，在高成交量时上升。这是正确的，表明清算的压力正在减弱。

1982 年夏天，一个明确的共识是，除非利率下降，否则股票价格不会上涨。

大多数人认为，持续的财政恶化将防止利率下降。事实再一次证明，财政困境确实会给经济带来负面影响，但这种对经济负面影响的过多关注是不必要的。尽管财政赤字不断增加，但利率在 1982 年迅速下降，并在整个 20 世纪 80 年代持续下降。利率下降的导火索不是直接来自国内经济，而是来自海外。全球金融体系出现金融困境的迹象，却是短期利率下调的催化剂。

这类利率的下降幅度令人吃惊，但真正令人惊讶的是长期利率的暴跌。在这种环境下，股票价格大幅上涨并不令人意外，但谁又能预见到长期利率的暴跌，从而有理由提高估值呢？ 1982 年，亨利·考夫曼给出了这个问题的答案。当华尔街开始大涨的那一天，考夫曼改变了其对长期利率的预测。

随后成交量的大幅上涨，在很大程度上要归功于他的评论。考夫曼被称为"末日博士"，因为他对信贷供求的计算方式，他是一位著名的利率预测者。在他的自传中，他描述了为什么在 8 月 17 日从欧洲度假归来时，他不再认为熊市还会继续，而是发表了一份看涨的预测：

> 在所罗门公司处理完一些紧急事务后，我召集了我的同事，对
> 当前利率状况的数据进行了评估。在这样做之后，我得出结论，未
> 来利率将大幅下降。是什么发生改变了？首先，经济陷入停滞，这
> 可能会缓和通货膨胀。其次，金融封锁和激烈的国际竞争限制了经
> 济发展，企业面临着重修资产负债表的巨大压力。与此同时，金融
> 机构不再享有有利于大举放贷和投资的条件。而另一个限制国内和
> 国际贷款的因素是巨大的国际债务负担。⊖

利率预测是基于悲观的经济状况，考夫曼观点的改变刺激了道指有史
以来最大的单日上涨。事实证明，他的预测是正确的，而令人惊讶的是，
尽管财政持续萎靡，但长期利率仍有可能出现大幅度的下降。1982 年 6 月，
参议院预算决议要求 1983 年财政赤字为 1 039 亿美元（1983 年报告的实
际赤字为 2 080 亿美元）。1982 年的财政赤字占 GDP 的 3.9%，这是第二
次世界大战结束以来的最高水平。情况继续恶化，赤字在 1985 年达到占
GDP 5.9% 的峰值，超过了 20 世纪 30 年代罗斯福和平时期的峰值。1982
年利率下降，经济在这种背景下复苏，这是 1982 年夏天投资者最大的意
外。即使是最聪明的评论员也很难预见到这样的结果：

> 纽约一家预测公司的总裁、里根总统的亲密顾问格林斯潘认
> 为，美国将在几周内看到复苏的迹象。他说，在金融市场确信国会
> 致力于降低联邦赤字之前，利率将保持在高位。⊖

1932 年夏，市场也曾出现过类似的对财政恶化的担忧。随之而来的财
政状况严重恶化，并没有阻止美国历史上最强劲的经济增长。这两个时期

⊖ Henry Kaufman, *On Money and Markets: A Wall Street Memoir*.
⊖ *Wall Street Journal*, 1 July 1982.

都有明确的证据表明，财政状况的持续恶化不一定会阻止债券和股票的反弹，也不一定会阻止经济复苏。

汉密尔顿、瑞亚和舍费尔提出的道氏理论，为那些在 1921 年、1932 年和 1949 年寻求股市触底的人提供了极好的时机信号。不幸的是，道指理论并不完全是机械的，不同的道指理论家往往对市场走向得出不同的答案。到 1982 年，道氏理论家不在少数，但他们未必都在说同样的话。不过至少在道氏理论的一些解释中，1982 年 10 月出现了股票的"买入"信号。到目前为止，道指上涨了近 30%，仅占 1982 ～ 2000 年牛市期间总回报的一小部分。尽管 1982 年的证据不那么清晰，但道指理论似乎再次帮助投资者确定了熊市这一巨大底部的谷底。

在以往的股市底部，任何反弹的可持续性的一个关键迹象是，最初的空头拒绝做空。1982 年，空头不仅没有在 8 月爆发的大盘反弹中降低仓位，而且实际上增持了头寸。5 月 14 日，卖空的股票达到 1.036 亿股的峰值，到 8 月中旬下降到只有 9 640 万股。然而，当市场在 8 月份反弹时，卖空行为急剧增加，空头头寸在 9 月 15 日创下 1.205 亿的新纪录。卖空者拒绝屈服于最初的反弹，证明股市反弹期间价格波动可能持续更长时间。

1982 年夏季《华尔街日报》指出，股票投资者关注的是利率前景。与其他熊市底部相比，1982 年对企业盈利前景的评论较少。这可能是受到美联储新的操作目标的推动。在 1982 年，这一目标似乎肯定会使利率保持在很高的水平，并阻止任何盈利复苏。在这种环境下，除非利率下降，企业盈利似乎很有可能无法恢复。这种把重点放在利率而不是收益上的做法是合理的。股票市场在 1982 年 8 月触底，当时债券市场真正的反弹开始，短期和长期利率下降。

那些等待公司盈利改善的证据的投资者会一直等到 1983 年第二季度。在四大市场底部中的每一次，盈利的最低点都是在股市触底之后的几个月出现的。收益滞后的范围是 4 ～ 7 个月，平均滞后近 6 个月。

债券和熊市

宾州公园里的一座小石头房子，曾经是园丁的小屋，如今却价值 7.8 万美元。贾尼斯想把价格压到 2.5 万美元，但哈里向她指出，最低额 1 万美元的 6 个月期金融市场定期存款可以拿到 12% 的利息。在通货膨胀时期，负债是一件好事，因为按揭利息是可以扣税的。

——约翰·厄普代克，《兔子富了》

美国政府债券收益率（长期），穆迪 Baa 债券收益率如图 4-12 所示。

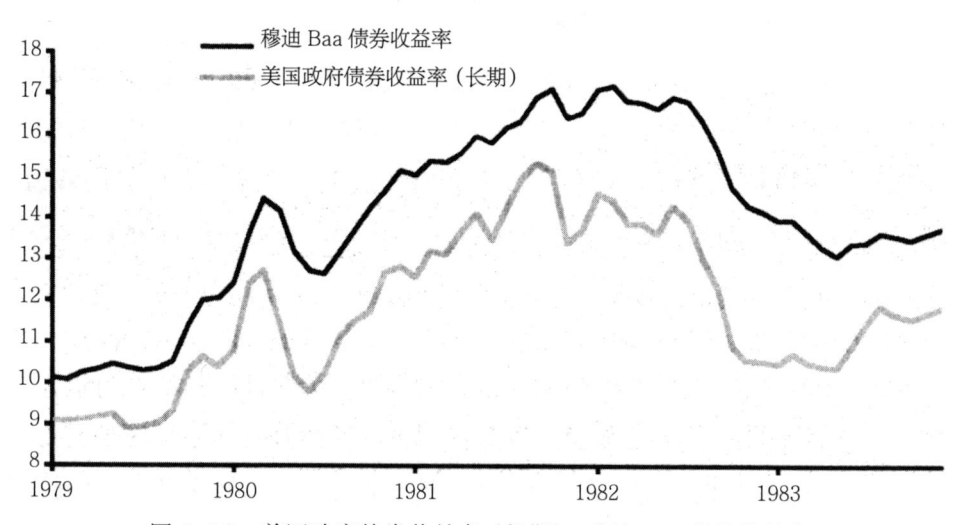

图 4-12 美国政府债券收益率（长期），穆迪 Baa 债券收益率
资料来源：Federal Reserve.

债券熊市在其第五个 10 年，在 1981 年 10 月结束了。长期美国国债收益率从 1946 年 4 月的 2.03% 升至 15%，1981 年 10 月第一周为 1%。通货膨胀使得政府债券一直表现平平。年增长率在 1980 年 3 月达到高峰，当时为 14.6%，到 9 月份下降到 11%。债券市场也对商品价格的下跌无动于衷。在 1980 年 11 月商品研究署期货指数达到顶峰，到 1981 年 9 月下降了 20%。有充分的证据表明通货膨胀正在得到控制，但是令债券市场不安的关键因素是短期利率水平非常高，以及以供应方为导向的白宫和民主党控制的国会的财政影响。

自 1979 年 10 月以来，美联储一直以货币供应量增长为目标，允许短期利率调整至达到货币目标所需的任何水平。没有人知道短期利率水平的动向。由于这项政策，联邦基金利率在 1981 年初夏达到了 20%。到 9 月份，利率接近 15%，但在货币目标制度下，利率的波动性使人们很难预测，这将是利率持续下降的开始。1981 年第四季度投资者的观念开始发生转变。从 1981 年 10 月初到 1982 年 7 月底，美国长期政府债券的收益率下降了约 200 个基点，降至 13.1%。

长期利率下降的一个主要驱动因素是通货膨胀率的持续快速下降。在此期间，年通货膨胀率几乎下降了 4%，到 1982 年 7 月，通货膨胀率比 1980 年 3 月的峰值下降了一半以上。通货膨胀率的持续下降，以及美联储在这一时刻坚持到底的明显决心，终于开始鼓励债券投资者。虽然政府债券的名义收益率下降，但实际利率却稳步上升。以 1981 年 9 月及 1982 年 7 月的消费物价通胀水平计算，政府债券的实质收益率，由 1981 年 9 月的 4.4% 上升至 1982 年 7 月的 7.4%。债券大牛市的第一阶段已经开始，但不断飙升的实际利率表明，债券投资者仍然对长期持怀疑态度。1982 年夏季《华尔街日报》的几页文章洞察了人们对利率居高不下的担忧，也洞察了 1982 年 8 月 17 日发生的事件，当时市场情绪发生了变化。

《华尔街日报》提到导致实际利率居高不下的事件包括，当前企业破产申请的泛滥、美国财政部巨大的借款需求以及德赖斯代尔证券公司最近的违约。太平洋投资管理公司的养老基金经理威廉·格罗斯 6 月 15 日对《华尔街日报》说，这种态度总结了人们的看法：金融体系一直在承受巨大的压力，这可能会导致事故。此时安全是最重要的。事实上，正是这种恐惧的加剧导致投资者在 8 月 17 日蜂拥购买债券。亨利·考夫曼对债券的乐观预测产生了积极影响，虽然这是基于经济前景进一步恶化的预期。由于金融体系的稳定性已经受到质疑，在这种情况下对安全的渴望"推高了政府债券价格"。事实上，不仅是美国投资者突然对政府债券产生了兴趣，世界各地的投资者也将更多资金投入黄金和美国债券市场，原因是人们对墨西哥的困境越来越紧张，以及有关阿根廷可能出现问题的传言（《华尔街日报》，9月3日）。当美国金融稳定的风险迹象开始时，政府债券市场的情绪发生了积极转变。

只有当金融危机的明显迹象出现时，债券市场才开始接受短期利率不太可能再次飙升，政府债券市场真正的反弹开始了。在这种环境下，越来越大的财政赤字的前景和现实并没有阻止短期和长期利率的大幅下降。虽然从技术上讲，政府债券市场在 1981 年 9 月触底，但直到 1982 年 7 月，美联储才开始关注资金。供应增长目标结束，即政府债券价格开始大涨。这种巧合很讽刺。联邦公开市场委员会经常担心，如果债券市场被认为违背了货币增长目标，就会对债券市场产生负面影响。但债券投资者忽视了美联储的这一转变，而是被越来越多的可能金融崩溃的证据所驱使，转向安全的政府债券。这一担忧因素淹没了人们对美联储抗通胀承诺的担忧，以及对财政挥霍的担忧。

与 1921 年和 1932 年一样，1982 年公司债券市场落后于政府债券市场的改善，但领先于股票价格的改善。1949 年，政府债券在公司债券市场之前上涨，但这是由美联储限制政府债券收益率的政策造成的。这两个市场在 1949 年股市之前都有所恢复。1982 年，长期美国国债市场在 1981 年 10 月的第一周触底，而穆迪企业债券指数的收益率直到 1982 年 2 月中旬才见顶。

从 1982 年 2 月中旬 17.3% 的峰值收益率开始，穆迪的 Baa 公司债券指数几乎没有改善，到 7 月中旬，收益率下降到只有 16.8%。自 1982 年 2 月以来，Baa 公司债券的收益率溢价继续上升，并在 1982 年 7 月出现公司债券和政府债券的主要拉动市场之后继续上升。Baa 收益率高于政府债券的峰值直到 1982 年 11 月才达到。尽管企业债券市场出现反弹，但 Baa 收益率溢价的上升并不令人意外，因为投资者涌入政府债券的部分原因是金融危机的前景。因此，1982 年，与其他大熊市见底相同，最开始是政府债券价格反弹，随后是 Baa 级公司债券反弹，最后是股市的回升。总之，只有在等到 Baa 级公司债券收益率溢价见顶之后，投资者才开始购买股票。

越来越多的证据表明，特定的商品价格稳定是股票价格改善的一个主要指标。公司债券也是如此。即使整个货币框架发生了变化，美联储也在抗击通胀而不是通缩，但这种基本关系似乎在 1982 年依然存在。公司债券价格在 2 月至 7 月期间略有改善，是在商品价格下跌的背景下发生的。然而，Baa 公司债券溢价在 1982 年 11 月见顶，此后随着商品价格的改善而显著下降。这一改进可能是巧合，但这一系列事件再次折射了 1921 年和 1932 年的情况。

可以说，1921 年、1932 年和 1949 年熊市触底的指标在 1982 年再次奏效。这尤其会鼓励投资者们去探索一些规律——1982 年的新货币制度暗示，这一次熊市的底部将是非常不同的。本书的目的是确保投资者能关注正确的指标。然而，投资者仍然必须确定这些指标的积极变化是否是可持续的。因此，我们应该用一些问题来结束我们对熊市底部的研究，这些问题涉及美国股市在 2005 年以及以后的走向。

结　　语

快点离开，后面有熊。

　　　　——威廉·莎士比亚，《冬天的故事》

令人惊讶的是，那些曾在 1921 年、1932 年和 1949 年帮助确定熊市结束的指标在 1982 年再次奏效了。长期以来，体制框架已经发生了巨大变化，而这四次熊市见底却具有某些惊人的相似性，这不禁令人啧啧称奇。我们可以把这些指标称为"爱因斯坦的问题"，而投资者更应该集中研究这些问题。我们现在所缺少的只是一个比其他答案更好的答案。以下是试图回答这些问题的尝试，这有助于帮你规划未来 20 年的美国股市。

战略

本书关注的是股票熊市以及随后产生最佳回报的四个时期，因此说"股票在市场底部是最便宜的"是不言自明的。对投资者可用的价值指标之一是 q 值。在所有四次熊市底部，它都跌破了 0.3 倍。经周期调整的市盈率提供了另一个实用的价值指标，但它的底部区间相当宽——从 1932 年的 4.7 倍到 1949 年的 11.7 倍。即使用通胀调整后的收益计算市盈率，其仍在 5.2 倍到 9.1 倍之间。

当然股票是慢慢变便宜的。平均而言，股市从峰值 q 值下降到低点需要 9 年时间。如果剔除 1929 ~ 1932 年的熊市，估值调整的平均周期为 14 年。美国股市在 2000 年 3 月达到了有史以来的最高估值，而在所有极端的高估值之后，都会缓慢地走向低估。

除了 1929 ~ 1932 年之外，熊市都是在经济扩张的背景下发生的。平均而言，在三次长期熊市中，实际 GDP 增长了 52%，名义国内生产总值平均增长 285%。

在熊市期间，按实际价值计算的公司收益增长是温和的，但也有很大的波动。通货膨胀调整后的收益增长范围从 −67% 到 +28% 不等。在四个熊市中，名义收益的增长范围是 −67% 到 +119%。

对总体价格水平的实质性干扰，将推动股市跌至廉价水平。在 1921 年、1949 年和 1982 年这三次熊市，高通货膨胀之后通货紧缩的出现就是这个重要干扰，尽管在 1982 年只有物价受到通货紧缩的影响。虽然 1932

年没有出现最初的通货膨胀，但仍然出现了严重通货紧缩形式的对一般物价水平的实质性干扰。在这种价格波动时期，未来公司的盈利水平和其他关键低风险资产（政府债券）的价格都具有很大的不确定性，这反过来导致股票估值下降。

我们已经看到，我们的四个熊市底部都发生在经济衰退期间。经过一段时间的通缩后，物价恢复稳定预示着股市熊市已经触底。特别是，稳定的大宗商品价格预示着未来价格将更加普遍地稳定，并预示着股票价格的反弹。在所有大宗商品中，铜价走势的变化是股价上涨的一个特别准确的信号。如果要评估价格稳定是否是可持续的，投资者应该确定低库存水平的存在，以及生产商是否一直在以低于成本的价格销售产品。

我们看到，政府债券的抛售有时伴随着股市熊市一起发生。1929～1932年的情况略有不同，在1929年9月至1931年6月债券价格上涨，直到1932年1月，抛售才开始。但是，即使在与高水平通货紧缩有关的两个熊市：1921年和1932年，政府债券也出现了一些抛售现象。

战术

投资者在试图评估股市是否从高估值转向低估值时，应注意关键的战略因素。但是即使当战略因素表明这一转向即将到来时，也有许多战术上的问题需要考虑。正如我们所看到的，政府债券价格的复苏先于股市的复苏。1932年，股票价格在政府债券市场触底7个月后触底。在1921年、1949年和1982年，滞后时间分别为14个月、9个月和11个月。债券市场触底后，道指的价格下跌，1921年为23%，1932年为46%，1949年为14%，1982年为6%。

公司债券牛市将在股市熊市结束之前诞生。1921年，公司债券价格回升，提前股市上涨2个月。1932年提前1个月，1982年提前5个月。

1949 年的提前时间更长——15 个月或 17 个月——取决于人们如何定义它，也可能是由于对战后时期债券市场的曲解所致。

在我们的三次长期熊市中，美联储降息先于股价触底。股票价格触底前的滞后时间是 1921 年和 1949 年的 3 个月，以及 1982 年的 11 个月。在所有这三种情况下，道指在滞后期间的下降都不到 20%。但 1929 ～ 1932 年的情况明显不同。美联储在 1929 年 11 月降息，当时熊市还处于萌芽阶段。

进一步的战术性结论可以总结如下：

- 经济和股票市场的复苏大致同步。汽车行业的复苏先于股市的复苏。
- 熊市底部的特点是，越来越多的利好消息发生却被市场忽视。尽管在谷底出现了很多牛市迹象，但继续被忽视。
- 许多评论家称，不断恶化的财政状况将阻止经济复苏或股市牛市。但他们的言论会被证明是错误的。
- 在市场触底之后，企业盈利将继续下滑。
- 在股市触底之前，市场会在低成交量时下跌，而在高成交量时上升。熊市结束时低交易量导致价格最终暴跌。熊市已经结束的确认是在股价首次反弹后，交易量开始大幅增加。
- 大量的个人投资者在市场底部做空股票。在股市触底时，空头头寸将达到高位，并将在新牛市的头几周有所增加。
- 道指理论的作用是发出买入股票的信号。

这些都是熊市和它的谷底的识别特征。不过就像只观看一件动物毛皮不能确定其一定为熊一样，掌握上述这些特征仍不能完全确认金融熊市。我们要做的就是提出"爱因斯坦的问题"。在试图找出熊市的底部时，你必须找到大多数问题的答案，如果不是所有答案的话。

逝去的岁月

据我所知，到目前为止，我们还不能单单凭借一本野外指南来找到一种野生动物，并要求它自己确认身份。然而，对于这份旨在尽可能切合实际的特定领域的指南而言，如果我们不积极地识别，就会多少让人遗憾。

所以我们开始利用上述清单中的战略特征，来预言 2000 年开始的美国熊市还处于初期阶段。

1999 年年底，美国股市的 q 值达到了历史最高水平。周期性调整后的市盈率也创下了类似的历史新高。q 值为 2.9 倍，经周期调整的市盈率比 1881 年至 2005 年 6 月的平均值高出 170%。然后估值出现了大幅急剧下跌，这同时也创下了历史纪录。正如我们从历史上看到的那样，除了 1929 年至 1932 年以外，股市一直有一个缓慢的回归到低估值的过程。人们应该预计，调整时间长度将会是 9 年至 14 年。而我们目前的市场在五年前就达到了顶峰。

与 2005 年 6 月的水平相比，经周期调整的市盈率下降 40% 才能达到长期平均水平。假设股价跌至熊市触底时的低位，人们会预期跌幅在 60% 至 84% 之间。跌幅将取决于这段时间的盈利表现。

2005 年 6 月底，q 值比公允价值高 44%。如果要接近 20 世纪四大熊市底部的水平，它将不得不从那时起下跌 67%。同样，股价下跌程度将取决于这一期间资产重置价值的增长。

目前还没有对总体价格水平的扰动。但正常的情况是，估值下降要持续很多年，才会出现全面的价格波动，促使最终的价格调整。如果像米尔顿·弗里德曼所断言的，通货膨胀"在任何地方和任何时候都是一种货币现象"，在当前的体制框架下，下一次普遍的价格波动很可能是通货膨胀。

到目前为止，政府债券价格的下跌幅度一直很小。公司债券价格的下跌也是如此。历史表明，对这些价格进行更大的调整是必要的。

美联储并没有降低利率——恰恰相反，其升高了利率。

经济并没有开始衰退。

所以，如果这次熊市和其他熊市一样，应该还有很多类似的事情要发生。股市将不得不跌至公允价值以下，其可能的催化剂将是一轮通缩，或者更有可能的是通胀。债券市场将出现熊市，经济将陷入衰退。在熊市之前，道指有可能下跌至少 60%——也许超过 80%（假设当前的收益水平和资产重置成本不变）。

这一熊市很可能在 2009 年之后的某个时候结束，也可能接近 2014 年才结束。大约在那时的某个时候，你也许可以重读这本书，看看它是否能帮助你认识到熊市的底部。在此期间，如果你必须去树林里走动，请一定保持警惕，避免碰到熊。

参考文献

Bruce Barton, *The Man Nobody Knows* (Bobbs-Merrill, 1962)

Nathan Balke and Robert Gordon, *The Estimation of Pre-War GNP: Methodology and New Evidence* (NBER Working Papers 2674)

Paul F. Boller, Jr., *Presidential Campaigns* (Oxford University Press, 1984)

Linda Holman Bentley and Jennifer J. Kiesl, *Investment Statistics Locator* (Oryx Press, 1995)

Peter L. Bernstein, *Capital Ideas: The Improbable Origins of Modern Wall Street* (The Free Press, 1992)

Warren Buffett, "How Inflation Swindles the Equity Investor" (*Fortune*, May 1977)

Harold Borger, *Outlay and Income in the United States 1921-1938* (National Bureau of Economic Research, 1942)

John Brooks, *Once in Golconda: A True Drama of Wall Street 1920-1938* (Harper & Row, 1969)

John Brooks, *The Go-Go Years: The Drama and Crashing Finale of Wall Street's Bullish 60s* (John Wiley & Sons, 1999)

Hugh Bullock, *The Story of Investment Companies* (Columbia University Press, 1959)

H. Burton and D. C. Corner, *Investment and Unit Trusts in Britain and America* (Elek Books, 1968)

Ron Chernow, *The House of Morgan: An American Banking Dynasty and the Rise of Modern Finance* (Touchstone, 1991)

CF Childs, *Concerning US Government Securities: A Condensed Review of the Nation's Currency, Public Debt, and the Market for Representative United States Government Loans, 1635-1945, Also a Chronology of Government Bond Dealers* (R.R. Donnelley & Sons, 1947)

Harold van B. Cleveland and Thomas F. Huertas, *Citibank 1812-1970* (Harvard University Press, 1985)

David Colbert, *Eyewitness to Wall Street: 400 Years of Dreamers, Schemers, Busts and Booms* (Broadway Books, 2001)

Elroy Dimson, Paul Marsh, Mike Staunton, *Triumph of the Optimists: 101 Years of Global Investment Returns* (Princeton University Press, 2002)

Michael J. Clowes, *The Money Flood: How Pension Funds Revolutionized Investing* (John Wiley & Sons, 2000)

Charles D. Ellis with James R. Vertin (editors), Classics - An Investor's Anthology (Business One Irwin, 1989)

Charles D. Ellis with James R. Vertin (editors), Classics II - Another Investor's Anthology (Business One Irwin, 1991)

Barry Eichengreen, Golden Fetters: The Gold Standard and the Great Depression 1919-1939 (Oxford University Press 1992)

Marc Faber, The Great Money Illusion (Longman, 1988)

Marc Faber, Tomorrow's Gold (CLSA Books, 2002)

John Kenneth Galbraith, The Great Crash 1929 (A Mariner Book, Houghton Mifflin, 1997)

James T. Farrell, Judgement Day (Penguin Books, 2001)

F. Scott Fitzgerald, The Great Gatsby (Penguin Classics, 2000)

Milton Friedman and Anna Jacobson Schwartz, A Monetary History of the United States, 1867-1960 (Princeton University Press, 1993)

Martin S. Fridson, It Was a Very Good Year: Extraordinary Moments in Stock Market History (John Wiley & Sons, 1998)

Charles R. Geisst, Wall Street: A History: From Its Beginnings to the Fall of Enron (Oxford University Press, 2004)

Benjamin Graham, The Intelligent Investor (Harper & Row 4th Revised Ed., 1973)

James Grant, Bernard M. Baruch, The Adventures of a Wall Street Legend (John Wiley & Sons, 1997)

James Grant, Money of the Mind: Borrowing and lending in America from the Civil War to Michael Milken (Noonday Press, 1994)

William C Greenough, A New Approach to Retirement Income (CFA, New York, 1951)

William Greider, Secrets of the Temple, How the Federal Reserve Runs the Country (Touchstone, 1987)

Alex Groner and the Editors of American Heritage and Business Week, The American Heritage History of American Business and Industry (American Heritage Publishing, 1972)

William Peter Hamilton, The Stock Market Barometer: A Study of Its Forecast Value Based on Charles H. Dow's Theory of the Price Movement. (With an Analysis of the Market and Its History Since 1897) (Fraser, 1993)

W. Braddock Hickman, Statistical Measures of Corporate Bond Financing Since 1900 (Princeton University Press, 1960)

W.Braddock Hickman, The Volume of Corporate Bond Financing since 1900 (Princeton University Press, 1953)

Sidney Homer and Richard Sylla, A History of Interest Rates (Rutgers University Press, 1996)

Matthew Josephson, The Robber Barons (Harvest, Harcourt Inc., 1995)

Henry Kaufman, *On Money and Markets: A Wall Street Memoir* (McGraw-Hill 2000)

Brian Kettell, *Fed-Watching* (Financial Times/Prentice Hall, 1999)

Maury Klein, *Rainbow's End: The Crash of 1929* (Oxford University Press, 2001)

William Leach, *Land of Desire: Merchants, Power, and the Rise of a New American Culture* (Vintage Books, 1993)

Martin Mayer, *The Bankers: The Next Generation* (Truman Talley Books/Dutton, 1997)

Martin Mayer, *The Fed: The Inside Story of How the World's Most Powerful Financial Institution Drives the Markets* (Free Press, 2001)

G.H. Moore, *Business Cycle Indicators* (National Bureau of Economic Research, 1961)

Ted Morgan, *FDR* (Grafton Books 1987)

Alasdair Nairn, *Engines That Move Markets: Technology Investing from Railroads to the Internet and Beyond* (John Wiley & Sons, 2002)

Wilbur Plummer, *Social and Economic Consequences of Buying on the Installment Plan 1927* (American Academy of Political Science, 1927)

Donald T. Regan, *For The Record: From Wall Street to Washington* (Hutchison, 1988)

Jeremy J. Siegel, *Stocks For The Long Run: The Definitive Guide to Financial Market Returns and Long-Term Investment Strategies* (McGraw-Hill, 3rd Ed., 2002)

Mark Singer, *Funny Money* (Alfred A. Knopf, 1985)

Robert Shaplen, *Kreuger, Genius and Swindler* (Alfred A Knopf, 1960)

Robert J. Shiller, *Irrational Exuberance* (Princeton University Press, 2000)

Robert J. Shiller, *Market Volatility* (MIT Press, 2001)

Robert J. Shiller and Stanley B. Resor, www.econ.yale.edu/~shiller/data.htm

Andrew Smithers and Stephen Wright, *Valuing Wall Street: Protecting Wealth in Turbulent Markets* (McGraw-Hill, 2000)

Robert Sobel, *Panic on Wall Street: A History of America's Financial Disaster's* (Macmillan, 1968)

Robert Sobel, *The Great Bull Market - Wall Street in the 1920s* (W. W. Norton, 1968)

Adam Smith, *The Money Game* (Random House, 1967)

Richard Smitten, *Jesse Livermore: World's Greatest Stock Trader* (John Wiley & Sons, 2001)

John Steele-Gordon, *The Great Game: A History of Wall Street* (Orion Business Books, 1999)

Gordon Thomas and Max Morgan-Witts, *The Day The Bubble Burst: A Social History of the Wall Street Crash* (Doubleday, 1979)

John Updike, *Rabbit is Rich* (Penguin Books, 1991)

Dana L. Thomas, *The Plungers and the Peacocks* (G.P. Putnam, 1967)

Gore Vidal, *In a Yellow Wood* (William Heinemann, 1979)

Paul Volker and Toyoo Gyhten, *Changing Fortunes: The World's Money and the Threat to American Leadership* (Time Books, 1992)

James P. Warburg, *The Long Road Home: The Autobiography Of A Maverick* (Doubleday, 1964)

Lloyd Wendt, *The Wall Street Journal: The Story of the Dow Jones & the nation's business newspaper* (Rand McNally, 1982)

Barrie A. Wigmore, *Crash and Its Aftermath: A History of Securities Markets in the United States, 1929-1933* (Greenwood Press, 1985)

Barrie Wigmore, *Securities Markets in the 1980s Volume 1: The New Regime 1979-1984* (Oxford University Press, 1997)

Daniel Yergin, *The Prize: The Epic Quest for Oil, Money, and Power* (Touchstone, 1992)

Phillip L. Zweig, *Citibank and the Rise and Fall of American Financial Supremacy* (Crown Publishers, 1995)

Board of Governors of the Federal Reserve System, *Banking and Monetary Statistics 1914-1941* (1943)

Board of Governors of the Federal Reserve System, *Flow of Funds Accounts of the United States*

U.S. Bureau of the Census, *Historical Statistics of the United States, Colonial Times to 1957* (Washington, DC, 1960)

The Economist

Fortune

Journal of Finance

The New York Evening Post